NF文庫
ノンフィクション

航空作戦参謀　源田　実

いかに奇才を揮って働いたのか

生出　寿

潮書房光人新社

航空作戦参謀　源田　実——目次

航空作戦参謀　源田　実

いかに奇才を揮って働いたのか

奇想天外

源田実《げんだみのる》は奇想天外を好んだ。

昭和十六年（一九四一）二月中旬、第一航空戦隊参謀源田実中佐は、有明湾《ありあけ》（鹿児島県志布志湾）に碇泊中の旗艦空母「加賀」に在って、司令官戸塚道太郎少将を補佐し、空母部隊の戦力向上をはかっていた。三十六歳、一メートル五八センチ、痩身《そうしん》の小男だが、気位が高い鷹のような風貌の戦闘機乗りで、海軍大学校甲種学生を恩賜の成績（天皇下賜の長剣を授与される）で卒業していて、さらに奇才に満ちている。

その源田に、第十一航空艦隊参謀長大西瀧治郎少将から、「相談したいことがある。鹿屋基地にこられたい」というわくありげな手紙がとどいた。

第十一航空艦隊は九六式陸上攻撃隊（七人乗り双発中型爆雷撃機）と、零《れい》式艦上戦闘機（一人乗り、通称ゼロ戦）を中心とする総兵力およそ五〇〇機の大基地航空部隊で、司令部がこの当時、志布志の西南二五キロほどの鹿屋海軍航空隊基地にあった。

九六式は『日本書紀』による紀元二五九六年、西暦一九三六年の昭和十一年式であり、零式は昭和十五年式で、艦上機は空母での発着艦ができるものである。

四十九歳の大西は、数年前から、現連合艦隊司令長官山本五十六大将と気脈を通じ、「航空主兵・戦艦無用論」を鼓吹し、海軍航空の発展に身命を賭《と》してきた猛将で、この二人に共鳴する源田がもっとも頼りとしている海軍航空界随一の実力者であった。

鹿屋基地にゆき、十一航艦参謀長公室に入った源田は、がっしりした体軀、太い眉と大きな目鼻口が目立つ、見るからに豪傑の大西から、一通の封書を手渡された。表には「第十一航空艦隊司令部　大西少将閣下」とあり、裏には「山本五十六」とあって、中には美濃罫紙三枚に勢いのいい墨筆で書かれた手紙が入っていた。それが、

「国際情勢の推移如何によっては、日米開戦のやむなきに至るかもしれない。

日米が干戈《かんか》（盾《たて》と鉾《ほこ》）を取って戦うばあい、わが方は何かよほど思い切った戦法をとらなければ、勝ちを制することはできない。それには、開戦劈頭、ハワイ方面にある米国艦隊の主力に対し、わが第一、第二航空戦隊（第一は空母「赤城」「加賀」基幹、第二は空母「蒼龍」「飛龍」基幹）飛行機隊の全力をもって痛撃し、当分のあいだ米国艦隊の西太平洋（日本方面）進攻を不可能とする必要がある。目標は米戦艦群であり、攻撃は雷撃隊による片道攻撃とする（遠距離から攻撃に向かい、燃料が切れる帰りは海上に不時着し、味方駆逐艦、潜水艦などに救助してもらう）。

本作戦は容易なことではないが、本職はみずからこの空襲部隊の指揮官となり、作戦遂行

に全力を尽くす決意である。

ついてはこの作戦をいかなる方法によって実施すればよいか、研究してもらいたい」

という衝撃的な要旨のものであった。

この放胆で巨大スケールの奇襲作戦構想には、さすが奇想天外好みの源田も、

「一本とられた」

と、おなじような小男ながら、巨人のような山本に敬服し、ハワイ奇襲作戦に限りなく意欲を燃やした。

源義経の鵯越《ひよどり》え、上杉謙信の川中島、織田信長の桶狭間などの奇襲を偲ばせる劇的な戦法であるうえに、自分が主役の一人となり、航空主兵・戦艦無用論を実証できそうな願ってもない作戦だからであった。

対米戦は勝てない、絶対に戦うべからずと主張していた山本五十六が、対米戦も辞せずと公的に言明したのは、海軍大臣及川古志郎大将に送った昭和十六年一月七日付の書簡においてである。

「海軍ことに連合艦隊としては対米英必戦を覚悟して、戦備に訓練にはたまた作戦計画に真剣に邁進《まいしん》すべき時期に入ったのはもちろんである。

……作戦方法に関する従来の研究は、正々堂々の邀撃《ようげき》（迎撃）大作戦を対象とするものであった。

しかしたび重なる図上演習などの結果を見ると、帝国海軍はまだ一回の大勝を得たこともなく、このまま推移すれば、おそらくジリ貧に陥るのではないかと懸念される情勢で演習中止となるのを恒例としていた。

だが、いやしくも開戦と決した以上は、このような経過は断じて避けなければならない。日米開戦において、わが海軍が第一に遂行しなければならない要項は、開戦劈頭に敵主力艦隊を猛撃、撃破して、米国海軍および米国民をして救うべからざる程度にその士気を沮喪《そそう》せしむることである。

日米開戦劈頭においては、極度に善処することに努めなければならない。そして勝敗を第一日において決する覚悟が必要である。

作戦実施の要領はつぎのとおり。

一、敵主力の大部が真珠湾に在泊するばあいには、飛行機隊をもってこれを徹底的に撃破し、また同港を閉塞《へいそく》する。

二、敵主力が真珠湾以外に在泊するときもまたこれに準ずる。

このために使用すべき兵力と任務。

(イ)第一、第二航空戦隊（やむを得なければ第二航空戦隊のみ）

(ロ)省略

(ハ)一個潜水戦隊

真珠湾（その他の碇泊地）に近迫して、敵の狼狽《ろうばい》出動を要撃し、できれば真珠湾口においてこれを敢行し、敵艦を利用して港口を閉塞する。

……右は米主力部隊を対象とする作戦で、機先を制してフィリピン、シンガポール方面の敵航空兵力を急襲撃滅するの方途は、ハワイ方面作戦とほぼ日をおなじくして決行しなくてはならない。しかし、米主力艦隊が撃滅されれば、フィリピン以南の雑兵力のごときは士気沮喪し、とうてい実戦敢闘に堪えないものと思考する。

万一、ハワイ攻撃におけるわが損害の甚大なことをおもんぱかり、東方にたいして守勢をとり、敵の来襲を待つようなことがあれば、敵は一挙に帝国本土の急襲をおこない、帝都その他の大都市を焼尽するの策に出ないとはかぎらず、もしこのような事態に立ち至ったならば、南方作戦にたとえ成功しても、わが海軍は世論の激攻を浴び、ひいては国民士気の低下をどうすることもできなくなることは火を見るよりも明らかである。

小官は本ハワイ作戦の実施に当たっては、航空艦隊司令長官を拝命して、攻撃部隊を直率することを切望する。

以後、堂々の大作戦を指導すべき大連合艦隊司令長官には、おのずから他にその人ありと確信するは、すでにさきに口頭で開陳したとおりである。

願わくは明断をもって人事の異動を決行せられ、小官が専心最後のご奉公に邁進できるようにせしめられんことを」

これがその要旨である。

「大連合艦隊司令長官には、おのずから他にその人ありと確信するは……」

のその人は、元連合艦隊司令長官・海軍大臣・前総理大臣の米内光政予備役海軍大将である。

名前とおなじく五十六歳で海軍兵学校第三十二期の山本五十六は、自分より三期上、及川古志郎より二期上の、度量の図抜けて大きな米内が連合艦隊司令長官になれば、かならず対米英戦に反対すると見越して、それを及川に進言したといわれる。

しかし米内は親米英路線を保持しようとして、前年七月、当時六十四歳の軍令部（陸軍の参謀本部に相当し、天皇に直属して国防用兵を司る海軍の中央統帥機関）総長伏見宮博恭《ひろやす》王元帥を筆頭とする海軍首脳部にも見捨てられ、首相の座を追われていた。それを現役に復活させ、そのうえ四年前に退任した連合艦隊司令長官に再就任させるなどは、不可能としか言えない非現実的な意見であった。

結局、米内連合艦隊司令長官案は、海軍の重要政策、人事の実権をにぎる対米英強硬派の伏見宮と、それに追随する及川に容れられず、むしろこの二人から、山本は対米英戦にやる気を持つと目《もく》され、連合艦隊司令長官として、対米英戦を推進する側に立たされることになった。

山本は米国と戦うべからずと言っていたが、劇的な真珠湾奇襲を花々しくやってみせたいという気持が、この書簡に出ていたと言える。

山本に個人的にみこまれ、真珠湾攻撃の構想が書かれた極秘の書簡をうけとった大西瀧治郎は、やはり、海軍部内で自分の腹心的存在である源田実を個人的にみこみ、その書簡を見せたのである。

大西は単刀直入に言った。

「そこでだ、君ひとつこの作戦を研究してみてくれんか。できるかできないか、どうすればやれるか、そんなところが知りたい」

源田は思うとおりに答えた。

「承知いたしました。

ですが、山本長官はどうして戦艦を主目標とされたのでしょうか。たとえ戦艦が主力としても、航空母艦のいない艦隊では、戦艦も威力を発揮できないと思います（制空権をとれなければ、敵航空部隊の攻撃にさらされ、敵艦にたいする艦砲射撃も思うようにできない）。

もう一つ、長官の案では片道攻撃となっていますが、これには賛成できません。母艦だけ遠くのほうでヘッピリ腰をして、飛行機を出したら逃げ帰るようなのは、統帥上大きな問題がある上に、攻撃効果も十分なものを期待することはできません」

「長官の考えは単なる兵術的利害ではなく、もっと大きな心理的利害のようだ。

航空母艦がやられても戦艦が残っていれば、米国民はまだ大丈夫と思うだろう。しかし戦艦の大部分がやられれば、米国民はガッカリくるにちがいない。俺の想像だが、長官の狙いはそんなところにある。

片道攻撃も心理的なものらしい。いままで、どこの国でも片道攻撃などをやったことはない。それを開戦劈頭、何百機という多数の飛行機でやれば、米国人は、日本人という奴は無茶苦茶で、こんな気のふれたような奴を相手に戦争はできないと思いこむだろう。それが長官の考えではないか」

「なるほど、しかし私はやはり航空母艦を第一目標にえらぶべきだと思います」

「こんな作戦は事前に発見されれば元も子もなくなる。第三国の商船に見つかってもおしまいだ。まあ、潜水艦でも何十カイリ（一カイリは一八五二メートル）か前方に出して、何か見たならば、微勢力送信で知らせる手もあるだろう。

要するに、作戦を成功させるための第一の要件は機密保持だ。その点を十分に気をつけて研究してくれ」

山本五十六の真珠湾攻撃の構想は、こうして具体化されることになり、ついに取り消されることはなかった。


有明湾の「加賀」に帰った源田中佐は、誰にも話さず、幕僚事務室を避け、自分の私室でひそかに検討をはじめた。

二週間ほどのちの三月はじめ、ふたたび十一航艦司令部を訪れた源田は、三人乗りの九七式（昭和十二年式）艦上攻撃機で八三八キロの航空魚雷を発射する雷撃が可能なばあいと、それが不可能なばあい（真珠湾は水深が一二メートルしかなく、それ以内の深度で航空魚雷を走らさなければならない）の二種類の攻撃計画案を大西に手渡した。

「雷撃が可能なばあいは艦攻の全機を雷撃機として、これと急降下で二五〇キロ爆弾を投下する九九式（昭和十四年式）艦上爆撃機（二人乗り）の共同攻撃をおこなう。

雷撃が不可能なときは艦攻を全機おろし、かわりに艦爆を積み、艦爆の急降下爆撃だけをおこなう。

そのいずれのばあいも、主攻撃目標は航空母艦で、副攻撃目標が戦艦・巡洋艦以下の艦艇と飛行場施設である。

零式艦上戦闘機は、上空の敵機を撃攘する制空と、地上敵機の銃撃をおこなう。

使用空母は第一、第二航空戦隊の正規空母『赤城』『加賀』『蒼龍』『飛龍』と、第四航空戦隊の小型空母『龍驤』（排水量約一万三〇〇〇トン）の計五隻とする。

攻撃は戦果を徹底確実にするために、片道攻撃ではなく、往復反復攻撃とする。

機密保持のため、進撃航路は、冬季には海が荒れて船舶がほとんど通らないアリューシャン列島南側の北方航路とする」

がその骨子である。

要するに源田の答申は山本五十六の作戦構想に全面的に賛同したもので、実行には幾多の困難はあるが、それらは努力によって排除できるという、意欲に満ちたものであった。

山本五十六と源田実は、性格も用兵作戦思想も奇想天外で花々しいことを好むところがよく似ている。

源田案をうけとった大西は、検討を重ね、艦爆の二五〇キロ爆弾では米戦艦に致命傷をあたえることができないと判断して、戦艦にたいしては艦攻の水平爆撃で八〇〇キロ爆弾を投下することとし、また機密保持のために出発基地を択捉島の単冠湾《ひとかっぷ》とするという一案をつくり、三月中旬、山本五十六に提出した。しかし山本は、

「水深の関係上雷撃ができないなら、所期の効果は期待できないから、空襲作戦は断念するほかあるまい」

と、はなはだ不満そうであった。

大西はいったんひき下がり、航空魚雷の専門家たちに意見をただし、深度一二メートル以内の雷撃も不可能ではないと知り、戦艦にたいしては水平爆撃のほか雷撃も併用する案に改めた。

新しい案に手を加えた山本五十六は、それを軍令部に提出するよう、大西に命じた。ついで、自分が寵愛する連合艦隊先任参謀黒島亀人大佐と戦務参謀渡辺安次中佐を長官室に呼び、強い決意を表わしながら、その構想をうち明けた。

黒島は山本に忠誠を誓うように、

「計画は進めるべきではないでしょうか」

と答えた。

渡辺は賛成そのものであった。

四月中旬、東京霞ヶ関の海軍省赤レンガビル三階の軍令部に出頭した大西は、海軍兵学校第四十期の同期生で、軍令部第一（作戦）部長の福留繁少将に、自分が清書した案文を手渡

し、山本の意向を説明した。
福留はそのハワイ奇襲作戦案を、第一部長の金庫に保管した。
山本五十六がかねてから念願し、昭和十六年一月十五日に発足した連合艦隊直属の第十一航空艦隊は、従来の第一、第二、第四連合航空隊などを整理統合した画期的に強大な基地航空部隊であった。司令長官が前第四艦隊（南洋方面防衛）司令長官の片桐英吉中将（兵学校第三十四期）、参謀長が前第一連合航空隊司令官の大西瀧治郎少将である。
それに対応して、おなじく連合艦隊直属で、画期的に強大な空母部隊である第一航空艦隊が、四月十日に発足した。司令長官が元第三戦隊（高速戦艦部隊）司令官の南雲忠一中将（同第三十六期）、参謀長が元軍令部第一（作戦）課長・前第二十四航空戦隊司令官の草鹿龍之介少将（同第四十一期）である。
そして、一航艦の最重要な航空参謀が、山本五十六と大西瀧治郎にとくに推薦された源田実中佐であった。源田は兵学校で草鹿龍之介より十一期下の第五十二期である。
第一航空艦隊の編制はつぎのとおり。
第一航空戦隊（南雲中将直率）
空母「赤城」（旗艦）「加賀」、第七駆逐隊の駆逐艦四隻
第二航空戦隊（司令官山口多聞少将）
空母「蒼龍」「飛龍」、第二十三駆逐隊の駆逐艦四隻

第四航空戦隊（司令官角田覚治少将）
空母「龍驤」、第三駆逐隊の駆逐艦三隻
大西とおなじく兵学校第四十期で、大西の前任の第一連合航空隊司令官であった山口少将は、知仁勇兼備の名将である。角田少将は同第三十九期で、前第三航空戦隊司令官の猛将である。
第十一航空艦隊と第一航空艦隊が創設されて、対米英戦に実力発揮が期待される連合艦隊のきわめて強力な航空二本柱ができあがった。
しかし反面では、対米英戦の大バクチを、自分が指揮してやってみたい山本五十六の危険な気持が、これでいよいよ強まることにもなった。
花形の一航艦航空参謀になった源田実は、自分が立案した作戦計画によって米太平洋艦隊主力を真珠湾に撃滅し、世界に名を上げたいと血を沸かせた。

ハワイ奇襲に燃える

貴公子とよばれる四十九歳の近衛文麿首相は、昭和十二年（一九三七）七月からつづく支那事変（日中戦争）と、昭和十五年九月に締結された日独伊三国同盟条約から発生した日米間の政治摩擦を、なんとか解消しようと苦心していた。昭和十六年二月には、五十九歳のフランクリン・D・ルーズベルト米大統領と親しい六十三歳の野村吉三郎予備役海軍大将を、駐米大使としてワシントンに派遣した。だが、交渉は思うように進展しなかった。

米国側が、侵略的な日本軍の北部仏印（フランス領北部インドシナ、現北部ベトナム地域）および中国からの全面撤退と、軍国主義・領土拡張主義的な日独伊三国同盟条約の事実上の死文化を要求するのにたいして、日本側の態度がいずれにも曖昧だったためである。

ここから昭和十六年七月末にかけての政治情勢は激変した。

六十一歳の松岡洋右外相と、六十二歳のスターリンソ連共産党書記長、五十一歳のモロトフソ連首相兼外相らの交渉が成立し、日ソ中立条約がこの年の四月十三日にモスクワで調印され、北辺は安泰になったと思われた。ところが五十二歳の独裁者アドルフ・ヒトラー総統が指揮するドイツが、六月二十二日、一九三九年（昭和十四）八月に成立した独ソ不可侵条約を一方的に破り、ドイツの大軍がソ連に侵入して独ソ戦をひき起こし、国際情勢はかえって複雑となった。

だが、ドイツ軍の快進撃がつづくと、ソ連は遠からずドイツに屈服すると、早合点の希望的観測をする日本人が急増してきた。

一方、日蘭（オランダ）交渉は六月十七日に決裂し、石油を蘭印（蘭領東インド、現インドネシア）から購入しようとした日本の意図は挫折した。ドイツと敵対し、英米と同一歩調をとっているオランダは、ドイツと同盟を結んでいる日本には石油を売れないと拒絶したのである。

この国際情勢下、日本は七月二日、武力による南部仏印進駐をふくむ重要国策の「情勢ノ推移ニ伴フ帝国国策要綱」を御前会議で決定した。

「蔣介石政権屈服のため、南方地域からも武力による圧力を強化する。
仏印、泰《タイ》に武力進駐し、南方（資源地域のマレー、蘭印など）への進出の態勢を強化する。
この目的のためには対英米戦を辞さない。
独ソ戦が日本のために有利に進めば、武力によって北方問題を解決して、北辺の安定を確保する」

という要旨で、欧州のドサクサを利用し、武力によって国益を得ようというものであった。

「独ソ戦が日本のために有利に……」は、独ソ戦でソ連が弱まれば対ソ戦を決行してソ連軍を駆逐し、北方シベリアの必要地域を攻略占領することであった。

山本五十六とおなじく明治十七年（一八八四）生まれ、五十六歳の陸相東条英機中将は、ソ満国境に約八五万人の兵力を配備する対ソ作戦準備案を進めるために、有史以来の大動員計画を作成し、七月七日、天皇の裁可を得て実施にとりかかった。

これが「関特演」（関東軍特種演習）と称される。

ともかく、南部仏印進駐にせよ関特演にせよ、陸海軍が主導する日本も、ヒトラー独裁のドイツや、スターリン独裁のソ連と同様に、国際信義を無視する弱肉強食主義国家となっていた。

七月十八日、ゆきづまった日米関係を打開するため、松岡洋右のかわりに五十五歳の豊田貞次郎予備役海軍大将を外相とする第三次近衛文麿内閣が成立した。しかし、新内閣の対米方針が固まらないうちに、七月二日の御前会議で決定された南部仏印進駐の期限がきた。

現地陸海軍部隊にたいして、七月二十三日、進駐の大命がくだった。

これにたいして米国は、それを侵略行為とみなし、七月二十六日、制裁措置として在米日本資金凍結を発令した。

日本軍が七月二十八日、南部仏印に進駐を開始すると、米国は八月一日、日本にたいして石油禁輸令を発令した。

対日戦の意志を明示したのである。

これで日本は、手持ちの石油で米国と戦い、その間に蘭印などの資源地域を占領して石油を日本に運ぶか、米国の要求を大幅にのむか、いずれか一つを選ぶほかなくなった。

及川古志郎海相や、四月九日から伏見宮博恭王元帥にかわって軍令部総長になった、及川より兵学校で三期上の永野修身《おさみ》大将が、対米英戦に発展必至と判断される南部仏印進駐に同意したのは、親独・反米英的な海軍の大御所伏見宮元帥の意に副って、前年九月の三国同盟条約締結のときとおなじように、対米英戦よりも対陸軍・対ドイツ協調を重視したためと、蘭印の石油をぜひにも入手して、海軍の燃料を確保したいと考えたからであった。

こののち陸海軍および政府の首脳は、陸海軍の強硬派や、マスコミなどによって反米英感情が高まった世論に押され、目前の利益に走り、やがて全国民が大禍に苦しむ対米英戦争に踏みこんでゆく。

開戦のほかないような情勢になった昭和十六年八月七日、連合艦隊先任参謀黒島亀人大佐は、水雷参謀有馬高泰中佐をともない、軍令部に出頭し、作戦室において、第一（作戦）課長富岡定俊大佐以下を前にして、軍令部の対米英蘭作戦計画案の内示を要求した。

ところが、提示された計画案には、以前から連合艦隊が申し入れていた肝心要《かなめ》のハワイ奇襲作戦が組み入れられていなかった。

山本五十六や源田実とおなじく、奇想天外の策を好む黒島は憤激し、ハワイ奇襲作戦の採用を強硬に迫り、反対する富岡と大激論となった。

　富岡は海軍兵学校で黒島の一期下の第四十五期、海軍大学校でも一期下の第二十七期で四十四歳だが、作戦計画に自信を持ち、またそれに関しては連合艦隊が軍令部に従うべきものという原則を踏まえて、山本五十六の権威を笠に着たような黒島にも、後に退かなかった。

　軍令部一課のハワイ作戦にたいする反対理由は、つぎのようなものであった。

「この作戦は、二週間に近い航海中、米艦船、航空機、あるいは中立国船舶などに遭遇して、企図が洩《も》れる恐れが強い。

米軍は国交緊迫にともない、厳重な飛行哨戒などをおこなう公算が多い。

事前にわが艦隊の行動が知られれば、米軍に反撃され、わが方の戦果はあがらず、わが損害だけが大となろう。

　わが艦艇は航続力がないため、途中で燃料の洋上補給をおこなう必要がある。しかし機密保持のために冬期、海が荒れて船舶が通らない北方航路を進撃する結果、洋上の燃料補給が不可能になるかもしれない。

米艦隊は、ひんぱんに出動をくり返しているので、わが方の攻撃時、真珠湾に在泊していないこともあり得る。

　攻撃当日、天候不良で空襲を実施できないこともある。その場合でも、決定された対米英蘭戦の開戦を延期することは不可能で、そうなれば米軍の警戒はいっそう厳重となり、わが方は奇襲ができず、強襲するほかなくなる公算がさらに大となる。

真珠湾は狭く水深も浅いので、雷撃はきわめて困難である。浅海面発射の実験もまだ完成していない。

水平爆撃は命中率が非常に低い。そのうえ雲があって十分な高度（三〇〇〇メートル以上）がとれなければ、戦艦の防御鋼板を貫徹して致命傷をあたえることができない。急降下爆撃では爆弾が小さく（水平爆撃の爆弾が八〇〇キロにたいして二五〇キロ）、戦艦にはもちろん、空母にも致命傷をあたえることが望めない。

南方作戦（フィリピン、マレー、蘭印などの攻略占領）はわが持久態勢確立（石油、ゴム、錫、鉄、食糧などを確保する）の上からすみやかに完了しなければならない。そのために海軍は、南方作戦に空母をふくむ大部隊の兵力を投入する必要がある。

要するにハワイ作戦は投機的（一か八かのバクチ的）で、成功の確実性が薄く、下手をすれば、最重要な南方作戦をつまずかせる恐れがある。

なるほど、ハワイ作戦をやらなければ、米艦隊がわが南方作戦の側背を衝《つ》くことはあろう。しかし米艦隊は一気に日本本土に押し寄せることはなく（攻撃も補給も困難）、マーシャル諸島（ハワイ諸島とマリアナ諸島の中間にある日本の委任統治領）攻略にくるであろう。

マーシャル諸島は、攻略されても、米軍の西進時機の予想が容易となり、わが方が態勢をととのえてこれを邀撃するのにかえって好都合となり、大局上不利はない」

これにたいして、黒島が強硬に主張した連合艦隊の意向はこうであった。

「企図秘匿はきわめて重要だが、方策を考えれば、それほど心配せずともよかろう。

本作戦が投機的と言うが、冒険的な作戦であることは認める。しかし戦争には冒険がつきもので、冒険を恐れて戦争はできない。

連合艦隊は南方作戦を成功させる前提としても米艦隊主力を空襲しておく必要がある（主目的は米戦艦部隊を猛撃、撃破して、米国海軍および米国民をして救うべからざる程度にその士気を沮喪せしめること）。

南方作戦の途中において米艦隊が来攻したばあい、南方作戦を中止してこれを邀撃すると言っても間に合わないことが多かろう。

もし米艦隊にマーシャル諸島の占拠を許し、敵がこれに多数の飛行艇を配備して構えられたら、わが方の奪回は困難で、南洋諸島はつぎつぎに奪われてしまう。

この状況で決戦をおこなうのは、わが方としては不利である。

この苦境を避けるためにも、まず母艦部隊をもって米艦隊をたたき、その後、同部隊を南方部隊に投入すれば、南方作戦を容易に推進することができよう」

連合艦隊側と軍令部側は、いずれも譲らず、激しく論争をくり返した。

しかし結論に達せず、結局、相互に相手の主張を考慮して作戦を練り直し、九月中旬に実施予定の連合艦隊図上演習において、詳細に研究、検討しようということになった。

八日後の八月十五日、海軍は十月上旬に戦争準備を完成する方針を立て、出師《すいし》（出動）準備第二作業の一部を発動した。

それにもとづき、この日、連合艦隊は一ヵ月間で急速に戦備をととのえる目標で、麾下《きか》部隊にたいして、兵力部署に応ずる訓練と作戦計画研究を急ぎ実施するよう命令を発した。

八月十九、二十日の二日間、連合艦隊航空参謀佐々木彰《あきら》中佐、第一航空艦隊航空参謀源田実中佐、第十一航空艦隊先任参謀高橋千隼《ちはや》中佐が軍令部に参集し、軍令部員の佐薙毅《さなぎさだむ》中佐、三代《みよ》辰吉《たつきち》（戦後、一就《かずなり》と改名）中佐らと航空戦備について打ち合わせをおこない、つぎのような結論に達した。

「九月一日に戦時編制を発令するさい、第一、第十一航空艦隊とも兵力を増強する。

第十一航空艦隊は八月末で対支作戦を打ち切り、内地にひきあげる。

第一、第十一航空艦隊の戦闘機を逐次零戦に更新する（九六式艦上戦闘機から）。

第一航空艦隊に第五航空戦隊（新造の正規空母「瑞鶴」「翔鶴」基幹）を加える。

第一航空艦隊の全飛行機隊を統一して訓練するために、適当な人材をえらび、第一航空艦隊全飛行機隊指揮官とする」

このうち、「第一航空艦隊の全飛行機隊を統一して……」というアイデアは、源田が提案したものであった。

「第一航空艦隊は、目標が艦船であれ、陸上基地であれ、雷撃機、水平爆撃機、急降下爆撃機、戦闘機の大兵力を集中し、圧倒的な破壊力を発揮する方針である。

そのため有能な人材を各飛行機隊の指揮官に当てるほか、全軍の信望をあつめる人物を全飛行機隊の総指揮官に据えなければならない。

それなくしては、至難なハワイ作戦の成功は期しがたい」

と判断したからであった。

総指揮官の人選を任された源田は、

「数百機の全飛行機隊を指揮し、作戦の要求に合致するように動かすには、操縦を自分でやりながらでは十分なことはできない。偵察者がいい。

一航艦の航空作戦を起案し、長官に進言する自分と、以心伝心に意思が通じる人物であることが望ましい」

と考え、海軍兵学校第五十二期の同期生の中から三人の偵察者をえらび、司令長官の南雲、参謀長の草鹿の許可を得て、海軍省人事局にゆき、航空担当の河本広中少佐に意向を説明した。

人事局はその要望をうけいれ、前「赤城」飛行隊長・現第三航空戦隊（戦艦部隊主力の第一艦隊に所属し、小型空母「鳳翔」「瑞鳳」が基幹）参謀淵田美津雄少佐を、八月二十五日付で、ふたたび「赤城」飛行隊長に発令した。淵田は海軍大学校では源田の一期下の第三十六期であった。

十月に中佐に進級する予定の淵田は、中佐の飛行隊長というのは前例がないし（通例は少佐）、もういちど「赤城」飛行隊長をやれという命令を奇妙に思った。

「赤城」にゆき、源田とともに草鹿参謀長の公室に入り、そこで真珠湾攻撃計画を打ち明けられて、はじめて了解した。

源田からは、淵田が全飛行機隊をひきいてハワイ攻撃にゆくと聞いた山本司令長官が、わが意を得たというように喜んだ、と聞かされた。

前年の昭和十五年十月初旬、「赤城」飛行隊長の淵田美津雄少佐は、九七式艦攻の雷撃隊二七機と索敵隊・照明隊九機をひきいて、九州、四国間の豊後《ぶんご》水道を北上する第一艦隊にたいして、きわめてむずかしい暗夜の雷撃訓練をおこなった。

第一艦隊は、戦艦「長門」「陸奥」「伊勢」「山城」の戦艦部隊を主力とする連合艦隊中の最大艦隊で、連合艦隊旗艦兼第一艦隊旗艦「長門」には、山本五十六司令長官が乗っていた。

攻撃後、九州南部の笠ノ原基地に帰投する途中、淵田は第一航空戦隊旗艦「赤城」から、無電をうけとった。

「第一二三作業見事ナリ」

「長門」の山本五十六が、「赤城」の第一航空戦隊司令官小沢治三郎少将に送った無電を、小沢が淵田に転電してきたものであった。「第一二三作業」は、この夜間雷撃訓練の一貫番号である。

淵田はあとで、発射魚雷二七本がぜんぶ命中（魚雷は目標艦の艦底下を通過するように深度を調整されている）したと知らされたが、山本は淵田攻撃隊の神技のような実力に驚嘆して、賞賛の無電を打ったのである。

淵田のハワイ攻撃隊総指揮官を、山本が喜んだのも無理はない。

連合艦隊の命令をうけ、ハワイ奇襲作戦計画案の作成にとりかかった一航艦の源田参謀は、南雲司令長官、草鹿参謀長らの意見を聞き、八月二十八日、起案を終了した。

山本五十六は総長永野修身の軍令部がハワイ作戦に強く反対していると知ったが、いかに軍令部が反対しようと、あくまでハワイ作戦を決行しようと決意していたのである。

この当時の山本は、対米英蘭戦阻止よりも、乾坤一擲の真珠湾奇襲に、はるかに熱中していたと言ってまちがいない。

九月一日、連合艦隊は全面的な戦時編制を発令した。

軍令部は九月三日から五日にかけ、軍令部において図上演習をおこなったが、その作戦計画案には、またもハワイ奇襲作戦はなかった。

九月はじめ、源田参謀の進言によって第一航空艦隊は「赤城」飛行隊長の淵田少佐に艦隊幕僚事務輔佐《ほさ》を兼務させ、南雲司令長官に直属して一航艦所属の全飛行機隊訓練を統制指導させることにした。

従来の飛行機隊訓練は、各空母ごとに艦長の統制下におこなわれていたが、今後は南雲司令長官、淵田総指揮官の統制下に、一航艦全体の水平爆撃隊、雷撃隊、艦爆隊、艦戦（艦上戦闘機）隊が、それぞれ合同して訓練をおこなうことになったのである。

たとえば、鹿児島基地と出水《いずみ》基地の水平爆撃隊は淵田少佐の指揮で訓練をおこない、おなじく両基地の雷撃隊は、淵田より兵学校で六期下の「赤城」飛行隊長村田重治少佐の指揮で訓練をおこなう。

富高基地と笠ノ原基地の艦爆隊の訓練は、村田とおなじく兵学校第五十八期の「蒼龍」飛行隊長江草隆繁少佐が指揮する。

佐伯《さいき》基地の艦戦隊の訓練は、兵学校第五十七期を首席で卒業した「赤城」飛行隊長板谷茂少佐が指揮する。

これらの各訓練を淵田少佐が統制する。

というような方式である。

統一訓練の成果はやがていろいろ出てくるが、その一つが空中集合であった。訓練初期には、第一、第二航空戦隊の全飛行機隊が発艦して空中で集合し、進撃針路に入るまで、約一時間かかった。しかし二ヵ月後の十一月初頭、佐伯湾在泊中の連合艦隊主力をハワイの敵艦隊と想定して実施した襲撃訓練では、発艦後一五分ほどで全飛行機隊が集合を完了した。

第一航空艦隊飛行機隊の各飛行隊長、分隊長から下士官、兵搭乗員まで、全海軍航空隊から粒よりの人材をひき抜いてそろえる工作をおこなったのも源田参謀であった。

たとえば、淵田少佐につづいて「赤城」艦攻隊の次席飛行隊長となった前「龍驤」飛行隊長の村田重治少佐は、日本海軍における雷撃の最高権威であった。

「赤城」艦戦隊飛行隊長の板谷茂少佐、「加賀」艦攻隊飛行隊長の橋口喬少佐(兵学校第五十六期)、「飛龍」艦攻隊飛行隊長の楠美正少佐(同第五十七期)、「蒼龍」艦爆隊飛行隊長の江草隆繁少佐、九月に入ってから第一航空艦隊に編入された第五航空戦隊の「翔鶴」艦爆隊飛行隊長の高橋赫一《かくいち》少佐（同第五十六期）と、「瑞鶴」艦攻隊飛行隊長の嶋崎重和少佐（同第五十七期）も、それぞれの分野のエキスパートである。

これらの人事は、南雲、草鹿の許可を得た源田が海軍省人事局にかけあい、特別の計らいを得たものであった。

こうして第一航空艦隊は、当時おそらく世界最強の海上航空部隊となったのである。

第十一航空艦隊所属の第二十三航空戦隊参謀として台湾の高雄航空隊にいた吉岡忠一《ただかず》少佐は、九月一日付で第一航空艦隊司令部付の辞令をうけた。第一航空艦隊など聞いたこともなかったが、九月六日、横須賀軍港に在泊中の「赤城」に着任した。

「よくきた」

と迎えてくれた先任参謀の大石保中佐に案内され、草鹿参謀長と南雲司令長官の前に立った。

そこで、これから米国と戦争をやるが、開戦劈頭にハワイを空襲すると言われて、驚愕した。

四日まえの九月二日には、近衛・ルーズベルト日米首脳会談の事前交渉が不調に終わり、日米国交調整は手がかりを失い、絶望的となった。

九月六日には、宮中で御前会議がひらかれ、対米英蘭開戦を決意するつぎのような「帝国国策遂行要領」が決定された。

「日本は自存自衛を全《まっと》うするため、対米（英、蘭）戦争を辞さない決意の下に、十月下旬を目途として、戦争準備を完整する。

外交交渉により十月上旬ごろに至ってもわが要求を貫徹できない場合は、直ちに対米（英、蘭）開戦を決意する」

「わが要求」というのは、要するに、

「日本軍は中国から撤退しない。米英は日本との通商を回復し、日本の自存上必要な物資（石油、鉄など）を日本に供給する。日本と泰および蘭印の間の経済提携について友好的に協力する」

などで、従来の対米交渉の一方的な基本的態度をくり返したものであった。

天皇は「戦争回避」の内意を強く一同に訴えたが、海軍の「自称天才」とよばれる永野修身軍令部総長や、陸軍の「グズ元」というアダ名の杉山元《はじめ》参謀総長、あるいは権威・権力主義的な東条英機陸相など対米英強硬派の勢いが強く、身命を賭して戦争回避を主張する者はいなかった。

もっとも、この当時、対米英中協調を公言する要人がいれば、陸海軍の対米英強硬派につながるテロリストによって、暗殺されたはずである。

吉岡少佐は、航空甲参謀の源田実中佐を補佐する乙《おつ》参謀として、主に爆撃、雷撃関係の問題を担当することになった。

板谷茂少佐や嶋崎重和少佐と同期の海軍兵学校第五十七期を四番で卒業し、飛行将校となった吉岡は、昭和十年(一九三五)十一月、大尉に進級したころ、海軍航空のメッカ横須賀海軍航空隊で、海軍大学校甲種学生になったばかりの源田実少佐と知り合った。まもなく、山本五十六、大西瀧治郎などと結んで海軍の空軍化をはかる源田の「航空主兵・戦艦無用」論に共鳴し同志の間柄となった。

こういうことと、吉岡が爆撃と雷撃に造詣が深いため、彼も源田にひっぱられたのであった。

源田の意表をつく用兵思想の中で、やはり小柄な三十三歳の秀才吉岡がひどく感心したのが、これまた常識を破る「空母集中配備論」であった。

「航空戦では、大編隊群の同時協同攻撃をおこなわなければならない」

というのは世界共通の理論である。

「水平爆撃隊が高度三〇〇〇ないし四〇〇〇メートルから八〇〇キロ爆弾を投下する。急降下爆撃隊(艦爆隊)が三〇〇〇メートル以上の高度から急降下し、五〇〇メートル付近で二五〇キロ爆弾を投下する。

それに策応して雷撃隊が八三八キロ魚雷を発射する。

掩護戦闘機隊が敵戦闘機隊を撃墜破し、敵艦の艦橋や甲板に機銃掃射の目つぶしを加える」

というような攻撃である。

ところが、数隻の空母から発艦した一〇〇機以上の大飛行機隊を、どんな方法で洋上の一点に集中させるか、それが問題であった。

空母部隊は、敵飛行機隊の攻撃による損害を少なくするため、分散配置すべきであるという説が一般的になっている。

しかし、敵の一索敵機に発見されるわが空母を一隻だけにとどめるには、空母と空母の距離を一〇〇カイリ（約一八五キロ）以上にひらかなければならない。

すると各空母を発艦した飛行機隊が、洋上の一点に集合するのは、実に困難となる。電波誘導をすれば簡単に集合できるが、わが方の企図を敵に察知されるから、それはできない。

源田はこの難問に快刀乱麻を断つかのように、累卵の危険に満ちている「空母集中配備」を決然と主張した。

昭和十五年十月、駐英日本大使館付武官補佐官の勤務から帰国し、第一航空戦隊参謀に予定された源田実少佐は、兵学校で一期上の飛行将校平本道隆中佐から、

「来年度の艦隊では母艦群の統一指揮が重要な研究項目になる」

と言われ、分散配備の空母部隊の統一指揮を考えた。

ある日、東京市内のニュース映画劇場に入り、ニュース映画を見ていると、米海軍の正規空母レキシントン、サラトガ、エンタープライズなど四隻が単縦陣で航行する場面が出てきた。

空母は分散すべきものとされている日本海軍では、空母が単縦陣で航行するのは出入港以

外にはなく、それも二隻どまりであった。

「米海軍は変わったことをやる。航空母艦を戦艦のように扱っている」

と、源田は異様に思った。

数日後、浜松町付近で、市電から降りようとして片足を地面に着けたとたん、ハッと思いついた。

「なんだ、母艦を一ヵ所に集めればいいじゃないか。それなら空中集合も問題ない。分散配備という固定概念にとりつかれているからだめなんだ」

そして数日、この着想を検討し、

「飛行機隊の空中集合は、各母艦が視界内にいるから、いかに大編隊でも問題ない。

集中配備の最大欠陥は、敵索敵機に発見されたばあい、全母艦がその位置を露呈し、敵襲によって全戦闘力を失うことだ。

しかし、『赤城』『加賀』『蒼龍』『飛龍』の四隻を集中配備すれば、各艦が搭載戦闘機一八機のうち半数を攻撃隊掩護にまわしても、残る三六機で母艦四隻を護衛することができる。

さらに二隻の母艦が加われば、五四機で護衛できる。

対空砲火も、周囲に配した巡洋艦、駆逐艦などの火器を合わせれば、一〇〇ないし二〇〇門の高角砲と、三〇〇門以上の二〇ミリ機銃によって、厳重な防御火網を構成できる。

集中配備をやるべきだ」

という結論に達した。

まもない十一月一日、源田は司令官戸塚道太郎少将の第一航空戦隊参謀に就任し、十一月十五日、中佐に進級して、明くる昭和十六年四月一日、第一航空艦隊航空参謀となり、ハワイ奇襲作戦に没頭するようになった。その間「空母集中配備」の思想をますます強めていった。

吉岡はその大胆不敵でダイナミックなアイデアと、源田の確信に満ちた断固たる態度に感服したのである。

日米間が風雲急を告げる中、山本五十六以下の連合艦隊首脳は、昭和十六年九月十一日から二十日までの一〇日間、品川区上大崎の海軍大学校において、予想される対米英蘭戦の図上演習をおこない、作戦計画案を検討した。

山本五十六が熱中するハワイ奇襲作戦の図上演習は、フィリピン、マレー、蘭印方面作戦などの一般図上演習とは別に、「ハワイ作戦特別図上演習」とされて、関係者だけで十六、十七日の二日間、別室において極秘裡《り》に実施された。

第一航空艦隊が作成した作戦計画案にもとづいたハワイ作戦特別図上演習には、連合艦隊からは山本司令長官（兵学校第三十二期）、参謀長宇垣纏《まとめ》少将（同第四十期）、黒島先任参謀（同第四十四期）、航空参謀佐々木彰中佐（同第五十一期）が、第一航空艦隊からは南雲司令長官（同第三十六期）、草鹿参謀長（同第四十一期）、大石保中佐（同第四十八期）、源田航空甲参謀（同第五十二期）、吉岡航空乙参謀（同第五十七期）が参加した。軍令部の福留第一

（作戦）部長（同第四十期）、富岡第一（作戦）課長（同第四十五期）と同部員らが、客観的にそれを見学した。

作戦要領は、開戦を十一月十六日と予定し、北方航路から真珠湾に近接して、米主力艦隊を奇襲攻撃するというものである。

投入兵力は第一、第二航空戦隊の空母「赤城」「加賀」「蒼龍」「飛龍」四隻を基幹とする第一航空艦隊と、一個水雷戦隊、重巡「利根」「筑摩」の第八戦隊、潜水艦部隊の第六艦隊、補給隊などであった。

演習結果はつぎのようになった。

《米軍の損害》

戦艦四隻沈没、一隻大破　空母二隻沈没、一隻大破　巡洋艦三隻沈没、三隻勢力半減

飛行機一八〇機喪失

《わが方の損害（米航空兵力の反撃による）》

空母三隻沈没、一隻水上勢力半減

ただし再判定によって空母三隻沈没は取り消され、空母勢力半減とされた（そうしなければ、後の作戦ができなくなるというご都合主義による）。

審判長の宇垣少将の下で審判部の世話をしていた吉岡参謀は、演習にたいする講評が終わったあと、山本司令長官が南雲司令長官の肩をたたき、小さな声で、

「おい南雲君、君ね、図演ではね、母艦四隻のうち三隻が撃沈されたが、ああいうことは人

によっていろいろ意見があるからね、かならず起こるということはないよ」
と言うのを聞き、山本長官はどうしてもハワイ作戦をやりたいのだなと思わされた。

海大での図演直後の九月二十四日、軍令部作戦室に、軍令部、連合艦隊、第一航空艦隊の代表たちが集まり、ハワイ奇襲作戦の採択について討議した。

軍令部側が福留第一部長、富岡第一課長ほか、第一課部員神重徳中佐（兵学校第四十八期）、佐薙毅中佐（同第五十期）など六名、連合艦隊側が福留と兵学校同期の宇垣参謀長ほか黒島先任参謀、佐々木航空参謀の三名、第一航空艦隊側が草鹿参謀長、大石先任参謀、源田航空参謀の三名である。

この当時、零戦は航続力の関係上、台湾からマニラへは直接攻撃できないとみられていて、空母の参加がなければ、フィリピンの米航空撃滅戦はきわめて困難と判断されていた。

また数日前の海大での一般図演では、基地航空部隊がジャワ島の線に進出するまでに、零戦が一六〇パーセント、陸攻が四〇パーセント消耗するというはなはだきびしい結果となり、その補充のみこみはなく、南方作戦における航空兵力の不足が如実に示された。

知謀家の草鹿参謀長はつぎのように発言した。

「成否のカギは敵の不意に乗じて奇襲できるかどうかにある。

南方作戦兵力が足りない。むしろ南方に母艦兵力を集中して、すみやかに南方を片づけるのが大局的に有利である」

山本五十六の考えに似た源田参謀は、ハワイ作戦に消極的な草鹿とちがい、
「敵艦隊が真珠湾に在泊するばあい、飛行場制圧には艦爆八一機をふりむける必要があり、空母にたいしては艦爆五四機を当てるが、それで三隻は大丈夫撃沈できる。艦攻全機に水平爆撃をやらせれば、戦艦五隻、あるいは戦艦二、三隻と空母三隻はやれると思う（雷撃は不可能という前提）。

企図秘匿のため、内地に残る飛行機によって、わが母艦部隊が内地で訓練中であるかのようにカモフラージュをする必要がある。

第一、第二航空戦隊は攻撃には自信を持っている」

と、きわめて積極的であった。

航海将校の大石先任参謀は、

「敵機の哨戒が三〇〇カイリ（約五五六キロ）ならば航路選定は楽だが、四〇〇カイリ（約七四〇キロ）以上となると苦しくなる（飛行機隊発進まえに発見される）。洋上燃料補給は風速一一メートル以上になると、駆逐艦にたいしても困難となり、戦艦や空母への補給はいっそう困難である」

と、航海上の難を説明した。

連合艦隊の佐々木参謀は、理屈ぬきに強気そのものであった。

「南方航路をとるようなら本作戦はやめたほうがよい（機密保持が不可能）。奇襲を論じたらきりがない。むしろ断行すべきである」

福留軍令部第一部長は、

「開戦日は十一月二十日ごろが望ましい（準備のため大幅な延期を希望する艦隊側にたいして、その後の作戦を考えて反対した）。

巧妙な奇襲は望みがたい。南方地域はどうしても早く手に入れる必要が絶対にある」

と、成功を危ぶんだ。

山本司令長官の意を体した宇垣連合艦隊参謀長は、じんわりと反論した。

「開戦日を一ヵ月遅らせても、ハワイ作戦をやったほうが全般の作戦を進捗させることにならないか」

結局、作戦採択の決定権を持つ軍令部側は確信を持てず、ハワイ奇襲作戦採択の肚《はら》を決めなかった。

源田はこの討議のもようを、戦後、こう回想している。

「連合艦隊は積極的なのに、第一航空艦隊は消極的、むしろ反対の空気があり、また軍令部はきわめて慎重で、意見は一致しなかった。会議後、黒島参謀から、

『軍議は戦わずですよ』

と言われたことが印象深く記憶に残っている」

しかし、宇垣や佐々木の発言と、討議後、宇垣が福留に、

「自分は着任後日も浅く（軍令部次長に転任する伊藤整一少将に代わり昭和十六年八月十一日に就任）、確たる自信はないが、山本長官は職を賭してもハワイ作戦を決行する決意だ」

と言ったことから、軍令部側は山本の固い決意を知った。

福留はこの四月まで山本五十六の下での連合艦隊参謀長であり、上司の伊藤軍令部次長もその後八月まで連合艦隊参謀長で、この二人はともに山本の腹心的人物であった。

山本は、軍令部から瀬戸内海西部の柱島泊地のブイに繋留されている旗艦「長門」に帰ってきた宇垣、黒島、佐々木らにたいして、バクダンを落とした。

「だいたいお前たちはハワイ攻撃をやらないで南方作戦ができると思っているのか。誰が会議をやってくれと頼んだか。戦《いくさ》は自分がやる。会議などやってもらわなくてよろしい」

海大での図演から南方作戦の航空兵力不足を心痛した山本五十六は、前年秋に連合艦隊が中央(軍令部と海軍省)に要求していた零戦、陸攻各一〇〇〇機の整備対策が、なんら講じられていないと聞いて憤慨した。

九月二十九日、山本は海軍省に及川古志郎海相を訪ね、要旨つぎのように航空兵の急速整備を迫り、戦意もありそうな気配を示した。

「戦闘機一〇〇〇機、陸攻一〇〇〇機を必要とすることは、かねて所信を述べたとおりである。

いま艦隊には、戦闘機は三〇〇機があるばかりで、ほかに内地防御用に二〇〇機、またその予備にさらに二〇〇機ぐらいが必要である。南方作戦は四ヵ月でかたづく見とおしだが、その間に約六五〇機が消耗するみこみで、十分な補充を得なければ、作戦はとうてい継続できない。

しかし現状の兵力で戦えと言われるならば、初期戦闘に関するかぎり、相当有利な戦をやれるだろう」（海軍次官沢本頼雄中将メモ参照）

だが、山本がどれほど力説しても、当時の日本の航空機生産力や陸海軍の割り当て協定などから、海軍航空兵力をおいそれと増強することは不可能というのが実情であった。

戦後になって大前敏一元海軍大佐（兵学校第五十期）がまとめ、小沢治三郎元中将（同第三十七期）が校閲した「旧日本海軍の兵術的変遷と之に伴う軍備並びに作戦」という資料が、防衛庁の防衛研究所にある。

小沢は太平洋戦争中に南遣艦隊、第三艦隊、第一機動艦隊の各司令長官、軍令部次長、海軍総司令官兼連合艦隊司令長官兼海上護衛司令長官などを歴任した。

大前は昭和十九年（一九四四）六月のマリアナ沖海戦と、同年十月のフィリピン沖海戦のさい、第一機動艦隊司令長官小沢治三郎中将の先任参謀であった。

小沢は鬼瓦のような顔の筋骨たくましい巨漢だが、知謀もあり、五期先輩の山本五十六とウマが合い、「航空主兵・戦艦無用」思想も一致していた海上指揮官であった。

この資料によると、日本海軍は昭和十六年ごろ、日米兵力の推移を、要点つぎのように見ていた。

山本五十六は軍令部と海軍省にたいして、零戦、陸攻各一〇〇〇機を急速整備するよう要求したが、その参考として、これを示す。
「艦艇
日本海軍が一年間に増勢できる艦艇は約一三万トン、緊急建造のものを加えても二〇万トン以下である。
米国の造艦力は日本の三ないし五倍。
現在米国が造艦計画中の艦艇は約一九〇万トンだが、日本はわずか三二万トン。
昭和十八年（一九四三）になると、日本の艦艇兵力は米国の五割内外、昭和十九年には三割以下に低下する。（太平洋戦争開戦時の日本の全艦艇は、戦艦一〇、空母九、重巡一八、軽巡二〇、駆逐艦一一二、潜水艦六四隻であった。米国は戦艦一七、空母八、重巡一八、軽巡一九、駆逐艦二一四、潜水艦一一四隻である）
海軍飛行機
日米の生産力を比較すると、米国が日本の一〇倍以上である。

	日本	米国
昭和十七年	約四〇〇〇機	約四万八〇〇〇機
昭和十八年	約八〇〇〇機	約八万五〇〇〇機
昭和十九年	約一万二〇〇〇機	一〇万機以上

（太平洋戦争開戦時の日本海軍の飛行機数は二一二〇機で、米海軍は五三〇〇機であった。日本陸軍は四八二〇機、米陸軍は一万二三〇〇機である）」

この資料からすると、三年後の昭和十九年には日本は艦隊で米国の三〇パーセント、航空機で一五パーセントないし一三パーセントとなり、大艦巨砲主義、航空主兵主義のいずれを問わず、また開戦時に零戦、陸攻各一〇〇〇機を整備しても、勝ち目はまったくなくなるものであった。

理想の名将

攻撃を実行する第一航空艦隊の首脳は、山本五十六の熱意に水を差すように、ハワイ奇襲作戦に反対していた。

司令長官の南雲は、攻撃開始までの機密保持と、狂風怒濤の洋上での燃料補給がほとんど不可能だから、作戦は成算が少ないと言う。

参謀長の草鹿は、

「ますます増強されているフィリピンの米航空兵力にたいしては、第十一航空艦隊の兵力では不足である。一航艦が全力でフィリピンの米航空兵力を撃滅し、十一航艦が全力でマレーの英航空兵力を撃滅することにすべきである。そして一刻も早く、南方資源地域を確保することである。

ハワイの米艦隊がわが方の側背を脅《おびや》かす懸念はあるが、わが委任統治領の島々が点在しているし、米艦隊の渡洋作戦も補給が大問題で、そう簡単には実行できない。その間に南方資源確保の作戦を迅速に進め、既定計画の邀撃作戦（日本海軍が数十年来演練してきた迎撃作戦）に転ずるのが上策である。

真珠湾攻撃は敵のふところに飛びこむようなもので、国家の興廃を賭ける戦争の第一戦に、このような投機的危険を冒す作戦はやるべきではない」

と主張する。

フィリピンほか南方の航空作戦を実施する第十一航空艦隊でも、九月十日に就任した司令長官の塚原二四三《にしぞう》中将（兵学校第三十六期）や、参謀長の大西瀧治郎少将はハワイ作戦に反対であった。海大でおこなわれた図演では飛行機の消耗が多大で、南方作戦を進めるには、ぜひとも空母部隊の協力が必要だと痛感したからである。

塚原は、航空作戦は航空兵力を集中して、局所絶対優勢の態勢でおこなうべきだ、という判断からも反対であった。

この空気の中で、昭和十六年（一九四一）九月二十九日、一航艦の南雲司令長官は、草鹿参謀長、大石先任参謀、源田航空甲参謀、吉岡航空乙参謀とともに鹿屋基地にゆき、十一航艦の塚原司令長官、大西参謀長と作戦の打ち合わせをおこなった。

結局、ハワイ奇襲作戦はとりやめ、一航艦を南方作戦に使うべきであるという意見に、全員が一致した。

最後に発言した大西は、

「私はハワイ攻撃は絶対反対だ。日本海軍は米国のハドソン河で観艦式など絶対にできない

（日本軍が米本土を攻略、占領することは、兵力、補給などから不可能）。

したがって、長期戦争になるならば、あるていどで講和を結ばなければならない。そのためにも、ハワイ攻撃のような米国民を強く刺激する作戦は避けるべきだ。

太平洋で戦って、まっさきに米空母をつぶすべきだ」

と、のちに的中する大局的な理のある判断を吐露した。

吉岡忠一参謀は感激して、「御前会議で外務大臣か枢密院（重要な国務および皇室の大事に関し、天皇の諮詢《しじゅん》にこたえる合議機関）議長が述べるような高度な意見だ」と思った。

打ち合わせの結論は、南雲、塚原両長官名で、山本連合艦隊司令長官に意見具申することに決まった。

強気の源田も、一同の理のある意見に反論しがたく、大西までがハワイ作戦に絶対反対では、この場では一同に従うことにしたようである。

十月二日朝、大西、草鹿、源田、吉岡の四人は、九七式艦攻二機に分乗して、鹿屋から、連合艦隊旗艦「陸奥」（このときは「長門」から代わっていた）が在泊する柱島泊地に近い山口県東部の岩国基地へ向かった。大西と源田が一番機、草鹿と吉岡が二番機である。

岩国に近づいてゆくと、源田から草鹿、吉岡の乗機に、「岩国をやめ、佐伯へゆけ」という指示がきた。

おどろいた吉岡が前方の海上を見ると、「陸奥」を先頭に戦艦四隻が南方へ進んでくる。

一、二番機は左に旋回して、大分県の佐伯基地に向かった。
佐伯航空隊の士官室で待っていると、午後になり、「陸奥」以下四隻の戦艦が佐伯湾に入ってきた。

吉岡は、源田の鋭い感性と機敏な処置に感心した。

大西と草鹿は内火艇で、碇泊する「陸奥」にゆき、鹿屋基地での打ち合わせの結論を伝えるために、長官室で山本五十六に会った。そこには連合艦隊の宇垣参謀長、黒島先任参謀、佐々木航空参謀が同席した。

長年、山本と意気投合してきた大西は、さすがに遠慮してか、「米国人を強く刺激する作戦は避けるべきだ」と言わず、

「十一航艦の現兵力でフィリピンの米航空兵力をつぶすことは困難ですから、一航艦で比島航空撃滅作戦をやっていただきたい。ハワイ奇襲作戦はご再考願いたい」

と、婉曲《えんきょく》にハワイ作戦中止を訴えた。

ところが、山本にうながされた佐々木参謀に、

「軍令部情報にもとづいた敵兵力にたいしては、十一航艦の兵力で比島作戦は支障がありません」

と、肩すかしを食わされた。

草鹿は所信どおりに直言した。

「国家の興亡をこの一戦に賭けるということは、あまりにも投機的すぎます」

山本はとり合わず、

「南方作戦中に東方からやられたらどうする。南方資源地域さえ手に入りさえすれば、東京、大阪が焦土となってもよいと言うのか。

とにかく自分が連合艦隊司令長官であるかぎり、ハワイ奇襲作戦は断行する決心であるから、両艦隊とも幾多の困難はあろうが、ハワイ奇襲作戦はぜひやるんだという積極的な考えで準備を進めてもらいたい。

僕がいくらブリッジやポーカーが好きだからといって、そう投機的だ、投機的だと言うなよ。君たちの言うことも一理はあるが、僕の言うこともよく研究してくれ」

と、一方的に押し返した。

大西、草鹿は、山本がそれほどまでに言うなら、反対意見はとり下げ、山本の趣旨に副うように努力しようと折れた。折れなければ職を辞すほかなかった。

大西、草鹿が退艦するとき、山本は舷門まで見送り、うしろから草鹿の肩を叩いた。

「君の言うこともよくわかった。しかし真珠湾攻撃は僕の固い信念だ。これからは反対意見を言わず、僕の信念を実現することに全力を尽くしてくれ。そして、その計画はぜんぶ君に一任する。南雲長官にも君からその旨伝えてくれ」

「よくわかりました。全力を尽くして長官のお考えの実現に努力いたします」

草鹿は感動して答えた。

山本はこうして、実戦部隊でのカナメの二人を、理論ではなく、信念で屈服させた。

佐伯航空隊の士官室にもどった大西と草鹿は、源田と吉岡に何も話さなかった。

四人はすぐ、きたときのように二機の艦攻に分乗して、鹿屋基地に帰った。

草鹿、源田、吉岡は、十一航艦の乗用車で志布志まで送ってもらった。途中、吉岡が草鹿にたずねた。

「どういうことになったのですか」

「意見は通らなかったよ。君らがハワイにゆかなければ僕がゆくと言われるのでね」

草鹿はわびしそうであった。

一年後の昭和十七年（一九四二）九月末、日米の将来を決するガダルカナル島（ソロモン諸島南東部）攻防戦で日本陸海軍が悪戦苦闘しているころ、海軍航空本部総務部長の大西瀧治郎少将は、兵庫県の柏原《かいばら》中学校の同級生徳田富二に会ったとき、質問された。

「真珠湾攻撃はあれでよかったのか」

「いかんのだなあ」

大西はつづけて言った。

「あれはまずかったんだよ。あんなことをしたために、アメリカ国民の意志を結集させてしまったんだ。それがこのごろの海戦にあらわれてきているよ」

草鹿も大西も、山本が信念とする真珠湾攻撃に承服したものの、やはり不本意だったのである。

一つことわっておきたい。

大西と草鹿が「陸奥」に山本五十六を訪ねた日は十月二日ではなく、十月三日で、そのときの「陸奥」の位置は佐伯湾ではなく周防灘東部の室積《むろづみ》沖というのが定説となっている。しかし、平成二年（一九九〇）五月二十五日、吉岡忠一元海軍中佐は、自分が経営する神戸の会社で、あれは十月二日で佐伯湾だったと、私に何度も断言した。いずれにも確実な裏付けはないが、ここでは吉岡元中佐の回想に従うことにしたのである。

もし不可能ならばハワイ作戦は絶望というのが、燃料の洋上補給であった。一航艦は、十月三日から、太平洋に向かってひらいている有明湾（志布志湾）で、その実験研究にかかった。

総トン数（船の全容積）一万五二トンの給油船極東丸が、ワイヤーの曳航索で公試排水量（船の重量）四万二五四一トンの空母「加賀」を曳航し、給油ホースをつなぎ、重油を流しこもうというのである。

日本海軍では、給油船から駆逐艦への燃料洋上補給はやっていたが、空母、戦艦など大型艦へはやったことがない。しかし、駆逐艦にできるなら、空母にもできるだろうと、山本五十六以下誰もが問題にしていなかった。

それが実施してみると、曳航索が「ギギギ」ときしみ、「ポン」と切断され、給油ホースも切れて、ふっ飛んでしまった。

三日、四日、五日とやり直すが、何回やってもうまくいかない。

九日まで失敗で、十日になった。

士官室での昼食時、急に真顔になった参謀長の草鹿が言った。

「赤ん坊（給油を受ける船）がお母さん（給油船）を抱いて、お乳をもらったらどうだろうか」

南雲が草鹿をみつめた。

「極東丸が『加賀』を曳航するのではなくて、『加賀』が極東丸を曳航して、給油をしてみたらと思うんですよ」

航海参謀の雀部《ささべ》利三郎中佐（兵学校第五十一期）が、

「なるほど」

とうなずいた。

カニを思わせる容姿のために、「カニ」とアダ名されている南雲が、すっと立った。

「いまからすぐやろう」

これまでとさかさに、「加賀」が極東丸を曳航して、うしろから給油をはじめた。

これがまさしく正解で、重油はとどこおりなく、「加賀」のタンクに流れこんだ。

その後、「赤城」「蒼龍」「飛龍」と「比叡」「霧島」への洋上補給も、無事に成功した。

こうして大きな障害の一つが解消した（吉岡忠一元中佐の回想から）。

米太平洋艦隊への攻撃開始までの機密保持も、きわめて重大事であった。

雀部航海参謀は、昭和十六年七、八月ごろ、南雲長官、草鹿参謀長、航海将校の大石先任参謀らの意見を聞き、商船がほとんど通らない北緯四〇度線を東進する航路の研究をはじめた。

海大での「ハワイ作戦特別図上演習」は九月十六、十七日におこなわれたが、それまでにつぎのようなことがわかった。

北緯四〇度（日本では青森県の十和田湖北辺）線の航路は、ミッドウェー島（ハワイと東京の中間でハワイ寄り）からの米飛行機の哨戒圏外にある。大圏《たいけん》航路（地球上二点の最短航路、ここでは横浜と北米、あるいはハワイ間）からもはずれている。海上模様が悪く、商船航路ではない。そのために、米飛行機に発見されたり、商船に出会うことは少ない。

しかし、太平洋高気圧と極地高気圧がぶつかる海域で、天候不良の日が多く、天測（六分《ろくぶん》儀《ぎ》で太陽や星の方位を測り、艦の位置を出す）や燃料洋上補給を実施できるみこみも少ない。とくに十一月、十二月のころは天候、海上模様とも不良である。

燃料洋上補給成功の可能性は約六〇パーセントと判断された。

南雲、草鹿、大石、雀部らは悩んだ。

しかし、十月十日、「加賀」への燃料洋上補給実験が成功した結果、南雲もついにこの北方航路進撃を決意した。

ところで、戦後だいぶたってからだが、源田実は、南雲が北方航路進撃を決意したのは、自分の説得によるものと公言した。

九月中旬の「ハワイ作戦特別図上演習」直後の研究会で、南雲が、

「図演では海はシケないが、実際はそうはいかん」

と、北方航路に反対したが、源田はつぎのように南雲を説得したと言う。

「『長官にお考え願いたいのは、そのことです。どう考えてみても、この作戦は奇襲でなければ成功の算はない。事前に発見されれば、全滅しかねない。絶対奇襲を考えるならば、兵術常識を外れなければ成功の算はありません。

米海軍将校は、日本海軍の艦艇の性能、平素の教育、演習実施の状況などから考えて、まさかハワイを航空母艦で攻撃するとは思っていないでしょう。

ことに北方航路は、彼ら自身が海がシケるために演習をやっていないくらいだから、船乗りが冬場この海面を使用することは考えていないだろうし、備えもしていないに違いありません。

鵯越が馬の通れるところなら、平家の軍勢は裏側からの攻撃にも応じる備えをしたでしょうが、馬は通れないと思っていたからこそ、備えていなかった。その〝虚〟を義経の騎馬隊は衝いた。〝鹿が降りられるところを馬が降りられないはずはない〟とさか落としに敵本陣になだれ込んだのです。

北方航路は確かに困難でしょう。しかし、そこは私らの努力によって切り開かなければならないと思います』

と南雲長官に進言し終わったところへ、九州南方海面で大型艦艇に対する洋上補給の試験

を繰り返していた母艦「加賀」の艦長岡田次作大佐から、

『洋上補給成功、天候……』

との吉報がとどいた。

さらに、私の意見具申を聞いていた連合艦隊の佐々木航空参謀が、助言をしてくれた。

『北方航路以外をとるようなら、この作戦はやめた方がよい』

隣にいた第二航空戦隊司令官の山口多聞少将に、

『司令官はどう思われますか?』

と聞いたところ、

『そりゃあもう、北方航路だよ』

と、賛成してくれた。

さしもの南雲中将も、ついに『航路は北方』の決意を固めた」(源田実著『風鳴り止まず』昭和五十七年十一月刊、参照)

だが、この説明には事実とちがっているところがあるようである。

「加賀」の洋上補給が成功したのは十月十日で、このときは南雲も「加賀」に乗っていたはずである。

「さしもの南雲中将も、ついに『航路は北方』の決意を固めた」

と言うが、この当時の南雲は、まだハワイ奇襲作戦そのものに反対で、十月二日(あるいは三日)、山本五十六が大西、草鹿の「ハワイ奇襲作戦中止」意見を却下してから、自分も反対をとり止めた。そして十月十日、「加賀」の燃料洋上補給が成功して、北方航路進撃の肚を固めたのであった。

南雲は、源田のわかりきった意見より、雀部の研究や、草鹿、大石の意見を尊重したはずである。

旗艦「加賀」の長官公室に参集した一航艦各空母のベテラン飛行長、飛行隊長たちが、司令長官の南雲から、ハワイ奇襲作戦計画を打ち明けられ、さすがに緊張したのは、「加賀」の燃料洋上補給実験期間中の十月七日であった。

南雲の簡単な話のあと、参謀長の草鹿が、テーブル上の大きなオアフ島と真珠湾の二つの模型を指さしながら一同に説明し、最後に言った。

「……この作戦が成功するか否かは、一にかかって雷撃が可能かどうかにある。山本長官もその点を非常に心配されている。いまから航空参謀にハワイ方面の概況と攻撃計画の素案を説明させるが、雷撃の能否について、いちおうの見当をつけてもらいたい」

颯爽と出てきた源田は、二つの模型を土台にして、真珠湾とオアフ島方面の米軍の配備、訓練状況、地形などを歯切れよく説明し、ついで一航艦の攻撃計画の大要を自信満々に説明した。

その後、一同は雷撃隊、水平爆撃隊、急降下爆撃隊、戦闘機隊の各グループに分かれ、攻撃の能否、研究に入った。

最大の焦点は、地形的に困難な雷撃の能否にあった。

源田は、雷撃の最高権威で、「赤城」艦攻隊飛行隊長の村田重治少佐に質《ただ》した。

「どうだ、ブツ、できるか」

ブツはひょうきんな風流人村田のニックネームだが、いつも搭乗員用の半長靴（ブーツ）を履いているからという説がある。

「なんとかいきそうですなあ」

「加賀」飛行長の佐多直大中佐、「翔鶴」飛行長の和田鉄二郎中佐、「飛龍」飛行長の天谷孝久中佐、「蒼龍」飛行長の楠本幾登中佐たちも同様な意見であった。

雷撃が可能か不可能かは、狭い真珠湾で、艦攻から八三八キロの航空魚雷をうまく発射し、水深一二メートル以内で走らせることができるか否かにかかっている。

それをこれから短期間の研究で可能にしようというのであった。

このころ吉岡航空乙参謀は、魚雷専門の土田久雄中佐や、横須賀航空隊から鹿屋基地にやってきた雷撃のベテランたちとともに、連日鹿児島湾で、浅沈度魚雷の投下実験をくり返していた。

沈度一〇メートルで走らせる目的のこの安定機付九一式魚雷改二は、海軍航空本部担当部員の愛甲《あいこう》文雄中佐や海軍航空技術廠《しょう》雷撃部員の片岡政市中佐らが考案し、昭和十六年七月に完成したものである。

土田、愛甲、片岡は、ともに兵学校で源田実の一期上である。

愛甲は戦後に発行された海空会編『海鷲の航跡』の中で、この魚雷について、

「この訓令の発令は十六年二月はじめであった。さらに軍令部の要求は、十一月三十日までに浅海用魚雷百本完備ということであった。

じっさいに魚雷（九一式改二）の改造が終わり、安定装置も完備して、第一回の実験をやったのは八月二十二日で、沈度一九・五メートルであった。

……第二回の発射は八月二十六日で九・五メートル、九月六日は二本発射して九メートルと九・五メートル、九月十二日は一〇メートル、九月十三日は七メートル、九月十五日は一〇・五メートルと、一〇〇パーセントの成績であった」

と述べている。

吉岡は発射高度を二〇メートル、魚雷の沈度を一〇メートルとし、飛行機の速力はそのつど土田と相談して決め、それらを搭乗員に指示して、投下実験をつづけた。

十月半ば、源田実は一航艦艦攻隊の鹿児島基地を訪ねた。士官室に入ると、「赤城」艦攻隊の淵田美津雄少佐（十月十五日、中佐に進級する）と村田重治少佐がきて、淵田が笑顔で話しかけた。

「ブツと相談したんだが、艦攻の九機（一個中隊）を二つに割って、四機を雷撃、五機を水平爆撃としたらどうかと思うんだ。

四機ならば腕のいいパイロットはすべて雷撃にまわせる。爆撃のほうは二隻ずつ並んでいるやつをやるんだから、五機でも十分に目標は捕捉《ほそく》できるんだ。

『赤城』と『加賀』から雷撃機四機編隊を三隊ずつ、『蒼龍』と『飛龍』から二隊ずつ出せば、精鋭な一〇隊四〇機の雷撃隊ができ上がる。

一航戦（赤城、加賀）から水平爆撃機五機編隊を六隊、二航戦（蒼龍、飛龍）から四隊出せば、一〇隊五〇機の水平爆撃隊がつくれる。このほうが九機編隊一〇隊よりはるかに有効だと思うんだが、どうだ」

源田は唸《うな》った。

「名案だ」

攻撃隊の編制は、三機をもって小隊、九機をもって中隊、二七機をもって飛行隊とするのが基本である。列国もこの形式を基本としていて、いわば世界的な常識である。

淵田と村田はその常識を破り、一、二航戦艦攻隊九〇機の戦力を一・五倍くらいに増強する、画期的な編制を案出したのだ。

「よし、そういうことにしよう。それで訓練を進めてくれ」

「同意してくれるか」

「うん、司令部の攻撃計画もその方向で作成する」

源田は、ハワイ空襲にいよいよ望みが出てきたと元気づいた。

軍令部は十月七日、第一、第二航空戦隊の空母四隻をハワイ作戦に、九月に第一航空艦隊に編入された第五航空戦隊の空母二隻（翔鶴、瑞鶴）を南方（フィリピン、マレー、蘭印方面）作戦に当てることにして、陸海軍中央（参謀本部と軍令部）協定案をもとめていた。

陸海軍の戦争準備が遅れ、開戦予定日を十一月中旬から十二月上旬に延期したために、新戦力の第五航空戦隊も使える状況になったからで、これで軍令部も、ハワイ奇襲作戦を採択することに決定したのであった。

連合艦隊司令部は、ほぼ固まった作戦計画を各部隊に徹底させるため、室積沖に在泊している旗艦「長門」において、十月九日から十三日まで、図上演習をおこなった。

「長門」が「陸奥」に代わって旗艦になったのは、十月八日である。

十月九日午前八時三十分、司令長官山本五十六は、熱意をこめて美文調の訓示をおこない、重大時局に対処する主将の決意を明らかにした。

「惟《おも》うに帝国の直面する現下の情勢は正に未曾有の難局にして、帝国は日ならず米英蘭等数ヶ国に対し積極的に武力を発動して、自存自衛の活路を求むるの已むなき事態に立到らんとしつつあり。

……戦勝の途固《みちもと》より容易ならずと雖《いえど》も、我に於て先ず必勝の兵力と待つあるの備《そなえ》を倶有《ぐゆう》すると共に、遠謀深慮画策を密にし、将兵一心貫くに忠誠の一念を以て勇猛果敢事に当らば、又何物かならざらんや。

「諸官は須《すべか》らく思を茲《ここ》に臻《いた》し……本職と生死を倶《とも》にして、連合艦隊の使命達成に万《ばん》違算なからんことを期すべし」

というようなものであった。

ハワイ作戦特別図上演習は十月十二日、空母六隻を使用しておこなわれた。

その研究会において、南雲、草鹿ら第一航空艦隊首脳は、ハワイ奇襲作戦の確実な成功を期すために、第五航空戦隊をぜひとも加えてもらいたいと要望した。

山本五十六は、

「異論もあろうが、私が長官であるかぎりハワイ奇襲作戦はかならずやる。やるかぎりは実施部隊の要望する航空母艦兵力の実現には全力を尽くす」

と言明し、即座に六隻案を承認した。

ハワイ奇襲作戦に日米戦勝敗のすべてを賭けようと意図している山本にすれば、当然の決断であろう。

その山本を見ていた源田は、「名将の言行についていろいろ聞かされてきたが、ほんとうの名将とは、こんな人のことを言うのだろう」と、感激した。

昭和四十七年（一九七二）十二月八日発行の自著『真珠湾作戦回顧録』の中では、

「過去六十八年の人生の中で、このときくらい強烈な印象をうけたことはないし、一人の人間の底の知れない迫力を感じたこともなかった。

双手をあげて賛成したのは山口少将だけではないか」

と述べている。

信念を貫きとおす山本五十六に、源田は自分の理想像を見たようである。

福々しい顔の山口多聞二航戦司令官が、ハワイ奇襲作戦にきわめて意欲的だったことは、そのとおりであった。

連合艦隊先任参謀の黒島亀人大佐は、奇想天外を絵に描いたような男であった。

古ダヌキのような魁偉な容貌で、陰気で、無口で、愛想も協調性もほとんどない。「長門」の中甲板後部左舷側にある私室の舷窓に蓋をして、暗がりの中、越中褌ひとつのまま、坐禅をするような恰好で、一日中瞑想をつづける。

幕僚のほとんどは長官と食事を共にするが、彼は私室にひっこんだまま出てこない。食事は従兵に運ばせる。夜、左舷前方奥の幕僚浴室にゆくときも越中褌ひとつで、タオルだけぶら下げている。

同僚や部下たちは好感を持たず、「クロシマヘンジン」とか「クロシマセンニン」とか言って、「勝手な男だ」と思っていたようである。

しかし山本五十六はなにも言わない。「ガンジー」というアダ名をつけただけで、言ってみれば特別待遇である。

ほぼ一年後の昭和十七年十一月、ガダルカナル島をめぐる攻防戦で、日本海軍の飛行機艦船の消耗がいちじるしく、日本側の敗色が濃厚になってきたころ、トラック島泊地に在泊していた連合艦隊旗艦「大和」の作戦室で、黒島と、黒島より四期下の作戦参謀三和義勇《よしたけ》大佐が激論となった。そこへ山本が入ってきて、三和に言った。

「……黒島君は人の考えおよばぬところ、気がつかぬところに着眼して、深刻に研究する。ときに奇想天外なところもある。しかもそれを直言して憚《はばか》らぬ美点がある。こういう人がなければ、天下の大事はなしとげられぬ。だから僕は、誰がなんと言おうと、黒島を放さぬのだ」

それだけでは足りないと思ってか、参謀全員を集めて、こう戒めた。

「司令部にはたくさん参謀がいるが、何か問題が起こったとき、ほとんど全員がおなじ答を出す。だが黒島君だけはみなと異った角度から物を考えて出す。これはきわめて重大なことだ。私が黒島君を大事にするのはそのためだよ」

山本は、「合理的で着実な策」より、「相手の意表をつく奇想天外な策」を得意とする黒島を、それほど買っていた。言い方を変えれば偏愛していた。

「ハワイ作戦に空母全力をもって実施する決心に変わりはない。自分は職を賭しても断行する決意であることを軍令部に伝えよ」

山本からそう命じられた黒島は、十月十九日、軍令部に出頭し、福留第一部長と富岡第一課長に、空母六隻使用案の採用を迫った。

福留と富岡は、それをうけつけなかった。とくに富岡は、

「軍令部は全海軍作戦を大局的に見て、まず南方地域の確保に重点を置いている。そのため

にハワイの作戦には空母三隻までしか同意できない。三隻でやってもらいたい」

と、猛烈に反対した。

そこで黒島は奥の手を出した。

「連合艦隊案が通らなければ、山本長官は辞職すると言っておられる」

それでも富岡は、

「山本長官の進退と戦略・戦術は別なものである。そのような威《おど》しで我をとおそうなどとはもってのほかである」

と、反対の姿勢をくずさなかった。

黒島は交渉を切り上げ、前連合艦隊参謀長で山本の息がかかっている伊藤整一軍令部次長に会い、山本の決意を伝えた。

伊藤が永野軍令部総長に相談すると、まもなく永野が次長室に入ってきて、黒島に言った。

「山本長官がそれほどまでに自信があると言うのならば、総長として責任をもってご希望どおり実行するようにいたします」

こうして、ハワイ奇襲作戦に主力航空母艦六隻を使用することが決定された。

永野は、山本が「辞職する」と言い出し、海軍の統制が乱れ、一ヵ月半後に迫った対米英蘭戦開始が不可能になることを、もっとも懸念したようである。

山本五十六の決意かブラフ（ハッタリ、威し）に負けた軍令部は、翌十月二十日、参謀本部にたいして、フィリピン作戦に参加する陸軍第五飛行集団の兵力増強を要請し、承諾を得て、ようやくひと息ついた。

日米交渉がゆきづまり、戦争に自信のない第三次近衛文麿内閣に代わって、開戦論者の東条英機陸軍中将を首相とする内閣が発足したのは、その直前の昭和十六年十月十八日である。海軍大臣は、開戦派の大御所伏見宮博恭王元帥の寵臣で、山本五十六と海軍兵学校同期の嶋田繁太郎大将であった。

嶋田は東条にきわめて協調的で、それだけに日米戦は必至の形勢となった。

山本は十月二十四日付で、嶋田に、かつて及川海相へ送った手紙とおなじように有名な書簡を送った。

「結局桶狭間とひよどり越と川中島とを併せ行ふの已むを得ざる羽目に追込まるる次第に御座候」

という派手な文字があり、山本は戦争反対と言いながら、ハワイ大奇襲作戦をやってみせたいのだとうけとれるものであった。

南雲一航艦司令長官は大石先任参謀を伴い、十月三十日、佐伯湾に在泊中の「長門」に山本を訪ね、ハワイ奇襲作戦計画を説明し、承認を得た。

この計画案は十一月二十三日で、「機密機動部隊命令作第一号、同第二号、同第三号」として発令される原案であった。

作（作戦）第一号の方針はつぎのようなものである。

「……開戦劈頭機動部隊を以て在ハワイ敵艦隊に対し奇襲を決行し、これに致命的打撃を与うると共に、先遣部隊（潜水艦部隊）をもって敵の出路を扼《やく》し、極力これを捕捉撃滅せんとす。

空襲第一撃を×日〇三三〇（ハワイ時間は前日午前八時）と予定す。

空襲終らば機動部隊は速かに敵より離脱し、いったん内地に帰還、整備補給の上第二段作戦部署につく」

つまり、攻撃目標は敵艦隊だけで、敵の艦船飛行機修理施設や燃料施設などを攻撃する意図はなく、また反復攻撃をせず、一撃したらさっと引き揚げるというものである。

これは連合艦隊命令にもとづくものだが、その連合艦隊命令も、

「空襲終らば機動部隊は全軍結束を固くして敵の反撃に備えつつ速かに敵より離脱し……」

というものであった。

山本五十六は、「在ハワイ敵艦隊に致命的打撃を与うる」でよしとしたのである。

また、作第三号の中には、

「攻撃隊を収容せば直ちに次回攻撃準備を完成するものとする。兵装はその都度下令する」

ということがある。

これらのことは、のちに起こる大問題を解く重要なカギとなっている。

無我の境

明治節（明治天皇誕生日）の十一月（昭和十六年）三日、南雲忠一司令長官は、有明湾内の「赤城」に一航艦の各級指揮官、参謀を集め、ハワイ奇襲の実行計画案を説明し、明くる四日から三日間、それにもとづく特別訓練をおこなうことを伝えた。

訓練開始直前、はじめてハワイ奇襲作戦を知らされた全飛行科士官は、淡々と聞きながらも、「くるものがきた」と緊張した。

淵田美津雄中佐の総指揮によって、十一月四日朝、佐伯湾南方二五〇カイリ（約四六〇キロ）に展開した空母部隊から、訓練成った第一次、ついで第二次攻撃隊が発進し、佐伯湾の連合艦隊主力（戦艦部隊）をハワイの米艦隊と想定して、雷爆撃の襲撃訓練を見事に実行した。

この襲撃訓練は擬襲で、装備した訓練用爆弾や魚雷は有明湾の標的に投下、発射した。五日、六日はその応用訓練であった。

村田重治少佐が指揮する雷撃隊は苦心惨澹の発射実験の末、十一月十日にいたり、ようやく納得のゆく魚雷発射法をつかんだ。

発射高度一〇ないし二〇メートル、発射時機速一六〇ノット（約二九六キロ）、機首角度ゼロの第一法と、高度七メートル、機速一〇〇ノット（約一八五キロ）、機首角度アップ四・五度の第二法のいずれでも、発射された魚雷の八〇パーセント以上が、沈度一〇メートルで走ったのである。

土田久雄中佐、吉岡忠一一航艦航空参謀と村田少佐らは、なお研究を重ねて、十一月十三日、発射高度二〇メートル、発射時機速一六〇ノット、機首角度アップ一度をベストとすることを決定した。

出撃準備が完成した南雲機動部隊は、佐世保軍港に浅沈度魚雷をうけとりに行った「加賀」など一部をのぞき、十一月十六日、佐伯湾に整然と集合した。

山本五十六連合艦隊司令長官は、十一月十七日午後三時二十分から、「赤城」の飛行甲板で、機動部隊の各級指揮官、幕僚、飛行科士官らにたいして、強烈な激励の訓示をおこなった。

源田実は、その印象をつぎのように語っている。

「『赤城』飛行甲板で艦尾の軍艦旗に向かうようにして台上に立った山本長官は、ここでも印象的な訓示をした。

『機動部隊はいよいよ内地を出撃して征途に上《のぼ》るが、われわれが相手にする敵は、わが国開《かい》闢《びゃく》以来の強敵である。わが国は、未だかつて、これほどの豪のものと闘ったことはない。相手にとって毛頭不足はない。

なお、敵の長官キンメル大将（米太平洋艦隊司令長官ハズバンド・E・キンメル）は、数クラスを飛び越えて、合衆国艦隊の長官に任命された人物であり、きわめて有能な指揮官であることをつけ加えておく。

奇襲攻撃を計画しているが、諸君は決して相手の寝首をかくようなつもりであってはならない。特に注意しておく』

趣旨は右のようなもので、はなはだ力強いものであった」

十一月十八日朝、一、二航戦は三時間間隔でいつもと変わりないように佐伯湾を出港し、原忠一少将がひきいる五航戦は十九日午前零時に別府湾を出港して、北方の択捉島単冠湾に向かった。バラバラの出港は味方も敵も欺くためであった。

佐世保で浅沈度魚雷をうけとった「加賀」は、十一月十七日に佐世保を出港し、いったん佐伯に寄り、単冠湾にいそいだ。

機動部隊の全艦は出港と同時に無線封止に入った。それに代わって、九州各地に点在する鹿屋、鹿児島、出水、富高、佐伯、大村などの陸上航空基地が、小野寛治郎一航艦通信参謀の計画どおり、一航艦の空母や飛行機隊の呼び出し符号を使い、擬交信をはじめた。空母部隊がひきつづきこの方面にいるかのようにカモフラージュしたのである。これは、真珠湾攻撃が開始される十二月八日朝までつづけられた。

新嘗祭《にいなめ》の十一月二十三日、「赤城」など空母六隻以下の南雲機動部隊三〇隻は、白雪皚々《がいがい》、満目荒涼の択捉島を見る広大な単冠湾に、威風堂々と集結を完了した。

一航艦のほかは、軽巡洋艦「阿武隈」と駆逐艦九隻の第一水雷戦隊、高速戦艦「比叡」「霧島」の第三戦隊第一小隊、重巡洋艦「利根」「筑摩」の第八戦隊、特務艦（給油船）七隻の補給部隊、伊十九・伊二十一・伊二十三の第二潜水隊などである。

南雲一航艦司令長官兼機動部隊指揮官は、この日午前九時、各級指揮官、幕僚、駆逐艦長を「赤城」に集めて訓示し、機密機動部隊命令作第一、第二、第三号を下達した。

第二航空戦隊の山口多聞司令官は、午後四時、旗艦「蒼龍」士官室で、准士官以上につぎのような要旨の烈々たる訓示をおこなった。

「暴戾《ぼうれい》卑劣なる敵米国海軍は、すでに秘かに策するところがある。

……思えば三十年、酷暑厳寒を凌ぎ、狂風怒濤を冒し、日夜練武に努めたのは、一に今日のご奉公を果たさんがためであり、いまその秋《とき》はきたのである。

……訓練はすでに成り、準備すでに整う。人智を尽くし、臣道の限りをあげ、いまや物も人も不足はない。この誠忠とこの海軍力をひっさげて戦う以上、天下何事か成らざるなしである。

……ここに杯をあげて遥かに聖寿万歳を三唱するとともに、あらかじめ成功を祝し諸君の武運長久を祈る」

南雲機動部隊三〇隻の各艦では、この夜全乗員が上下相擁して泣きながら酒を酌みかわし、壮途を祝った。それは艦隊訓練終了時の宴会のように底ぬけに明るく楽しいものではなく、死地に赴く直前の悲壮厳粛なものであった。

旗艦「赤城」艦内の悲壮な酒宴を見ていた源田は、赤穂浪士が討入り前夜、そば屋の二階に集まったときも、このような雰囲気だったのであろうかと思った。

南雲機動部隊の大小三〇隻は、十一月二十六日朝、隠密裡《り》に単冠湾を出撃し、片道三五〇〇カイリ（約六五〇〇キロ）のハワイ奇襲の途についた。

空は暗く、海は怒濤逆まく荒海である。

この日、ワシントンでは、日米交渉の米側の最終回答がコーデル・ハル国務長官から野村吉三郎、来栖三郎両日本大使に手交された。日本の要求はいっさい認められないという挑発的なものであった。米国も日本にサジを投げ、対日戦を決定したのである。

曇りのち小雨の十一月二十九日、海はうねりはあるが穏やかとなり、「瑞鶴」「翔鶴」と警戒隊の一水戦（第一水雷戦隊）が補給船から燃料補給をうけた。

出港五日目の十二月一日、航程の約半分に達し、東経から西経に入った。曇りだが海は穏やかで、二航戦と八戦隊、一水戦が燃料を補給した。

このころ、「赤城」の艦橋で、司令長官の南雲が、参謀長の草鹿に弱音を洩《も》らした。

「参謀長、君どう思うかね。僕はエライことをひきうけてしまった。僕がもう少し気を強くして、きっぱり断わればよかったと思うが、いったい出るには出たがうまくいくかしら」

強気一点張りの源田も、「アメリカに待ちかまえられて、虎の子の母艦六隻を失うようなことになれば戦争は終わりだ。これは大変なことだ」と不安に駆られたり、「いや、道は前進あるのみ。断じて行なえば鬼神もこれを避くはずだ」と迷っていた。

曇りときどき雨の十二月二日、かなりの風波はあるが、一航戦、二戦隊、一水戦が予定どおり燃料を補給した。これで、今後たとえ補給ができなくても、作戦はできることになった。幸運というほかなかった。

作戦命令の変更や追加が絶えたことは一日もないが、空母が集中配備されていたために、手旗で交信ができたこともよかった。

午後八時、連合艦隊全艦あてに、「ニイタカヤマノボレ一二〇八」という、連合艦隊電令作第十号がとどいた。

「×日ヲ十二月八日トス、十二月二日一七三〇」

という暗号電報である。

参謀長の草鹿はこれを見て、「青天に白日を望むようだ」と、気持がふっきれたように晴々とした。

南西よりの風最大三五メートルという暴風雨の十二月三日午前四時（現地時間は二日午前八時三十分）、機動部隊は狂瀾怒濤と戦いながら、予定どおり、針路九〇度（東）から一四五度（南々東）に大変針し、真珠湾の一〇度（北々東）六〇〇カイリ（約一一一〇キロ）の接敵地点に向かった。予定の接敵地点は真珠湾の零度（北）七〇〇カイリ（約一三〇〇キロ）であったが、敵索敵機のウラをかくために変更したのである（吉岡元参謀の回想）。

「蒼龍」作戦室にいた山口多聞は、参謀たちに痛快そうに声をかけた。

「まるで鵯越の逆落《さかおと》しとも言うべきだな」

源田は長官室のそばにある赤城神社に参詣し、作戦の成功を祈った。

この日ははじめて燃料補給ができなくなった。

夕刻、源田は再度赤城神社に詣《もう》でた。

十二月五日、濃霧で視界不良であったが、海上は平穏となり、八戦隊と一水戦が燃料を補給した。

この日、源田はさし迫った気持になり、朝夕、赤城神社に、

「私の命はどうなってもかまいません。どうかこの作戦を成功させてください」

と祈った。

十二月六日、昨日とおなじような天候で、隠密行動に絶好であった。八戦隊と一水戦は今日も燃料を補給した。

十二月七日、日曜日（ハワイでは土曜日）、海上は平穏であった。機動部隊は粛々と決戦場に接近していた。吉岡元参謀は、「内心おっかなびっくりでヘッピリ腰だった」と回想する。

一水戦にたいする最後の燃料補給を終えた第一補給隊の特務艦（給油船）四隻と駆逐艦「霞」が、早朝機動部隊に別れを告げ、「御成功ヲ祈ル」の旗旒《きりゅう》信号を掲げながら、静かに去って行った。

敵の飛行哨戒圏に達した午前七時、旗艦「赤城」は、「皇国ノ興廃此ノ一戦ニ在リ、各員一層奮励努力セヨ」という信文の「ＤＧ」旗をマストに掲げ、機動部隊全員は気合をこめて戦闘配置につき、高速二二ノット（約四〇キロ）で、戦場へ南下を開始した。翌八日午前一時、現地時間七日午前五時三十分に全飛行機隊を発進させる真珠湾の北二四〇カイリ（約四四〇キロ）の地点に達するためであった。

日露戦争中、日本の連合艦隊は、日本海海戦においてロシアのバルチック艦隊を撃滅して、日本を勝利にみちびいた。その折、東郷平八郎司令長官が乗った旗艦「三笠」は、「皇国ノ興廃此ノ一戦ニ在リ各員一層奮励努力セヨ」という「Ｚ旗」を掲げて戦った。「ＤＧ」旗はそれと同信文の信号旗である。

この日の源田は、朝夕赤城神社に、

「私を殺して、この作戦を成功させてください。お願いします」

と、必死で祈った。

大本営海軍部（軍令部）からの情報、第二十潜水隊からのラハイナ泊地（オアフ島南西のマウイ島）偵察報告、敵信（電信）傍受、ホノルルからのラジオ放送などから、敵情はつぎのように判断された。

真珠湾在泊艦は戦艦九隻、軽巡三隻、駆逐艦一九隻、水上機母艦三隻。空母と重巡は出動中。

ラハイナ泊地には艦隊不在。

機動部隊は全力をもって真珠湾の米艦隊を攻撃することを決定し、断雲の去来する月明下をひた走りに南下した。

午後六時から八時まで、作戦室でぐっすり眠った源田が外に出ると、飛行甲板にはすでに第一次攻撃隊に参加する飛行機が整然と並べられ、暗闇の中でエンジン試運転の轟音がひびき、排気管から青白い炎が吹き出ていた。

階段を上り、艦橋に立つと、不思議にも心中の不安や妄念がきれいに消え、すがすがしい気持になっていた。作戦成功の欲も、失敗の危惧もなかった。

のちに源田は、

「明鏡止水、無我の境地に入っていた。あのときの心境をその後、再現しようと努力したが、恥ずかしながら二度とできなかった」

と述懐している。

たいていの者が不安を覚えながら、真珠湾の北二四〇カイリの飛行機隊発進地点に近づいてゆくと、とつぜん源田が南雲に向かい、

「長官、一九〇カイリ（約三五〇キロ）までゆきます」

と、断定的に告げた。

南雲はすぐに賛成し、草鹿も吉岡、源田の気合いに打たれたように賛成した。

飛行機隊は飛行距離が短いほうが攻撃しやすいのである。

搭乗員室に下りた源田は、真珠湾第一次攻撃隊総指揮官の淵田美津雄中佐に声をかけた。

「おい、フチ、頼むぜ」

「おっ、じゃ、ちょっと行ってくるよ」

淵田は軽々と応じた。


十二月八日午前一時（ハワイ時間十二月七日午前五時三十分）、八戦隊の重巡「利根」と「筑摩」の零式水上偵察機各一機がカタパルトから射出発進し、真珠湾の「直前偵察」に向かった。ハワイ奇襲の開始である。

午前一時二十分、東の空が白むころ、飛行機隊を発艦させるために機動部隊はいっせいに風上に向かった。

旗艦「赤城」のマストに信号旗がするすると上がり、つぎの瞬間、さっと下ろされた。六隻の空母の各艦長は飛行長に「発艦」を下令し、飛行長は満を持した飛行機隊の各機に発艦を命じた。

南々東の風一三メートル、雲が多く、うねりは大きく、各空母の揺れも大きく、発艦はむずかしかった。

しかし、軽快に舞い上がる零戦を先頭に、一機また一機、轟音を残して飛び立ってゆく。見送る艦の乗員たちは、全員力いっぱい帽子を振る。魚雷を抱いた艦攻は大きなうねりで揺れ動く母艦から、渾身の力をふりしぼるような物凄い轟音を残して飛び立った。

「赤城」から発艦した飛行機は零戦九、水平爆撃機一五、雷撃機一二の計三六機であった。

各空母から飛び立った第一次攻撃隊の制空隊零戦四三、水平爆撃隊九七式艦攻四九、雷撃隊九七式艦攻四〇、急降下爆撃隊九九式艦爆五一、合計一八三機は、上空で手際よく編隊を組み、水平爆撃隊の指揮官機に搭乗した淵田中佐にひきいられ、機動部隊上空を大きく一旋回し、「赤城」の上でバンク（両翼を交互に上下させる）をして、一九〇カイリ南の真珠湾へ飛んで行った。

見送る機動部隊の全員は、赤穂浪士の討入りを思い、胸迫りながら帽子を振った。

つづいて機動部隊司令部は、各空母から上空警戒の零戦数機ずつを発艦させ、ついでふたたび源田の進言をいれ、真珠湾の北一六〇カイリ（約二九六キロ）までさらに南下接近を開始した。

午前二時四十五分、第二次攻撃隊が発艦をはじめた。制空隊零戦三五、水平爆撃隊九七式艦攻五四、急降下爆撃隊九九式艦爆七八、合計一六七機で、「瑞鶴」水平爆撃隊の指揮官機を操縦する嶋崎重和少佐にひきいられ、おなじく真珠湾へ飛んで行った。

「赤城」から発艦した飛行機は、制空隊零戦九、急降下爆撃隊一八、計二七機であった。

ホノルルのラジオ放送が音楽放送をつづけ、米軍の通信も何の変化もないことから、一割の成功も困難と思われた奇襲成功が、確実と判断されるようになった。

午前三時、直前偵察の「筑摩」機から、「真珠湾在泊艦ハ戦艦一〇　甲巡一　乙巡一（ついでその碇泊《ていはく》隊形）」

という電報が、真珠湾へ向かう第一、第二次攻撃隊と機動部隊にとどいた。

午前三時五分、マウイ島のラハイナ泊地を偵察した「利根」機からは、同泊地には艦隊は不在という電報がとどいた。

ついで午前三時八分、ふたたび「筑摩」機から、

「敵艦隊真珠湾ニ在リ　真珠湾上空　雲高一七〇〇メートル　雲量七」

という電報があった。

直後の午前三時十五分、機動部隊は、第一次攻撃隊指揮官淵田美津雄中佐が発信した「突撃準備隊形制《ツク》レ」の第一報を傍受した。つづいて午前三時十九分、

「トトトトト」（全軍突撃セヨ）

が入ってきた。

午前三時二十二分には、

「トラトラトラ」（我奇襲ニ成功セリ）

が入ってきた。現地時間で十二月七日、日曜日、午前七時五十二分で、予定より八分早かった。

「トラトラトラ」は「虎虎虎」ではない。「突撃」の略語の一つに「トラトラトラ」があり、

それを一航艦の通信参謀小野寛治郎少佐と航空参謀吉岡忠一少佐が相談して、「我奇襲ニ成功セリ」の隠語にしたという。

「翔鶴」の高橋赫一《かくいち》少佐が指揮する二五〇キロ爆弾搭載の急降下爆撃隊五一機は、まっさきに米航空兵力を制圧するために、真珠湾内フォード島の飛行場、真珠湾口東のヒッカム飛行場、オアフ島中央のホイラー飛行場、オアフ島南西岸のバーバス飛行場、オアフ島東岸のカネオヘ飛行場をつぎつぎに爆撃して、米軍飛行機、飛行場施設に壊滅的な打撃を加えた。

「赤城」の村田重治少佐が指揮する雷撃隊四〇機は、二列に並んだ米戦艦群に攻撃を集中し、四〇本中三六本の魚雷をものの見事に命中させ、戦艦など五隻、巡洋艦一隻を撃沈破した。射点で沈没した魚雷は一本だけであった。

じりじり待つ「赤城」艦橋の機動部隊司令部に、

「我敵主力ヲ雷撃ス　効果甚大」

という村田少佐が発信した電報が、いの一番に電信室からスピーカーで伝えられた。

南雲はじめ各幕僚、「赤城」艦長長谷川喜一大佐以下の艦幹部は、全員ニコッと笑った。

真珠湾攻撃の主力として期待され、七ヵ月以上、苦心惨憺の研究訓練をつづけてきた雷撃が、期待どおり成功したのである。

源田参謀は雷撃機上の村田を偲び、

「やはり真珠湾攻撃はやってよかった」

と、喜びを嚙《か》みしめた。

雷撃隊の先頭で米戦艦ウェストバージニアに突入していった村田隊長機が、八三八キロの九一式魚雷改二を発射し、米艦上空をすれすれに飛び越えた瞬間、村田は振り返った。轟然たる爆発が起こり、巨大な水柱が空中に盛り上がった。村田は後部の偵察員と電信員にどなった。

「当たったぞ」

「隊長、命中です」

敵弾が前後左右に飛んできた。

「おっとっと、こんなことはしていられない」

村田はそう言いながら、スロットルを全開して、離脱にかかった。

淵田総指揮官が直率する八〇〇キロ爆弾を抱えた水平爆撃隊四九機は、高度三〇〇〇メートルで、戦艦群にたいする中隊（一中隊は五機）ごとの編隊爆撃をおこない、四九弾中、一三弾を命中させ、戦艦四隻その他一隻を撃沈破した。

「赤城」戦闘機隊長板谷茂少佐が指揮する制空隊（零戦）四三機は、邀撃《ようげき》してきた米戦闘機四機をたちまち撃墜し、午前三時三十分には空中に米軍機は一機もいなくなった。六群に分かれた戦闘機隊は、各飛行場の地上機を銃撃した。零戦の二〇ミリ機銃の威力は凄く、つぎつぎに地上機は撃破され炎上した。

南雲機動部隊がハワイに向かい北太平洋を東進中、源田が板谷に、米戦闘機にたいする零戦の成算を質《ただ》したとき、板谷はこたえた。

「支那大陸の経験や米戦闘機の推定性能から推して、わが一機をもって彼の三機はこなし得ると思います」

そのことばが、この戦闘で実証されたと言っていい。

攻撃を終えた第一次攻撃隊は午前六時ごろまでに、「やったぞ」という雄姿で母艦に帰ってきた。姿をみせなかった未帰還機は、「加賀」の雷撃機五、「翔鶴」の艦爆一、「赤城」の零戦一、「加賀」の零戦二、合計九機であった。

第二次攻撃隊は午前四時三十五分に攻撃を開始した。「赤城」の進藤三郎大尉が指揮する制空隊零戦三五機は、制空権を第一次攻撃隊からひきつぎ、米戦闘機数機を撃墜し、ついで地上の飛行機銃撃にうつり、多数を撃破炎上させた。

嶋崎総指揮官が直率する水平爆撃隊五四機は、煤煙や火煙におおわれたカネオヘ、フォード、ヒッカムの三飛行場を、高度一五〇〇メートルから一八〇〇メートルで爆撃し、地上の飛行機と飛行場施設を粉砕した。

「蒼龍」の江草隆繁少佐が指揮する急降下爆撃隊七八機は、米軍の対空砲火の弾道を逆にたどって真珠湾の艦船群を急降下爆撃し、ついでフォード、ヒッカムの飛行場を銃撃して、大損害をあたえた。

第二次攻撃隊は午前九時二十二分（ハワイ時間午後一時五十二分）ごろまでに、ほとんどが大小の損傷をうけて母艦に帰ってきた。艦爆では「赤城」四機、「加賀」六機、「蒼龍」二機、「飛龍」二機、零戦では「加賀」二機、「蒼龍」三機、「飛龍」一機、合計二〇機がついに帰らなかった。
米軍が戦闘配置に就くと、日本側の損害も容易ならないものになったのである。
攻撃隊の戦闘を見とどけ、最後に「赤城」に帰った淵田は、喜んで迎える源田に、
「うん、ざまみやがれと言いたいところだ。出てきやがったら、またつぶしてやるさ」
と、ぶちまけるように言った。
第一次、第二次攻撃隊の未帰還機は、雷撃機五、艦爆一五、戦闘機九、計二九機で、未帰還搭乗員は五五名であった。
この犠牲によって得た戦果は、
撃沈または完全破壊——戦艦アリゾナ、オクラホマ、ウェストバージニア、カリフォルニア、標的艦ユタ、敷設艦オグララ
大破——戦艦ネバダ、軽巡ヘレナ、ローリー、駆逐艦カッシン、ダウンズ、ショー、工作艦ベスタル
中破——戦艦メリーランド、ペンシルバニア、テネシー、軽巡ホノルル、水上機母艦カーチス
飛行機喪失——米陸軍機九六機、米海軍機九二機
戦死——米海軍・海兵隊二一一二名、米陸軍二二二名
負傷——米海軍・海兵隊九八一名、米陸軍三六〇名
などであった。

撃沈した戦艦アリゾナ、オクラホマ、ウェストバージニア、カリフォルニアにたいする雷爆撃の命中状況は、米側資料によると、つぎのとおりである。
▽戦艦アリゾナ　魚雷数本、八〇〇キロ爆弾四、不明四命中、完全損失、戦隊司令官および艦長戦死。
日本海軍は、アリゾナの外側に工作艦ベスタルが並列していたので、魚雷はアリゾナに命中せず、八〇〇キロ爆弾四弾が命中し、その一弾が弾火薬庫に入り、アリゾナが爆沈したと判定した。だが、沈度一〇メートルで走った魚雷数本が、吃水の浅いベスタルの艦底下を通過してアリゾナに命中したのは事実のようである。

吉岡忠一元参謀は、平成元年（一九八九）十一月十一日午前十一時ごろ、真珠湾のアリゾナ記念館近くの丘の上にいた。そこで美人ガイドが旅行者たちに、アリゾナには魚雷が三本命中し、その一本が火薬庫に入り、大爆発を起こして沈没したと説明するのを聞いた。驚いたが、それがほんとらしいと思った。

第一次攻撃隊の「加賀」水平爆撃隊第二中隊長牧秀雄大尉（兵学校第六十一期）は、戦後、「アリゾナの誘爆は第二中隊の二弾が命中した直後に起こった」

と、防衛庁防衛研修所戦史室（のちに防衛研究所戦史部と改称）員に語った。

火薬庫まで入り、アリゾナのトドメを刺したのは、八〇〇キロ爆弾か、あるいは魚雷か。
▽戦艦オクラホマ　魚雷四、八〇〇キロ爆弾多数、転覆大破、完全損失
▽戦艦ウェストバージニア　魚雷六ないし七、八〇〇キロ爆弾二命中　沈没、のちに浮揚、

艦隊復帰
▽戦艦カリフォルニア　魚雷三、八〇〇キロ爆弾一、二五〇キロ至近弾四、沈没、一九四二年三月浮揚、艦隊復帰

総括すると、南雲機動部隊の第一、第二次攻撃によって、米太平洋艦隊の戦艦部隊は大損害をうけ、少なくとも四ヵ月は艦隊行動が不可能になった。

飛行機隊の攻撃に呼応して、二人乗りの特殊潜航艇五隻が真珠湾内突入を試みたが、こちらは五隻とも未帰還となった。五隻のうち三隻は湾内潜入まえに撃沈され、一隻はオアフ島東部に座礁した。残る一隻が湾内に潜入したが、攻撃不成功のまま撃沈された。これが「特別攻撃隊の九軍神」であった。

幻の真珠湾第二撃進言

空母六隻は、真珠湾から帰ってきた攻撃隊を、午前九時二十三分ごろまでに残らず収容した。

南雲機動部隊指揮官は各艦からの報告を総合し、米主力艦隊にたいする攻撃成果は十分に達成されたと認め、引き揚げるために北上にかかった。

米国の歴史学者で、戦後GHQ（東京丸の内にあった連合国最高司令官総司令部、最高司令官はダグラス・マッカーサー米陸軍元帥）情報部の戦史室長であったゴードン・W・プランゲ博士著の『トラ　トラ　トラ』によると、その前後の淵田中佐、源田参謀の言動は、およそつぎのようである。

「第一波の最後に着艦した淵田中佐は、その日の午後ふたたび敵に対して攻撃を加えることしか考えていなかった。帰る途中でも、彼は次の目標として燃料タンク地帯、修理施設およよび午前中の攻撃でうちもらした一、二隻の艦を心のなかに描いていた。

……淵田中佐が艦橋に行くと、南雲長官のまわりに草鹿参謀長、大石、源田その他の参謀、それに赤城の艦長長谷川喜一大佐が集まっていた。

……彼は攻撃経過順に報告するつもりであったが、南雲長官がさえぎった。

『戦果はどうなのか』

『私自身の観察によりますと、撃沈戦艦四隻、撃破戦艦四隻であります』

と淵田中佐は答えた。

……ふたたび南雲長官が言った。

『アメリカ艦隊が今から六ヵ月以内に真珠湾から出てくる可能性があると思うか』

『主力が六ヵ月以内に出てくることはできないだろうと思います』

草鹿参謀長がたずねた。

『次の目標は何にすべきだと思うかね』

その言いまわしには積極性がうかがわれたので、淵田中佐はほっとした。

『工廠、燃料タンク、また機会があれば重ねて艦船に攻撃を加えるべきだと思います』

『戦艦をもう一度攻撃する必要があると思うかね』

『その必要はないと思います。敵の戦艦は撃沈するか大破せしめました』

草鹿参謀長はついでアメリカの反撃の可能性に関して質問したので、源田参謀と淵田中佐は、オアフ島とその近海の制空権はすでに日本の手中にあると思うと答えた。

『敵の航空母艦はどこにいると思うか』

この南雲長官の質問に対して、淵田中佐が日本の機動部隊を捜しているだろうと述べると、南雲長官は明らかに動揺したように見受けられた。

……敵の空母エンタープライズは当時オアフ島の西方約三六〇キロの地点に、同じくレキシントンは遠くミッドウェー（オアフ島の西北西約二一三〇キロ）の南東約七二〇キロの洋上にあった。

……敵が傷つき、ひざを屈した今こそ、徹底的に敵をたたきふせるチャンスであると、不屈で剛毅な源田は考えた。その日の午後にふたたび全力攻撃を加えることができるかどうかについては確信がなかったが、彼にはある考えがあった。

『数日この付近にとどまって、敵の航空母艦をやっつけましょう』

と力強く提案した。

源田中佐は二十五年後の現在（一九六六年）も、

『攻撃後すぐアメリカの航空母艦を全力で捜索すべきだった。

敵が見つかったら、たとえ夜間攻撃になっても、すぐ攻撃をかけるべきだった。われわれには熟練した夜間雷撃チームがいたのだ。その日にアメリカの航空母艦を見つけることができなかった場合には、われわれはその付近に残って捜索を続行すべきであった。淵田中佐と私は、必要とあらば、オアフ島の付近に二、三日とどまる覚悟をしていた』

と残念がっている。

航海の間じゅう、源田参謀は敵に最大の打撃を加えるための計画をいくつかたてていたが、いまとなっては何の役にもたたなかった。完全な勝利を得ようとする彼の最後の努力も、マジノ・ライン（第二次大戦の前にフランスがドイツ軍との間に築造した要塞線）のようにかたくなに心を閉ざした南雲長官や草鹿参謀長の前に、あえなくついえたのであった。

『私はちゅうちょすることなく長官に引き揚げることを進言した』

と草鹿参謀長は述べている。

そして、南雲長官はすぐそれに同意した」

プランゲは昭和二十二年（一九四七）から二十六年（一九五一）まで、ハワイ奇襲作戦の関係者たちを片っぱしから東京都内の自宅に招いてインタビューをつづけた。当時GHQ情報部戦史室調査員で、終始プランゲのインタビューの通訳をつとめた元海軍中佐・連合艦隊作戦参謀の千早正隆（兵学校第五十八期）は、

「淵田・源田両氏にたいするインタビューはおのおの五十回以上にわたった。源田氏のほうが少し多かった。一回が夕食を入れて、四時間ないし五時間だった。

プランゲは『トラ　トラ　トラ』に、両氏が言ったとおりのことを書いたのだ」

と語っている（平成二年五月七日、有楽町外人記者クラブで）。

「蒼龍」「飛龍」の第二次攻撃隊の収容が終わり、使用可能機による第二撃の準備をいそがせた山口多聞二航戦司令官は、それが完了すると、いち早く、機動部隊の旗艦「赤城」に、

「第二撃準備完了」

の信号を送った。

「機密機動部隊命令作第三号」の「攻撃隊を収容せば直ちに次回攻撃準備を完成するものとする……」にもとづく処置であった。

二航戦の旗艦「蒼龍」では、江草隆繁艦爆隊飛行隊長をはじめとする搭乗員や鈴木栄二郎航空参謀がじりじりして、山口に再攻撃の意見具申をするよう要望した。

しかし山口は「赤城」を凝視したまま、

「南雲さんはやらないよ」

と言っただけであった。

二ヵ月まえの「長門」での図上演習のとき、またその後の南雲、草鹿との話し合いのとき、山口はくり返し、修理施設、燃料施設などへの反復攻撃を主張した。しかし南雲も草鹿も同意せず、攻撃目標は米艦隊のみ、空襲後はすみやかに敵より離脱するという「機密機動部隊命令作第一号、第二号、第三号案」を作成し、山本五十六にもそれを承認させた。

したがって、第二撃をやるべしと意見具申をしても、南雲と草鹿が同意するものではないことを、山口はよく知っていた。

そのため、「山口に言われたからやる」のではなく、南雲のイニシアティブで第二撃をやることに最後の望みをかけ、いち早く「第二撃準備完了」の信号を送ったのである。

機動部隊の次席指揮官で、高速戦艦「比叡」「霧島」をひきいる第三戦隊司令官三川軍一《ぐんいち》中将（兵学校第三十八期）は、南雲にたいして、さらに攻撃を加えるべきであると意見具申の信号を送った。

第一撃終了後、瀬戸内海西部の柱島泊地に在泊する「長門」の連合艦隊司令部でも、「再度攻撃を命令すべし」という議論が起こり、幕僚たちの意見は「やるべし」に一致した。彼らは、

「もういちど真珠湾施設を攻撃してこれを徹底的に爆砕するよう、また敵空母部隊を求めハワイ列島線を南に突破する策を敢行すべきです」

と、山本司令長官に進言した。

しかし山本は、

「もちろんそれをやれば満点だ。自分もそれを希望するが、被害状況もまだ少しもわからないから、ここは機動部隊指揮官に任せておこう」

と制し、つけ足すように言った。

「南雲はやらないだろう」

山本はかつて南雲と草鹿に、「ハワイ奇襲作戦計画はぜんぶ一任する」と約束した。そのためにそれ以上は言えなかった。だがやはり残念で、「南雲はやらないだろう」とグチっぽいことばが出たようである。

作家阿川弘之の『山本五十六』には、つぎのようなことが書かれている。

「山本はしかし、

『いや、待て。そりゃちょっと無理だ。泥棒だって、帰りはこわいんだから』

と言い、

『やれる者は、言われなくたってやるサ。やれない者は遠くから尻を叩いたって、やりゃしない。南雲じゃ駄目だよ』

とも言った」

才気走った皮肉をよく言う山本だから、これくらいのことは言ったかもしれない。

周囲の動きをほとんど知らずに、南雲機動部隊指揮官が草鹿参謀長の意見に従い、

「当隊今夜敵出撃部隊に対し警戒を厳にしつつ北上、明朝は付近の敵を索《もと》めてこれを撃滅せんとす」

と下令したのは、午前十時三十五分であった。「敵を索めて撃滅」したいなら、敵がいない北へ向かわず、敵のいる南へ向かうべきだろうが、これはことばのアヤで、要するに、翌九日の日出ごろまでには、オアフ島からの飛行哨戒圏六〇〇カイリ（約一一一〇キロ）外へ逃げて、あとは日本へ引き揚げようということであった。

「第一回空襲で米太平洋艦隊主力とハワイの米航空兵力の大部分を壊滅させて、ほぼ目的を達した。第二回攻撃をやっても大きな戦果は期待できない。

第二回攻撃は純然たる強襲となり、戦果に比較して犠牲がいちじるしく増大する恐れがあ

る。

敵の通信によると敵大型機が少なくとも五〇機ていど残っている（攻撃隊の報告ではハワイの米航空兵力は殲滅された）し、敵空母、大巡、潜水艦などの動静が不明である。ところがわが方は二五〇カイリ（約四六〇キロ）圏以上の索敵ができないから、敵基地航空兵力の索敵圏内に長くいるのは不利である」

などの理由である。

草鹿龍之介はのちにつぎのように述べている。

「これについては（第二撃をやらずに引き揚げたこと）、あとからいろいろ非難の声も聞いた。山本連合艦隊司令長官も、空母を逸したことに不満であったとか、なぜ大巡以下の残敵を殲滅しなかったとか、工廠、重油槽を壊滅しなかったとか、戦力の主力である空母を徹底的に探し求めて壊滅していたら東京空襲はなかったとか、いろいろ専門的批判もあるが、私に言わせれば、この際、これらはいずれも下司の戦法である。

……警戒を厳重にしながら風のごとく北上し、第一補給部隊（給油船極東丸以下四隻）のF点（北緯三七度、西経一六〇度）に向かった」（草鹿龍之介著『連合艦隊』昭和二十七年刊）

また防衛庁防衛研究所戦史室員にたいしては、

「機動部隊司令部では、本作戦の目的を南方作戦完遂まで米艦隊主力の本格的来攻を阻止するものと解していたので、それに必要な戦果をあげ得れば一撃だけで引き揚げ、戦果不十分の場合は所要の戦果を収めるまで強襲をおこなう腹案であった。

したがって第一撃で所期の戦果を収め、敵が混乱した場合でも、さらに戦果の拡充を図る意図ははじめからなかった」

と語っている。

総長永野修身大将、次長伊藤整一中将、第一部長福留繁少将、第一課長富岡定俊大佐の軍令部は、機動部隊が思いがけない大戦果を挙げ、ほとんど無傷で離脱することに十分満足していた。軍令部のハワイ作戦にたいする考えは、

「出撃まえ、軍令部において、わが母艦を損傷しないよう強く要望された」

と草鹿が言うとおりのものであった。

連合艦隊命令は、

「……空襲終らば機動部隊は全軍結束を固くして敵の反撃に備えつつ速《すみや》かに敵より離脱し……」

であった。

それにもとづく機密機動部隊命令作第一号は、

「……開戦劈頭機動部隊を以て在ハワイ敵艦隊に対し奇襲を決行し、これに致命的打撃を与うると共に……極力これを捕捉撃滅せんとす。

……空襲終らば機動部隊は速かに敵より離脱し、いったん内地に帰還、整備補給の上第二

段作戦部署につく」

であった。

山本五十六が承認したこの二つの命令に、南雲と草鹿は少しも違反していない。山口が落胆し、山本が不満に思っても、南雲、草鹿には非難される理由はない。非難される者があるとすれば、むしろ、約束や連合艦隊命令があったにせよ、この局面で反復攻撃を命令しなかった山本五十六となろう。


プランゲ博士の『トラ　トラ　トラ』に出てくる源田参謀と淵田中佐は、痛快なほど颯爽としている。

阿川弘之の『山本五十六』に登場する淵田は闘志に溢《あふ》れ、南雲や草鹿は臆病者のようである。

ところが、源田や淵田が南雲や草鹿に、積極的に第二撃の意見具申したということは、実際にはなかったのである。

源田実は、自著『真珠湾作戦回顧録』の中で、こう述べている。

「……果して第二撃はできたであろうか。

当日第二次攻撃隊の最後の飛行機が着艦したのは、午前十時（現地時間午後二時三十分）近くであって、日没前三時間である。

第一次、第二次攻撃隊は、着艦順序に対艦船攻撃に備え、攻撃機は全機雷装、爆撃機は通常爆弾（艦船攻撃用で貫徹力が大）を装備していた。これらを陸上攻撃用に兵装を転換し（炸裂力、弾片威力が大の陸用爆弾に）、集団攻撃を行なうとすれば、発艦時刻は早くて十二時（現地時間午後四時三十分）ごろになり、夜間攻撃、夜間収容となることは必定であった。

……あの海面（荒れ模様）で大攻撃隊の夜間収容を行なったとすれば、練度の高い部隊ではあったが、その混乱は想像に余るものがあり、相当の損失を覚悟しなければならなかった。

敵の航空母艦が少なくとも二隻、ハワイ近海にいることはわかっていたが、その所在はつかめないままに二次攻撃（第二撃のこと）を行ない、夜間収容のための飛行甲板に点灯しているとき、敵母艦機の攻撃でも受けたならば、南雲長官は兵術を知らざるものとして、一世の笑い者にされたことであろう。

……もし第二撃を行なうとなれば、九日の早朝であるが、これも敵空母の所在を確認しないままに行なうことはできなかった。

なおプランゲ博士著『トラ　トラ　トラ』その他に、赤城艦橋における二次攻撃（第二撃のこと）に関する意見具申が取り上げられ、激烈な論議が交わされたようになっているが、筆者は開戦八時間前から四日間、不眠不休で艦橋につめていたのであるが（真相は不明）、そんな事実は全然なかったことは付記しておく。もちろん筆者は意見具申は全然やっていない。

後日、草鹿参謀長から聞いたところでは、長官と参謀長は、初めから『二次攻撃はやらない』と決めていたということである」

おなじく自著『風鳴り止まず』の中では、

「ハリウッド映画『トラ　トラ　トラ』などで、淵田中佐が私に『もう一度攻撃させろ』と言ったことになっているが、あれはウソである。また私が南雲長官や草鹿参謀長に対して、再度出撃を迫ったというのも、これまたウソである。

淵田中佐は、もう一度出撃するつもりで、士官室で腹ごしらえしていたし、第二航空戦隊の山口多聞少将は『われ、第二撃準備完了す』と催促の信号を送ってきた。また第三戦隊三川軍一中将からも、もう一度攻撃を加えるべきである旨の意見具申があったことは事実である。

だが、そのころは、朝から悪かった天候が一層悪化し、夜間攻撃を終えて帰ってくる飛行機の収容は、不可能な状態にあった。それは敵の潜水艦よりも危険だった」

と述べている。

こうなると、プランゲが『トラ　トラ　トラ』でデッチ上げを書いたか、源田がプランゲにデッチ上げを言ったか、どちらかになる。

プランゲが淵田や源田にインタビューしたとき通訳をやり、『トラ　トラ　トラ』を翻訳した千早正隆はつぎのように断言する。

「プランゲは源田氏や淵田氏にインタビューしていたとき、なぜ第二撃をやらなかったかを非常に聞いている。

源田氏は、

『第二撃の意見具申をしたんだが、採用にならなかったんだ』

と、はじめのとき言った。

プランゲの『トラ　トラ　トラ』では『意見具申した』になっている。

ところが、あとから源田氏が書いた本では、『意見具申はしていない』となっている。そこで私が感じたことは、なぜはじめに『意見具申をした』と言ったかということだ。

ああいう重大な問題について明言したことを、のちになって言ったことはなかったと言うのはおかしいと思う。

淵田氏はイマジネーション（想像力）が強い。プランゲと私が感じたことだ。攻撃から最後に帰り、すぐ艦橋に上がり、二撃を力説したと言っていた。

実際はそういうことをやっていない。意見具申すべきだと思っていたのが、意見具申したになったようだ。

あれだけ長い間インタビューをくり返したことから、そういうことを感じた」

『トラ　トラ　トラ』の単行本や映画に出てくる源田や淵田はカッコいい。両人ともそうありたいと願望し、プランゲにたいして、ないこともあったように話したというのが真相のようである。

やがて、ハワイ作戦関係者などから、第二撃の意見具申について質され、強弁ができなくなった源田は、

「筆者は意見具申は全然やっていない」

「私が南雲長官や草鹿参謀長に対して、再度出撃を迫ったというのも、これまたウソである」

と言わざるを得なくなったのであろう。

それでも、「プランゲ博士にホラを吹いてしまった」というような反省は、ついに口にしなかった。

日本機動部隊が真珠湾の米太平洋艦隊を壊滅したというニュースは世界を驚かせ、日本国民と英国のウインストン・L・S・チャーチル首相を歓喜させた。

チャーチルは、米国が英国側で対日独伊戦に参加し、英国が救われると判断したのである（米英は十二月九日に対日宣戦を布告し、独伊は十二月十一日に米国に宣戦布告をした）。

しかし米国民は山本五十六の、

「開戦劈頭に敵主力艦隊を猛撃、撃破して、米国海軍および米国民をして救うべからざる程度にその士気を沮喪《そそう》せしむ」

という意図とは反対に、憤激、結束して日本への復讐に立ち上がった。

「トレッチャラス・スニーク・アタック、リメンバー・パール・ハーバー」（裏切りの卑劣な攻撃、真珠湾を忘れるな）という怒りの合言葉が全米を走り、一挙に挙国の戦争体制がつくられた。

日本の対米最後通告が、真珠湾攻撃開始より約一時間遅れたことが最大原因であった。

明治四十五年（一九一二）一月十三日に日本も批准公布しているハーグ条約に、

「締約国は理由を付したる開戦宣告の形式、又は条件付開戦宣言を含む最後通牒の形式を有する明瞭且事前の通告なくして、其相互間に戦争を開始すべからざることを承認す」

という規定がある。

東郷茂徳外相の指示をうけ、野村吉三郎、来栖三郎両大使は、ワシントン時間で十二月七日午後一時に、国務省において、コーデル・ハル国務長官に最後通告書を手交しなければならないはずであった。

ところが、日本大使館員による外務省からの暗号電報解読、英文文書作成が遅れ、野村、来栖両人がハルに最後通告書を手交したのは、一時間二〇分遅れの午後二時二十分であった。

午後一時に手交すれば、ハワイ時間で同日午前七時三十分、日本時間で十二月八日午前三時で、淵田中佐がひきいる第一次攻撃隊が攻撃を開始した午前三時二十分ごろより約二〇分前となり、ハーグ条約に違反することはなかった。

午後二時二十分では、第一次攻撃隊の攻撃開始より約一時間おそく、ハーグ条約違反の戦争行為となったのである。

最後通告書を手にしたハルは、怒りの表情をあらわにして言った。

「自分の公職生活五〇年のあいだ、いまだかつて、このような恥ずべき偽りと歪曲とに充たされた文書は見たことがない」

野村、来栖は返すことばもなく引き下がるほかなかった。

実のところは、大統領ルーズベルトもハルも、すでに日本外務省の暗号電報を解読した米情報部の文書を見ていて、日本大使がワシントン時間の午後一時に最後通告書を手交しにくることを知っていた。したがって、米太平洋艦隊の損害があまりにも甚大なのには愕然としたが、日本の通告が遅れたことには、米国民を戦争に駆り立てるうえで、無上の口実にできると喜んだのである。

最後通告は、日本大使館員の職務怠慢により文書作成が遅れたために、ハーグ条約に違反する結果となった。

しかし、最後通告予定時刻の三〇分後に攻撃開始することを、陸海軍が東郷外相にも知らせず、逆に「これでもわが方の攻撃開始までに十分な時間的余裕がある」と、いそぐ必要がないかのように説明したことが、遅れの根本原因であった。日本陸海軍は、国際条約を守るより、奇襲成功を第一と考えていたのである。

それなら、最後通告をワシントン時間の午後一時に手交していれば、米国民が対日戦に立ち上がらなかったかと言えば、気持に程度の差はあっても、やはり憤激して立ち上がったことはまちがいない。

最後通告二、三〇分後の奇襲では、騙《だま》し討ちと思うほうがふつうだからである。日本がどこかの国から、このような攻撃をうければ、たいていの日本人も騙し討ちと思い、憤激するであろう。

南雲機動部隊が一撃だけで引き揚げたことは、米政府、米海軍を安堵させ、自信を持たせる結果となった。

真珠湾攻撃九日後の十二月十七日に解任されたキンメル大将の後任として、米太平洋艦隊司令長官に就任し、昭和二十年（一九四五）八月の終戦まで日本海軍を苦しめ抜いたチェスター・W・ニミッツ大将（のちに元帥）は、自著『太平洋海戦史』の中で、つぎのように述べている。

「アメリカ側の観点から見た場合、真珠湾の惨敗は、その当初に思われたほどには大きくなく、想像されたよりもはるかに軽微であった。

真珠湾でも沈没した二隻の旧式戦艦（アリゾナ、オクラホマ）は日本の新しい戦艦と対抗するにも、あるいは米国の高速空母と行動を共にするにも、あまりにも速力が低かった。アリゾナとオクラホマ以外の旧式戦艦は、浮揚後に改装された。それらの主たる任務は、戦争の最後の二年間の陸上目標に対する砲撃であった。

旧式戦艦を一時的に失ったことは、他方、当時非常に不足していた訓練を積んだ乗組員を、空母と水陸両用部隊に充当することができ、それは米国をして、やがて決定的と立証された空母戦法を採用させることとなった。

攻撃目標を艦船に集中した日本軍は機械工場を無視し、修理施設には事実上手をつけなかった。日本軍は湾内近くにある燃料タンクに貯蔵されていた四五〇万バレルの重油を見逃した。長いことかかって蓄積した燃料の貯蔵は、米国の欧州に対する約束から考えた場合、ほとんどかけがえのないものであった。この燃料がなかったならば、艦隊は数ヵ月にわたって、真珠湾から作戦することは不可能であったろう。

米国にとって最も好運だったことは、空母が難をまぬがれたことである。サラトガは米西岸にいたし、レキシントンはミッドウェーへ飛行機輸送中であり、エンタープライズはウェーキ（ハワイとマリアナ諸島の中間）に飛行機を輸送したのち真珠湾への帰路にあった。

そのうえ損害をうけた巡洋艦と駆逐艦はきわめて少なかった。

このようにして第二次大戦の持つ最も効果的な海軍兵器である高速空母攻撃部隊を編成するための艦船は損害をうけなくて済んだ」

真珠湾攻撃は、見かけは大勝利だが、米政府の思うツボにはまり、米海軍のその後の戦いをやりやすくさせることにしたようである。

源田実は、戦後だいぶ経ってからだが、真珠湾攻撃の効果について、

「……山本長官の意図が、米軍のみならず、米国民の戦意を喪失せしむることにあったことは、山本長官から嶋田海軍大臣あての手紙にもそれとうかがわれることが記載してある。しかしこの点に関する限り、山本元帥ほどの人も、米国の底力を下算していたのではないかと思われる。四年間の戦争を通じて、米人が発揮した力には驚くべきものがあった。米国の戦力を最も高く評価した山本元帥にして然りである。ほかの人々の評価は推して知るべしであった。

要するに政治的には、真珠湾攻撃の効果は、戦局の大勢を支配するほどのものではなかったということができるであろう」

と、半分ほどは憑物《つきもの》が落ちたように述懐している。

快勝また快勝

十二月八日（昭和十六年）、司令長官塚原二四三中将、参謀長大西瀧治郎少将の第十一航空艦隊司令部は、台湾南西岸の高雄海軍航空隊基地にあった。

開戦劈頭、重爆撃機Ｂ17数十機をふくむフィリピンの米航空兵力約三〇〇機（戦後の発表ではＢ17をふくむ約一六〇機）を撃滅する任務で、高雄とその北方の台南などに展開した十一航艦の兵力は、つぎのとおりであった。

第二十一航空戦隊

　鹿屋航空隊（一式陸攻五四機）

　第一航空隊（九六式陸攻三六機、航空輸送部隊）

　東港航空隊（高雄の南東、飛行艇一八機）

第二十三航空戦隊

　高雄航空隊（一式陸攻五四機）

台南航空隊（零戦四五機、陸偵六機、九六式戦闘機一二機）
第三航空隊（零戦四五機、陸偵六機、九六式戦闘機一二機）
最先任の須田佳三《よしぞう》中佐が指揮する第一攻撃隊（高雄航空隊）一式陸攻二七機は、十二月八日午前十時三十八分に、源田実と兵学校同期の名パイロット入佐《いりさ》俊家少佐指揮の第三攻撃隊（鹿屋航空隊）一式陸攻二七機と、横山保大尉指揮の第一戦闘機隊（第三航空隊の零戦四四機、台南航空隊の零戦九機）零戦五三機は、午前十時五十五分に、それぞれ高雄基地を発進した。

　攻撃隊は、真珠湾攻撃開始より一〇時間も遅かったが、意外に敵機に会うこともなく、午後一時四十分ごろ、マニラ北西約一五〇キロ、米戦闘機の主力が集中しているというイバ飛行場上空に進入し、奇襲に成功した。米戦闘機がほとんど空中にいないイバ飛行場攻撃をいち早く終えた第一戦闘機隊は、イバ東方のクラークフィールド飛行場攻撃に向かった。須田、入佐の陸攻隊は、イバ基地で、地上の米陸軍機約三五機と、滑走路、施設などを爆破、炎上させた。

　横山戦闘機隊はイバ、クラークフィールド両基地で、上空の小型機九機を撃墜、四機を撃破し、地上の大型機六機、中型機六機、小型機五機を銃撃、炎上させた。

　イバの米戦闘機の大部分は、開戦の報で空中に飛び上がったが、高雄地方が深い朝霧で日本攻撃隊の発進が遅れたために、自分らの燃料がなくなり、着陸したままであった。

　クラークフィールド上空で、午後二時すぎから米陸軍の戦闘機Ｐ40、Ｐ35などと戦った零

戦隊の戦いぶりを、横山保隊長（兵学校第五十九期）は、

「P40、P35らしいものが十数機、四〇〇〇メートルぐらいの高度で上空を哨戒している。『全軍突撃せよ』と下令する。私は真っ先にバンクをふりながら敵機に切り込んでいった。大陸戦線における戦闘で十分の経験を持っているわが方は優位だ。

……十分な間合いをとり、敵の前程を押えるように接敵する。部下たちの技量は十分に信頼できる。第二、第三大隊も戦闘にはいる。第一大隊は支援警戒に任じながら、他の敵機の捜索をはじめる。

……わが零戦の威力を、今日こそは比島空軍、いや米空軍にも思い知らせてやるぞ！　敵の先頭機に食いついていった。これからは、彼我入り乱れての格闘戦となる。まず敵の一機が、わが二〇ミリ機銃の命中で片翼を吹きとばされ、バラバラになって落ちていった。格闘戦はお手のもの、まもなく敵機の大部分は撃墜され、やっと逃れた二、三機の姿は、もうどこにも見られなくなった」

と語っている。

一方、高雄を発進した野中太郎少佐指揮の第二攻撃隊（高雄航空隊）一式陸攻二七機と、台南を発進した尾崎武夫少佐指揮の第五攻撃隊（第一航空隊）九六式陸攻二七機および新郷英城大尉指揮の第二戦闘機隊（台南航空隊）零戦二六機は、午後一時三十五分ごろ、ここも米戦闘機の主力が集中しているというクラークフィールド飛行場に進入し、イバ攻撃隊とおなじく奇襲に成功した。

野中、尾碕の陸攻隊は地上の米陸軍機約六〇機、格納庫三個を爆破、炎上させた。新郷戦闘機隊はクラークフィールド、デルカルメン両基地で、地上の双発機三機、四発機五機、その他二四機を撃破、炎上させ、上空の小型機七機を撃墜した。イバ、クラークフィールド両攻撃隊の米軍機にたいする総合戦果は、爆破・撃墜破合計一六四機という驚異的な大戦果となった。

ただし、米軍側資料では、約六〇機喪失となっている。

日本側は、両攻撃隊合わせて、一式陸攻一機、零戦七機を失った。

日本飛行機隊の攻撃のうち、やがて真相が判明してからだが、米軍将兵がもっとも驚いたのは、零戦が途方もなく強いばかりか、四五〇カイリ（約八三〇キロ）も遠い台湾から飛来し、さらに無着陸で帰ったことであった。米戦闘機の片道飛行距離は約二〇〇カイリなので、「ゼロ」が悪魔の化身のように思えたらしい。

だが、零戦がこれほどの長距離飛行ができたのにも、それだけの工夫と努力があった。

二ヵ月まえの十月下旬であった。零戦が台湾―マニラ間を往復するのは不可能と判断した十一航艦の大西参謀長と先任参謀高橋千隼《ちはや》大佐は、山本連合艦隊司令長官の承認を得て、小型空母「龍驤」「瑞鳳」など三隻に零戦を搭載し、ルソン島に近づき、そこからマニラ方面に発進させる計画を進めた。

しかし、第三航空隊副長兼飛行長の柴田武雄中佐は、戦闘機隊が空母で発着艦訓練などをやっていて、空戦射撃訓練がやれなくなれば、空戦技倆《ぎりょう》が低下して大変なことになると憂慮し、我慢ができなくなった。

研究会の席上、柴田は、鬼をもひしぐような大西参謀長に、敢えて意見具申をした。

「支那方面の作戦の経験からすれば、零戦隊の航続距離を延伸させることは可能です。したがって空母での発着艦訓練をやめて、空戦射撃訓練をやるべきだと思います」

ジロリと柴田を見た大西は、

「君の意見は飛行実験部的意見にすぎない」

と、一蹴《いっしゅう》した。

意を決した柴田は、横山戦闘機隊飛行隊長と打ち合わせ、往復九〇〇カイリ（約一六七〇キロ）、その中間において三〇分の戦闘ができるか否か、全パイロットに沖縄への往復飛行を実験的にやらせてみた。

途中の燃料消費を最小限にとどめ、航続距離を最大限に伸ばす実験であったが、結果は見込みにたがわず、一人残らず全員が悠々とテストに合格した。

柴田は徹夜で論文を書いた。

「零戦は四五〇カイリを飛び、二割の余裕をもって空戦し、悠々と帰投できる」

というのが、骨子である。

その朝午前八時すぎ、大西参謀長は、柴田の直属上司である第三航空隊司令官亀井凱夫《よしお》大佐と、その上司の第二十三航空戦隊司令官竹中龍三少将が同席する場で、柴田に論文を読ませ、説明をさせた。

大西瀧治郎は数年まえから、自分の気に入りの源田実と何かにつけて対立する柴田の意見をことごとくハネつけ、ときに罵倒し、殴りもしてきた。しかしこのときはめずらしく「うんうん」と聞き、

「よーし、わかった。いまから山本長官に意見具申をする。二十三航戦は本日ただいまより発着艦訓練をやめ、空戦射撃の訓練を実施すべし」

と快諾した。

それによって、「龍驤」「瑞鳳」などを他の作戦に利用できるという、大きな利を得ることもあったからだ。

柴田は源田とおなじく、兵学校第五十二期で、源田より九ヵ月早い昭和三年（一九二八）三月に操縦学生となり、腕のいい戦闘機乗りとなった。

小柄だが、顔や体が丸みを帯び、柔軟そうで、チョビ髭を生やしているからか、「ネコ八」と言われていた。鋭角的で、鷹のような源田と対照的である。

源田は奇で派手であり、柴田は正で着実と言えそうだ。

昭和十三年（一九三八）五月上旬、海軍航空本部（航空行政の中央機関）内で、同本部教育部長大西瀧治郎大佐主催の「十二試艦戦に関する研究会」がひらかれた。十二試艦戦は、海軍が昭和十二年に三菱航空機に試作を発注した次期艦上戦闘機で、昭和十五年七月末、「零式艦上戦闘機」として、制式機に採用されるものである。

その席で、横空（海軍航空の中心、横須賀海軍航空隊）飛行隊長の源田実少佐と、海軍航

空廠（昭和十四年四月に「海軍航空技術廠」と改称）実験部部員の柴田武雄少佐が、十二試艦戦の性能に関する意見で、真っ向から対立した。

源田は対戦闘機格闘戦性能を優先させ、航続力と速力はその分、犠牲にしてよいと主張した。遠距離の目標に向かって飛ぶ攻撃機（陸攻、艦攻）隊の掩護はしなくてよいという意見だ。

柴田は反対に、攻撃機隊掩護のために航続力と速力を優先し、格闘力はその分、犠牲にしてよいと主張した。そのようにしても、十二試艦戦の格闘力は九六式二号艦戦一型とほぼおなじで、諸外国の戦闘機より優るし、操縦伎倆を上げれば十分に戦えると言うのである。

源田は主催者大西の腹心であるかのように、大西の側に着席していた。

柴田は自分の見解を説明するために、「各種戦闘機性能比較表」を黒板に貼った。

とたんに大西がどなった。

「そんなものは机上の空論にすぎない」

柴田は、「何を言ってもダメだ」と断念し、表を剥《は》がして、席にもどった。

二年まえの昭和十一年（一九三六）四月のことであった。横空副長の大西瀧治郎大佐は、海軍航空本部長山本五十六中将の指名をうけ、その腹心として、同本部教育部長（航空術の教育訓練、要員養成計画を担当）に就任することになった。

それにさきだって、横空士官たちによる大西の送別会が、横須賀の料亭魚勝で催された。

酒の入った大西は、横空戦闘機分隊長の柴田武雄大尉をよびつけ、

「君はなぜ質問しないか」

と詰問し、いきなり殴りつけた。

柴田は、「偉そうに論文を書いたりしないで、研究会で質問したり、意見を述べろ。最後の判断は大西がやる」ということか、と思った。

その一件を思い浮かべた柴田は、「今日は意見を言おうとしたら、権力でそれを封じた。無茶苦茶だ」と、胸中でつぶやいた。

その夜、東京の某料亭で、関係者たちの宴会があった。大西は柴田に迫った。

「君はこのさい、いさぎよく骸骨《がいこつ》を乞《こ》うんだね」

辞職しろというわけである。

だが、堀越二郎技師以下三菱航空機グループの天才的、献身的努力と、中島飛行機製作所の「栄」発動機との結合によって誕生した新鋭機は、大航続力を持った「零式艦上戦闘機」であった。

もし零戦が源田の主張どおりにつくられていたら、陸攻隊を掩護して台湾からマニラ周辺に飛び、空戦をやり、台湾に帰ってくるという快挙は、不可能だったはずである。

イバ、クラークフィールドに初空襲を敢行した翌日の十二月九日から、連日、台湾の基地を発進した戦爆連合の海軍飛行機隊が、マニラのニコルス飛行場その他の米軍基地を空襲し、米航空兵力をつぎつぎに潰していった。

十二月十日、近距離を飛ぶ陸軍の第五飛行集団に護衛された陸軍部隊のアパリ（ルソン島北岸)、ビガン(同島北西岸)上陸が成功し、フィリピン攻略作戦は予定より急速に進みはじめた。

マレー、蘭印、ビルマ方面の海空作戦を担当する南遣艦隊司令長官小沢治三郎中将は、十二月九日午後三時十五分ごろ、「敵戦艦二隻見ユ」の伊号第六十五潜水艦の電報をうけ、

「第一航空部隊ハ全力ヲ挙ゲテ敵艦隊ヲ索敵攻撃セヨ」

と、作戦緊急信を発した。

南部仏印のサイゴン基地に進出していた第二十二航空戦隊司令官兼第一航空部隊指揮官松永貞市少将は、翌十二月十日午前七時三十分、

「各隊は準備できしだい速やかに発進し、シンガポールに向け逃走中の敵主力を攻撃せよ」

と、各航空攻撃隊に索敵攻撃を命じた。

敵主力とは、英東洋艦隊司令長官トム・フィリップス中将がひきいる英国の誇る戦艦プリンス・オブ・ウエルズとレパルスである。

九六式陸攻の雷撃機一七機、同水平爆撃機九機の甲空襲部隊(元山空)攻撃隊は、午前七時五十五分、サイゴン基地を発進し、サイゴン・シンガポール線上を編隊で南下した。

九六式陸攻の雷撃機八機、同水平爆撃機二五機の乙空襲部隊(美幌空)攻撃隊は、午前八時二十分から、四回に分けてツドウム(サイゴン北西)基地を発進した。

一式陸攻の雷撃機二六機の丁空襲部隊(鹿屋空)は、午前八時十四分、ツドウム基地を発

進した。

午前十一時四十五分、帆足正音予備少尉が指揮する九六式陸攻三番線索敵機から、

「敵主力見ユ　北緯四度　東経一〇三度五五分　針路六〇度　一一四五」

ついで午後零時五分、

「敵主力ハ駆逐艦三隻ヨリナル直衛ヲ配ス　航行序列キング型　リパルス　一二〇五」

の緊急電報が入った。

キング型はキング・ジョージ五世型、リパルスはレパルスで、北緯四度、東経一〇三度五五分の地点はマレー半島東岸クワンタンの東方海面である。

美幌空白井中隊の水平爆撃機八機は、午後零時四十五分、二番艦レパルスにたいして、高度三〇〇〇メートルから編隊爆撃をおこない、一弾が煙突の中間に命中した。英艦の対空砲火は猛烈で、二機が被弾した。

午後一時十四分、中西二一少佐がひきいる元山空石原中隊の雷撃機九機が、一番艦プリンス・オブ・ウエルズを両舷から挟撃して魚雷九本を発射、うち二本が命中し、同艦は早くも操艦不自由となった。同艦生き残りの一人は、「低空からの果敢な肉薄攻撃は驚嘆すべきものだった」と述べている。日本側も一機が撃墜された。

元山空高井中隊の雷撃機八機は、午後一時十五分から二番艦レパルスに突撃し、三本の魚雷を命中させた。レパルスは大きく傾いたが、復元した。

午後一時十八分、美幌空白井中隊の六機がレパルスに第二次爆撃をおこなったが、命中弾

はなかった。

午後一時二十七分から、美幌空高橋中隊の雷撃機八機がレパルスを雷撃し、搭乗員は三本命中を認めた。

宮内七三少佐がひきいる鹿屋空鍋田、東、壱岐の三個中隊の雷撃機二六機は、午後一時五十分、両艦に攻撃を開始した。先頭の宮内指揮官機はプリンス・オブ・ウエルズの右舷から約五〇〇メートルまで肉薄して魚雷を発射した。つづく五機も右舷からそれぞれ約五〇〇メートルまで肉薄して魚雷を発射した。それらの六本のうち五本が命中し、プリンス・オブ・ウエルズの沈没は確実となった。

鹿屋空の残りの二〇機はレパルスの両舷から雷撃し、レパルスの右舷に二本、左舷に五本を命中させた。

直後の午後二時三分、レパルスは転覆して沈んでいった。しかし同艦の対空射撃は沈没までつづき、鹿屋空の二機が撃墜された。

美幌空大平中隊の水平爆撃機九機は、午後二時三分、雲の切れ間から見えた英艦に五〇〇キロ爆弾九個を投下した。これは駆逐艦で命中しなかった。

最後に到着した美幌空武田中隊の水平爆撃機八機は、午後二時十三分、プリンス・オブ・ウエルズに、高度三〇〇〇メートルから五〇〇キロ爆弾を投下した。一個は落下しなかったが、七個のうち二個が艦尾に命中した。

英艦隊に接触をつづけていた帆足機は、午後二時五十分、

「一四五〇コロ　キング・ジョージ（プリンス・オブ・ウエルズ）モ爆発沈没セリ」

と打電した。

フィリップス中将は責任をとり、プリンス・オブ・ウエルズと共に沈んだ。

日本航空部隊が両艦を攻撃しているあいだ、英戦闘機は一機もいなかった。日本軍にとってはこの上ない幸運であり、英軍にとってはこの上ない不運であった。

フィリップスらは、サイゴン周辺からこのように遠方まで飛んでくる雷撃機が日本にあるとは思っていなかったという。

しかし、飛行機隊が洋上を疾走する戦艦二隻を撃沈したことは、世界史上ではじめてであった。

そして英国は、フィリップスが指揮するプリンス・オブ・ウエルズとレパルスに、マレー、英領ボルネオ、蘭領東インド防衛の望みを託していたが、それが消滅したのである。

絶望的に落胆したウインストン・L・S・チャーチル英首相とは対照的に、山本五十六は大バクチに勝ったように喜んだ。

真珠湾奇襲成功直後の十二月八日正午、山本連合艦隊司令長官は、第一艦隊の戦艦「長門」「陸奥」「扶桑」「山城」「伊勢」「日向」、小空母「鳳翔」、軽巡一隻、駆逐艦八隻をひいて、柱島泊地から出動した。

豊後水道を出て、小笠原列島の南を東に向かい、ハワイから引き揚げてくる機動部隊を掩護するという名目であった。

ところが実際は、貴重な燃料を大量に使いながら、ブラブラ航海をするだけで、艦隊乗員全員が、ありもしない戦闘に参加したことになり、加俸や勲章をうける資格ができるからとしか言えない行動であった。これは茶坊主のような幕僚が提案したのかもしれないが、山本が承認したことにはちがいない。

ここですでに、驕《おご》りと放漫がはじまっていたと言えそうだ。

航海二日目の十二月九日、米英両国が対日宣戦を布告した。

明くる十日朝、南部仏印基地から、爆装、雷装の陸攻八一機が、マレー沖の英戦艦二隻を撃沈すべく飛び立った。

攻撃開始予定時刻まで、まだ三時間以上ある。父島南方に向かう「長門」の作戦室では、幕僚たちが戦果の予想を立てはじめた。

山本は作戦参謀三和義勇《よしたけ》大佐を相手に、「英戦艦二隻を陸攻隊が撃沈できるか、できないか」について、ビールを賭《か》けた。

山本は、「リナウン（レパルスのこと）は撃沈するが、キング・ジョージ五世（プリンス・オブ・ウエルズのこと）は大破」に賭けた。

三和は、「両方ともきっと撃沈」に賭けた。

結局、三和が勝って、

「長官、一〇ダースをいただきますよ」

と請求すると、

「ああ一〇ダースでも五〇ダースでも出すよ」

山本は嬉しくてたまらないように答えた。

この逸話は、三和の手記『山本元帥の想出《おもいで》』（昭和十八年記述）に書かれている。連合艦隊司令長官が、部下が命を賭ける（現に三機未帰還）戦《いくさ》にビールを賭けるなどは、どう考えても誉められることではない。このようなバカげたことをする司令長官は、世界中さがしてもどこにもいないのではなかろうか。

それは別として、山本はこの戦闘で、長いあいだ自分が主張してきた「航空主兵・戦艦無用論」が明らかに実証されたと確信し、生涯最良の日と感じたようである。

それとおなじように、ハワイから帰る途中の「赤城」で、陸攻隊の殊勲を聞いた源田実は、「ハワイおよびマレー沖海戦の戦果は、数年来論争の的となっていた戦艦か航空機かの兵術論に終止符を打つものであった」

と、「航空主兵・戦艦無用論」がゆるぎない真理であるように断定した。

山本艦隊は、その後も何事もなく、十二月十三日、元の柱島泊地に帰った。

南雲機動部隊のうちの一、五航戦と三戦隊一小隊などは、長途の遠征を終えて、十二月二十三日、柱島泊地に帰ってきた。

翌二十四日朝、山本五十六は同部隊旗艦「赤城」におもむき、午前十時三十分から各級指揮官を前に訓示をした。

「真の戦いはこれからである。奇襲の一戦に心驕るようでは、強兵とは言い難い。勝って兜の緒を締めよとは、まさにこの時である。諸子は凱旋したのではない。次の戦いに備えるために一時帰投したのである。一層の戒心を望む」

この訓示を聞いて、心から感動した指揮官がいたかどうかは不明である。

危うしインド洋作戦

ハワイから昭和十六年（一九四一）十二月二十三日に帰還した一、五航戦（空母「赤城」「加賀」「瑞鶴」「翔鶴」基幹）主力の南雲機動部隊は、昭和十七年一月五日、早くも呉軍港を出港し、カロリン諸島の海軍大基地トラック島に向かった。

ハワイの帰途、マーシャル諸島北方のウェーキ島攻略戦を支援し、十二月二十九日に呉に入港した山口多聞司令官の二航戦（空母「蒼龍」「飛龍」基幹）など別働隊は、昭和十七年一月十一日に出港して、蘭印方面作戦に参加する予定である。

昭和十七年一月十七日朝にトラックを出撃した機動部隊は、二十日から二十三日にかけ、ニューギニア東方ニューブリテン島の要衝ラバウル攻略戦に協力し、ふたたびトラック泊地に引き揚げた。

二、三日後、自信を強めた草鹿龍之介参謀長と源田実航空甲参謀は、次回作戦にたいする打ち合わせのため、大本営海軍部（軍令部が主体）に出張した。

軍令部作戦課は両人の来訪を喜び、

「ハワイの米艦隊主力の損害は甚大で、当分のあいだ西太平洋に進攻することはあり得ない。この時機を利用して、機動部隊はインド洋方面に進出し、残存する英国およびオランダの海上、航空兵力を根こそぎ叩き潰す」

と、その構想を提示した。

草鹿と源田は、連合艦隊司令部が異存がなければ、喜んで任務に就くと答えた。

米機動部隊の東京方面奇襲にそなえるために、内地に帰った五航戦に代わり、本来の二航戦が加わった南雲機動部隊は、二月八日、西カロリン諸島のパラオ島で、指揮官兼第二艦隊（重巡洋艦部隊）司令長官近藤信竹中将（南雲の一期上の兵学校第三十五期）の「南方部隊」に入り、基地航空部隊十一航艦の第二十一航空戦隊と協同して、豪州北西岸のポートダーウィンを空襲することになった。

ポートダーウィンは、蘭印方面の米英蘭軍にたいする兵力増援と軍事資材補給をおこなう重要基地である。

二月十五日、士気旺盛にパラオ島を出撃した一、二航戦主力の機動部隊は、二月十九日朝、豪州北方のアラフラ海から、淵田美津雄中佐指揮の九七式艦攻水平爆撃機八一、九九式艦爆七一、零式艦戦三六、計一八八機をポートダーウィン攻撃に発進させ、港内の艦船、空中地上の飛行機、陸上施設に大損害をあたえた。味方は「加賀」の艦爆、「飛龍」の艦戦各一機を失った。

それにつづいて、セレベス島南東岸ケンダリー基地の二十一航戦鹿屋空と一空（第一航空隊）の陸攻水平爆撃機計五四機が、ポートダーウィン東飛行場を爆撃し、飛行場施設、滑走路、地上の敵機を爆破した。味方の損害は被弾一機であった。

作戦を終わった南雲機動部隊は、二月二十日、ケンダリー前面のスターリング湾に入港した。

陸海軍の上陸部隊が、ポートダーウィン西方の重要地域チモール島のクーパン、デリーなど各要地を完全に占領したのは、それからまもない二月二十五日である。

この間の二月二十日、ラバウル方面で容易ならぬ大事が発生した。

空母レキシントン基幹の米第十一機動部隊が、日本が占領してまもないラバウルに空襲をかけようとして、ソロモン諸島の北東海面に進出してきた。それにたいして、この日午後、ラバウルから中攻一七機が、マレー沖海戦につづかんものと、攻撃に向かった。

ところが、米機動部隊にほとんど損害をあたえることができなかったばかりか、一五機が未帰還となった。

戦闘機を伴わずにゆき、米戦闘機隊にばたばたと撃墜されたのだ。

それはハワイ、マレー沖海戦の勝利が、幸運によるところが大であったことを示していた。

しかし日本海軍の作戦指導者たちは、真剣に検討しようとはしなかった。

二月下旬になると、ジャワ島を除く蘭印地域の米英蘭兵力は、日本陸海軍部隊によってほとんど制圧され、蘭印の中心ジャワ島の占領も時間の問題となった。

近藤南方部隊指揮官は、米英蘭側の敗残部隊が、ジャワ島南部の港からインドあるいは豪州方面に逃走すると判断し、機動部隊および南方部隊本隊の第二艦隊（重巡「愛宕」「高雄」「摩耶」基幹）をジャワ南方海面に進出させ、その退路を遮断することを決意した。

三月一日、南雲機動部隊はジャワ南方クリスマス島南東海面において、オランダ商船一隻、米給油船一隻、米駆逐艦エドソール一隻を撃沈した。

ただ、エドソールの撃沈情況は、アホの見本みたいなあまりにもみっともないものとなってしまった。

この日午後五時二十二分、南雲機動部隊指揮官から、

「支援隊は後方追躡中の敵軽巡を撃沈せよ」

と命ぜられた三川軍一支援隊指揮官兼第三戦隊司令官は、三戦隊第一小隊の高速戦艦「比叡」「霧島」と、八戦隊の重巡「利根」「筑摩」をひきいて、攻撃に向かった。

重巡「筑摩」は午後五時三十二分ごろから距離二万一〇〇〇メートルで二〇センチ主砲の射撃をはじめ、ついで戦艦「比叡」「霧島」が二万七〇〇〇メートルの遠距離から三六センチ主砲の射撃を開始し、最後に重巡「利根」が距離二万三五〇〇メートルで二〇センチ主砲の射撃をはじめた。

ところが、軽巡でもない米駆逐艦エドソールは、約一分ごとに大変針し、しばしば煙幕を展張したため、狙いは定まらず、タマはそらされ、命中弾は一発もなかった。

待ちきれなくなった「赤城」艦爆八機、「蒼龍」艦爆九機が、午後六時二十七分ごろから急降下爆撃を開始し（五〇〇キロ爆弾九、二五〇キロ爆弾八）、多数の命中弾と至近弾を浴びせ、たちまちエドソールの航進を停止させた。

射撃をやめていた水上部隊は、距離をつめ、射撃を再開、副砲、高角砲まで使ってめった撃ちをはじめ、ようやく午後七時一分に撃沈した。

水上部隊の砲戦は一時間一四分にもおよび、消耗弾数はつぎのように莫大なものとなった。

第三戦隊　三六センチ砲二九七発、一五センチ砲一三二発

第八戦隊　二〇センチ砲八四四発、一二・七センチ砲六二発

逃げまわるチョロ鼠のような駆逐艦に、いくら弾丸がとどく戦艦、重巡とはいえ、二万数千メートルもの遠距離から射撃しては、当たらないほうが当たり前で、こういうのはアホなムダダマというほかない。逃げる駆逐艦にたいする有効射距離は一万メートル以内である。

源田実は、このときの模様を、

「上空に待機していた艦爆隊の指揮官（ハッキリ覚えていないが多分江草少佐であったと思う）は、この状況を見てイライラしていたが、遂に業を煮やして、三戦隊、八戦隊の各艦が立てている水柱の真只中に急降下していった。艦爆隊が攻撃を始めたと思う間もなく数発の二五〇キロ爆弾が直撃し、敵の駆逐艦はまず横倒しとなり、ついで艦首を上にして沈んでいった」

と、語っている。

最後のくだりは、これもイマジネーションによる表現のようだが、爆弾が多数命中したことは事実である。

「このとおり、テッポーはさっぱり当たらないが、急降下爆撃はよく当たるんだ」というのが、言外のことばであろう。

下手なテッポーも数打ちゃ当たると言うが、確かに下手よりも当たらなすぎた。

ただ、このときテッポーがぜんぜん当たらなかったのは、使用法が完全にまちがっていたためであったことも確かだ。

南雲機動部隊は、三月五日、ジャワ島南岸の要港チラチャップを攻撃して、大中商船合計一九隻を撃沈し、兵舎・倉庫・貨車群・高角砲台などを爆砕、小艦艇一隻を大破した。味方は被弾機が数機であった。

三月六日に別働隊となった三川司令官の三戦隊一小隊と、山口多聞司令官の二航戦、それに駆逐艦四隻は、三月七日、ジャワ南方クリスマス島の陸上施設を砲撃破壊し、敵側に白旗を掲げさせ、飛行機隊はクリスマス島西方で武装商船二隻を撃沈した。

雑魚狩りにも似た作戦を軽くこなした機動部隊は、三月十一日午前十時三十分、悠々とスターリング湾に帰投した。

三月十五日、一航戦の「加賀」が水洩れする艦体を修理するために、飛行機隊だけをケンダリー基地に残し、佐世保軍港へ去って行った。

代わって五航戦の「瑞鶴」「翔鶴」が、三月二十四日にスターリング湾に入港し、およそ一ヵ月半ぶりに機動部隊に復帰した。

山本五十六連合艦隊司令長官が、近藤信竹南方部隊指揮官にセイロン島奇襲作戦を命じたのは、三月九日にジャワ島の蘭印軍が日本軍に無条件降伏した直後であった。セイロン島はインド洋北部、インド南端南側にあって、ハワイに類似した英国の戦略的要地である。

山本は、日本陸海軍のアンダマン諸島（インド洋東部）攻略と、ビルマ攻略の作戦がおこなわれたばあい、妨害に出動してくるはずの英艦隊を、セイロン島の基地において撃破しようとしたのである。

南方部隊指揮官の近藤信竹中将は、三月十四日、

「南方部隊はセイロン島方面の敵兵力を奇襲撃滅し、ビルマ作戦海上護衛の完璧を期せんとす。機動部隊はセイロン島方面に進出し、四月初頭同方面の敵艦艇、航空兵力、海軍基地施設などを奇襲すべし」

というような機動戦実施要領を発令した。

三月十九日、南雲忠一機動部隊指揮官は、それにもとづく作戦計画を明示した。つぎのような要旨のものだ。

「インド洋方面には戦艦三、空母二、甲巡四、乙巡約一一を基幹とする英艦隊が行動し、インド、セイロン方面には五〇〇機の航空兵力があるもよう。

そのうち相当の兵力がセイロン島に配備され、一部はベンガル湾（インドとビルマの中間）に行動する算が大である。

機動部隊はインド南方海面に進出して、敵艦隊および航空兵力を捕捉撃滅せんとす」

日本陸海軍部隊は、三月二十三日から三十日にかけて、アンダマン諸島に上陸、掃蕩《そうとう》をおこない、これを占領した。

指揮官兼南遣艦隊司令長官の小沢治三郎中将がひきいるマレー部隊は、三月十九日から、陸軍のビルマ攻略部隊、弾薬、器材などを搭載した輸送船団を、シンガポールからビルマの首都ラングーンまで護衛する輸送作戦をおこなっていた。

ちなみに軍司令官山下奉文《ともゆき》陸軍中将がひきいる第二十五軍が、小沢艦隊の支援をうけて難攻不落と言われたシンガポールを攻略占領したのは、二月十五日であった。

三月二十六日午前八時にスターリング湾を出撃して、ジャワ、スマトラの南方を通り、セイロン島に向かっていた南雲機動部隊（空母「赤城」「蒼龍」「飛龍」「瑞鶴」「翔鶴」基幹）は、四月四日午後六時五十五分（現地時間午後二時五十五分）ごろ、セイロン島南西岸コロンボ南東約四五〇カイリ（約八三〇キロ）の地点で、右舷（北側）遠方に哨戒機らしい飛行艇一機を発見した。

各空母からす早く飛び立った待機零戦一八機は、英飛行艇を取り囲んで攻撃し、午後七時二十分ごろ、これを不時着水させた。

その間、英飛行艇は、平文《ひらぶん》で、「戦艦三隻、空母一隻、針路三五度（西北西）……」と打電しコロンボ、インド西岸ボンベイ、アラビア半島南岸アデンの無電局が、これを中継放送した。

「明早朝のコロンボ攻撃を控えて、敵の哨戒機に見つかったのはちょっと痛い。……五日の空襲は予定どおり決行してもよいであろうか」

と、源田実は一瞬ためらった。

しかしすぐ、飛行機隊にたいする自信が湧き、深刻には考えなかった。

南雲機動部隊は、たいした議論をすることもなく、既定方針どおり、明朝のコロンボ空襲を実施することを決定した。

ただ、全攻撃力をコロンボに集中する計画は改め、一、二航戦の「赤城」「蒼龍」「飛龍」艦爆計五三機と、五航戦の「瑞鶴」「翔鶴」艦攻雷撃機計三六機を、不時の会敵にそなえて、艦上に待機させることにした。

そのころ、セイロン島司令長官レイトン英海軍中将は、防備態勢を固め、コロンボ港の重巡ドーセットシャー、コンウォールと、ツリンコマリ（セイロン島北東岸）港の空母ハーメスなどを避退させる処置を講じていた。

四月五日早朝、機動部隊の上空は晴れて、視界も良好であった。セイロン島南方およそ一二〇カイリ（約二二〇キロ）の地点で、日出三一分前の午前九時（現地時間午前五時）から、西方へ飛ぶ戦艦、巡洋艦の水偵五機が発進し、同時に、一、二航戦の九七式艦攻計五四機、五航戦の九九式艦爆計三八機、一、二航戦と「瑞鶴」の零式艦戦三六機、合計一二八機のコロンボ攻撃隊が、各空母を発進した。

「赤城」艦攻隊飛行隊長の淵田美津雄中佐がひきいる攻撃隊は、一時間余りで、雲の多いコロンボ上空に進入した。

この間の午前九時四十五分ごろ、セイロン島に向かい北進をつづける南雲機動部隊に接触する英飛行艇一機が発見された。

上空直衛中の「飛龍」零戦がこれを追い、午前十時四十五分ごろ撃墜した。

だが、同飛行艇によって、機動部隊の行動は、逐一英軍に通報された。

南雲機動部隊攻撃隊のコロンボ奇襲は、こうして明白に不成立となった。

午前十時四十五分、淵田美津雄総指揮官は「全軍突撃セヨ」と下令し、各隊は目標に突撃を開始した。

コロンボ上空には、ドイツ空軍を破った英新鋭戦闘機ハリケーンや、海軍のファルマー戦闘機計四二機が待ちかまえていた。

「赤城」戦闘機隊飛行隊長の板谷茂少佐がひきいる零戦隊三六機は、闘志を燃やして突入し、激烈な空戦を展開した。

この相手でも零戦のほうが格段に強く、三〇分間の戦闘で、スピットファイア（ファルマーのことか）一九機、ハリケーン二一機を撃墜したほか、魚雷を抱いた複葉の艦上機ソードフィッシュ一〇機と、デファイアント一機を撃墜したという報告が、機動部隊にとどいた。

味方の損害は一機喪失であった。

英側資料では、

「激しい空中戦ののち敵機（日本機）多数を撃墜したが、英軍も一九機の戦闘機を失った。また海軍雷撃機（ソードフィッシュ）六機が撃墜された」

となっている。

八〇〇キロ爆弾を抱いた九七式艦攻水平爆撃機隊と、二五〇キロ爆弾を抱いた九九式艦爆急降下爆撃機隊は、二〇分ほどの攻撃で、大小商船、油槽船、貨物船など多数を撃沈破し、桟橋、海軍官衙、兵舎などを爆砕した。しかし味方も、英戦闘機によって、艦爆六機を失った。

淵田総指揮官は、午前十一時二十八分、南雲機動部隊指揮官あてに、

「第二次攻撃ヲ準備サレタシ　港内ニ輸送船二〇隻アリ　地上砲火アリ　敵機数機アリ……」

の電報を打った。

南雲指揮官は、草鹿龍之介参謀長、大石保先任参謀、源田実航空甲参謀らの意見を聞き、第二次攻撃をおこなうために、雷装待機の五航戦「瑞鶴」「翔鶴」艦攻計三六機に、急遽、爆装転換を命じた。

ところが、機動部隊がセイロン島南端の南々西およそ七〇カイリ（約一三〇キロ）を南西に航行中の午後一時すぎ、

「敵巡洋艦ラシキモノ二隻見ユ、出発点（午前九時の機動部隊の位置）ヨリノ方位二六八度（西）一五〇カイリ（約二八〇キロ）針路一六〇度（南々東）速力二〇ノット（約三七キロ）」という電報が、西方海面を捜索していた「利根」（八戦隊の重巡）四号機の九四式水偵からとどき、機動部隊司令部は緊張した。

南雲指揮官は、午後一時二十三分、

「敵巡洋艦攻撃の予定　艦攻はでき得る限り雷撃とす」

という予令を発した。苦労して雷装から爆装に転換しつつあった「瑞鶴」「翔鶴」の艦攻整備員たちは、ふたたび厄介な雷装転換にかかった。

そのため、攻撃隊の発進は午後四時ごろまで延期となった。

敵前でこのような失態を演じるのは、司令部の英軍側にたいする情勢判断が甘く、索敵がズサンであったからにほかならない。

南方部隊本体の第二艦隊通信参謀中島親孝《ちかたか》少佐（兵学校第五十四期、のちに中佐）は、のちにこう述べている。

「フィリピン、マレー、蘭印作戦が終わったあと、作戦担当の藤田正路《まさみち》中佐（同第五十二期）が内地に帰るというので、インド洋作戦を私が担当することになり、コロンボ空襲の計画を立案した。

困ったのは、セイロン島への進撃航路の西側がこわくてしょうがないことだった。

インド洋に関する十分な資料もないし、使える潜水艦も四隻しかなく、十分な索敵ができない。

機動部隊が自分で西側を十分に警戒しながらセイロン島に接近することが肝心なのだが、機動部隊にどう伝えてよいか、なかなかむずかしい。

一航艦の大石先任参謀には、『西を警戒しましょう』と何べんも頼んだが、一航艦司令部全体、とくに航空参謀の源田さんにどれだけ伝わったかわからない。伝わっても相手にしなかったかもしれない。

結局、セイロン島に接近するあいだ、源田さんは西の警戒を疎《おろそ》かにした。

艦攻を索敵に出せば、それだけ攻撃力が減り、戦果が少なくなるということと、敵の飛行機隊が来襲しても、ゼロ戦が撃墜するから大丈夫という考えからのようだが、それは危険でまちがいだと思う」

ゴードン・W・プランゲ博士とともに、真珠湾攻撃、ミッドウェー海戦などの史実を調査した千早正隆元海軍中佐は、

「南方部隊の命令は、敵艦艇、航空兵力、海軍基地施設の順だった。

それなら西方海面にたいする索敵を十分にやるべきだが、一八〇度方向を索敵するのに、たった五機しか索敵機を出していない。

機動部隊が柱島泊地に帰ってからの研究会で、二航戦の山口司令官は、索敵がなっていないと苦言を呈している。

山口さんはまた、敵がいつ出現するかわからない場面で、一時間半以上もかかる兵装転換

は、きわめて危険だとも言っている」

と指摘している。

源田実は、索敵について、のちに誇らしそうにこう語っている。

「同時刻（午前九時）、三戦隊、八戦隊、一水戦（軽巡『阿武隈』を旗艦とする第一水雷戦隊）の水偵七機が発進して、機動部隊の西方一八〇ないし二五〇カイリ半円の捜索に当たった。その中の一機が、英海軍の大巡二隻を発見して、蒼龍飛行隊長江草少佐の率いる艦爆隊に偉功を奏せしむることとなった」

しかし、防衛庁防衛研修所戦史室著の『戦史叢書　蘭印・ベンガル湾方面　海軍進攻作戦』では、

「〇九〇〇、第三戦隊第一小隊（戦艦『比叡』『霧島』）、第八戦隊（重巡『利根』『筑摩』）、『阿武隈』の各艦から水偵各一機が発進、機動部隊西方海面の捜索に向かった」

となっている。

五機が正しいようである。

索敵機を少なくとも一〇機以上出して、厳重に捜索すれば、英巡洋艦二隻は早く発見できて、兵装転換もしなくて済んだであろうし、別の英艦を発見できた公算も大である。

このころ、司令長官ジェームズ・ソマービル大将がひきいるインドミダブル、フォーミダブルの正規空母二隻、ウォースパイト以下戦艦四隻などを主力とする英東洋艦隊は、「利根」四号機が発見した英巡洋艦二隻の南西一〇〇カイリ（約一八五キロ）もないあたりを、

北東に進んでいたようである（千早正隆著『日本海軍の驕り症候群』参照）。

艦攻隊の兵装再転換中の午後二時十五分ごろ、午前九時に発進していた軽巡「阿武隈」の索敵機から、

「駆逐艦二隻　基点ヨリノ方位二五〇度（西南西）距離二〇〇カイリ（約三七〇キロ）」

という電報が入った。

南雲指揮官は午後二時十八分、

「（攻撃隊は）一五〇〇発進、敵巡洋艦を攻撃せよ、進撃針路二三五度（南西やや西）。敵針路二〇〇度（南南西）、速力二〇ノット（約三七キロ）。右に間に合わざるものは後から行け」

と下令した。

しかし、そのとき「阿武隈」機から、

「ソノ他敵ヲ見ズ」

という再度の報告がとどいたため、機動部隊司令部は、さきに「利根」四号機が発見した巡洋艦は、駆逐艦の誤りであろうと判断した。

南雲指揮官は、午後二時二十七分、

「さきの巡洋艦は駆逐艦の誤り　艦爆隊のみ発進せよ」

と、命令を変更した。

午後二時四十九分から、「赤城」艦爆一七機、「飛龍」艦爆一八機、「蒼龍」艦爆一八機が、相ついで発進した。

ところが午後三時ごろ、午後一時すぎに触接のため発進した「利根」一号機の零式水偵から、

「敵巡洋艦二隻見ユ……一四五五」

の電報が入り、「利根」艦長岡田為次大佐が「艦種確認」を要求すると、午後四時ごろ、

「敵巡洋艦ハ『ケント』型ナリ　敵巡洋艦付近ニ敵ヲ認メズ」

という返電がとどいた。

機動部隊司令部はふたたび、敵は巡洋艦二隻と、判断を変更した。

艦爆隊を指揮する「蒼龍」艦爆隊飛行隊長の江草隆繁少佐は、午後三時五十四分、

「敵見ユ」

と打電、午後四時二十九分、

「突撃セヨ　一航戦ハ一番艦（ドーセットシャー）ヲヤレ　二航戦ハ二番艦（コンウォール）ヲヤレ」

と艦爆隊に下令した。

艦爆隊は太陽側から英重巡ドーセットシャーとコンウォールに接近し、午後四時三十八分から四時五十五分までに全機急降下爆撃をおこない、二五〇キロ爆弾五三弾中四六弾を命中させ、四時五十八分には二隻とも沈没させていた。しかも味方は全機無事であった。

雷装の艦攻隊は午後五時発進の予定であったが、英重巡二隻撃沈の報で発進をとりやめた。

源田は、

「江草機からの電報は、まったく適時にとどいた。一瞬遅れて雷撃隊が発進していたならば、その後の処理はきわめて厄介だった。魚雷を持ったまま着艦すれば、万一のばあい、艦や人員に大損害をあたえるであろう。そうかと言って貴重な魚雷を捨てるのも惜しい。……艦爆隊のこの攻撃は、江草隊長の見事な指揮によって完全な奇襲をもって開始され、命中弾は五三発中四五発（戦史叢書では四六発）直撃という未曾有のものであった。しかもわが方は一機も敵弾をうけていない」

と、いいことずくめで、非の打ちどころがないというように述べている。

しかし、午後一時すぎ、「利根」索敵機の「敵巡洋艦二隻見ユ……」の電報がとどいた直後に艦爆隊が発進していれば、「雷撃隊が発進していたならば、その後の処理はきわめて厄介だった」というような危険はなかったはずである。

江草艦爆隊の攻撃は、確かに神技《かみわざ》であった。だが、英重巡二隻には一機の護衛戦闘機もついていなかったし、防空体制も十分ではなかった。艦爆隊にすれば訓練にひとしい攻撃であったとも言える。

こうした点に言及しないのは、自分をよく見せるために、イマジネーションを事実のように語るのと、ウラハラのものであろう。

ついでだが、つぎの三点についても理由を詳細に語っていない。

(1)攻撃前日の四月四日午後、英飛行艇に発見され、奇襲が不成功となり、英艦をとり逃した（空襲前日の夕刻に敵哨戒圏外から高速で突入して、翌早朝に空襲をかけるのが作戦上の常識であったが、そうしなかった)。

(2)索敵機を五機しか出さなかった。

(3)兵装を転換、再転換した。

南雲機動部隊は、午後五時四十五分までに、英重巡を攻撃した艦爆隊を全機収容し、対空警戒機(零戦)を上空に配しながら、午後六時、南西から南東に変針した。

午後七時九分、とつじょ味方艦艇が敵機発見の信号を発した。「飛龍」を七時二十九分に発進した零戦六機は、まもなく複葉の英艦上機ソードフィッシュ二機を発見し、一機を撃墜した。しかし一機は太陽方向視界外に見失った。

機動部隊司令部は、近くに英空母が存在することは確実と判断した。

明くる四月六日早朝、針路南東のまま広範囲の索敵をおこなった。しかし、南雲機動部隊の手のとどく範囲には一隻の英艦も見当たらなかった。

ソマービル司令長官の英東洋艦隊は、正規空母がインドミダブル、フォーミダブルの二隻、小空母がハーメス一隻、戦艦がウォースパイト、レゾリューション、ラミリーズ、リベンジの四隻、重巡がドーセットシャー、コンウォールの二隻、軽巡が五隻、駆逐艦が六隻、潜水艦が七隻で、数の上では南雲機動部隊より優勢であった。ところが、三空母に搭載する複葉の攻撃機がぜんぶでわずか五七機、戦闘機が三六機にすぎなかった。しかも艦隊は旧式で訓練もできていなかった。

近藤信竹南方部隊指揮官が、南雲機動部隊によるセイロン島攻撃を発令したのは三月十四日、小沢マレー部隊（小空母一、巡洋艦六、駆逐艦六）によるベンガル湾北部攻撃を発令したのは三月十七日であった。

ソマービル大将は三月二十六日、英本国からコロンボに到着し、前司令長官のレイトン中将に代わり東洋艦隊司令長官に就任した。その直後、南雲機動部隊のセイロン島攻撃と、小沢マレー部隊のベンガル湾北部攻撃の情報を知った。英軍情報部による日本海軍の暗号解読によるものらしかった。

ソマービルと、セイロン島司令長官に転任したレイトン中将は、日本艦隊が来攻するセイロン島のコロンボとツリンコマリをソマービル艦隊の泊地とすることは危険と意見が一致した。そこでセイロン島南西六〇〇カイリ（約一一〇〇キロ）にあるモルジブ諸島南端の秘密基地アッヅを艦隊泊地として使うことにした。日本軍はまだその基地を知らないからであった。

英第一海軍卿パウンド大将のソマービル提督への命令は、

「艦隊を温存せよ」

であった。

四月五日午後、重巡ドーセットシャー、コンウォールが日本艦爆隊に撃沈されるころ、ソマービル艦隊主力はその西方に行動していて、チャンスがあれば日本機動部隊に夜間雷撃を試みようとしていたが、昼間正面から決戦する意図はなかった。ただ、日本機動部隊のすべてを、詳細に知ろうとつとめていた。

ソマービルは四月六日、艦艇を派遣し、午後遅く、ドーセットシャーとコンウォールの生存者一一二二名を救助した。彼らは、日本艦爆隊の攻撃ぶりをさまざまに語った。

英艦隊を発見できなかった南雲機動部隊は、セイロン島の哨戒飛行圏四五〇カイリ（約八三五キロ）外を迂回して、行方をくらまし、四月九日早朝、セイロン島北東岸のツリンコマリ港を大挙空襲する方針を決定した。

「鬼瓦」の小沢治三郎中将がひきいるマレー部隊は、英米蘭側の商船と陸上軍事施設を撃破する目的で、ベンガル湾岸北部のカルカッタと南部のマドラスの中間地帯に、四月六日午前九時ごろから攻撃を開始した。

小沢が直率する中央隊の重巡「鳥海」、軽巡「由良」、小空母「龍驤」、駆逐艦二隻と、北方隊の重巡「熊野」「鈴谷」、駆逐艦一隻、南方隊の重巡「三隈」「最上」、駆逐艦一隻、それに補給隊の給油船「日栄丸」、駆逐艦一隻などである。

マレー部隊は正午ごろまでの約三時間にわたる攻撃で、商船、貨物船、油槽船など合計二一隻を撃沈、八隻を大破し、燃料タンク二個、倉庫二棟を爆破する驚異的な戦果を挙げた。

四月七日朝、英海軍省はソマービル東洋艦隊司令長官に、

「このような情勢では、戦艦は債権ではなく債務である。したがって司令長官にたいして、戦艦をアフリカに引き揚げさせることにつき自由裁量をあたえる」

と訓電した。

明くる八日、ソマービルはこれに同意すると回答し、低速部隊を東アフリカのキリンジニに引き揚げさせ、付近の船団航路の警戒に当たらせることにした。高速部隊はインド洋にとどめ、日本の軽快艦艇にそなえることにしたが、セイロン島からは遠い位置に後退することにした。

南雲機動部隊は四月八日正午すぎ、セイロン島東南東五〇〇カイリ（約九二五キロ）の地点で西北西に変針し、セイロン島北東岸のツリンコマリへ進撃を開始した。

しかし、午後六時二十分ごろ、西方約三五キロに、またも飛行艇を発見した。待機中の零戦が攻撃に向かったが、スコールがあって見失った。

このため機動部隊司令部は明日のツリンコマリ空襲でもコロンボ空襲のときのように、約半数の飛行機隊を母艦に待機させることに計画を変更した。こんど残すのは、英重巡二隻にたいする攻撃で実力のほどをみせたことから、各艦の全艦爆八五機であった。

四月九日午前六時四十五分、「利根」の零式水偵一機がツリンコマリの隠密天候偵察に発進した。午前九時、ツリンコマリ第一次攻撃隊の艦攻水平爆撃機九一、零戦四一、計一三二機をはじめ、機動部隊上空直衛の戦闘機十数機、それに機動部隊の南東から西、北方面を索敵する水偵七機が発進した。索敵機が七機になったのは、第三戦隊第二小隊の高速戦艦「金剛」「榛名」が加わったからである。

淵田攻撃隊指揮官がひきいる艦攻隊は、午前十時三十分から攻撃を開始し、一五分間でツリンコマリ港内の軽巡、商船、陸上施設、高角砲などに大打撃をあたえた。味方の損害は艦攻一機喪失、機上戦死二名、重傷一名であった。

この間、板谷少佐が指揮する零戦四一機は、英戦闘機三九機、水偵一機を撃墜し、中型機一機、ハリケーン二機、小型複葉機一機を地上で炎上させたと報告した。味方は三機を失った。

艦攻隊の攻撃終了直後の午前十時五十五分、セイロン島南東海面を捜索中の「榛名」三号機から、思いがけなく、

「敵空母ハーメス、駆逐艦三隻見ユ　出発点ヨリノ方位二五〇度　一五五カイリ（約二八七キロ）針路一八〇度　速力二〇ノット（約三七キロ）」

という電報がとび込んできた。

つづいて午前十一時二十分、

「敵巡洋艦一　駆逐艦二　出発点ヨリノ方位二七〇度　一五五カイリ　針路一八〇度　速力一二ノット（約二二キロ）」

という報告が入った。

午前十一時四十三分、艦爆八五機、零戦六機が発進し、「翔鶴」艦爆隊飛行隊長高橋赫一少佐がひきいて、ハーメス攻撃に向かった。

源田実はこのときの情況を、こう語っている。

「英大巡の攻撃結果（ドーセットシャーとコンウォール撃沈）から考え、艦爆が八五機も向かえば、ハーメスには十分で、雷撃隊を用意する必要はないと判定した。

気になったのは戦闘機がわずかに九機（戦史叢書では六機）ということだった。敵は空母であるから戦闘機の直衛を配するであろう。八五機の艦爆にたいして、九機の掩護《えんご》戦闘機はどう見ても不足である（六機では論外）。数を増したいと考えたが、ツリンコマリ攻撃に向かった制空隊が帰ってくるには間があるし（帰艦したのは午後零時三十分）、部隊の上空にもいくらか残しておかなければならなかった。この戦闘機の不足はやはりその欠陥を現わし、『蒼龍』の江草隊長の編隊に、出さなくてもよかった犠牲を背負わせる結果となった。

日本海軍の航空母艦における機種搭載比率は、艦攻三、艦爆三、艦戦二というのが標準であった。主力艦の劣勢を補うために、攻撃隊に重点を置く思想は了解できるが、それにしても戦闘機の数はあまりにも少な過ぎた。戦闘の教訓は、戦闘機が劣勢では、優勢な攻撃隊も充分にその威力を発揮できないことである」（『海軍航空隊始末記　戦闘篇』参照）

昭和十年（一九三五）当時、横須賀海軍航空隊戦闘機分隊長であった源田実大尉は、同空副長の大西瀧治郎大佐と意を通じ、「戦闘機無用論」を強く主張していた。ところが、昭和十二年八月十五日から九六式陸攻の渡洋爆撃を開始してみると、中国側の戦闘機に攻撃されて、強いはずの九六式陸攻がつぎつぎに撃墜され、さすがの大西と源田も冷水を浴びせられたようになり、「戦闘機無用論」を口にしなくなった。

それでも両人は、戦闘機兵力を減らし、その分、艦攻、艦爆の兵力を増強して戦果拡大を望めるように図った。

昭和十年十月まで大村（長崎県）海軍航空隊戦闘機分隊長で、十年十一月から十一年十一月半ばまで横須賀海軍航空隊戦闘機分隊長であった柴田武雄大尉（太平洋戦争開戦時は中佐で、十一航艦第三航空隊飛行長）は、終始「戦闘機無用論」に反対して、とくに源田実と激烈に争った。

柴田は、自著の『源田実論』（昭和四十六年一月発行）の中で、要旨こう述べている。

「まず『戦闘機無用論』は、単に論に終わらず、昭和十二年度の海軍航空兵力配備において、戦闘機の数が約三分の一削減され、戦闘機搭乗員およびその養成員数など、戦闘機に関する一切が削減されたのである。

また、まもなく勃発した支那事変において、戦闘機の数が少ないため甚大な損害をこうむったばかりでなく、同戦訓により『戦闘機無用論』は自然消滅の形となったが、『戦闘機無用論』の背景である『戦闘機（特にその用法）を知らない』という、源田をはじめ、中央首脳部の欠陥頭脳による作戦計画および指導が、太平洋戦争の航空戦全般に、敗戦の重大要因の一つとなるような、甚大な影響を与えたのである。

……源田は、日本海軍伝統の攻撃偏重の思想に幻惑されて（ちなみに、私が昭和十一年、横空分隊長時代に、防御の重要性を力説していたところ、戦術教官であった三和義勇少佐

〈太平洋戦争開戦時、大佐の連合艦隊作戦参謀〉から『君はそれでも日本人か』と罵倒されたことがある）、航空母艦の防御力の弱小であること、およびその欠陥を補うには防空用の戦闘機を多数必要とすること、ならびに現有する戦艦を活用することに気づかず、一途に戦艦を無用であると断定した高慢・独善に自己陶酔し、飛行機でも艦船でも攻撃できる、攻防兼備のすばらしい有用性を持っている戦闘機のことを、すっかり（善意に解釈すれば、うっかり）忘却していた。

……次に、『戦闘機無用論者』と『戦艦無用論者』との関係を、一覧表にして紹介し、簡単に説明を加えておく。

左の表の記事で、山本五十六中将（のち元帥）と大西瀧治郎大佐（のち中将）を『戦闘機

氏　名	官位	配　置	年代	記　事
山本五十六	中将	海軍航空本部長	昭和十一年	戦闘機無用論の賛成採用者
大西瀧治郎	大佐	航本教育部長 （前配置、横空副長）	昭和十一年 四月から	右に同じ （戦艦無用論の主唱者）
三和　義勇	少佐	横空戦術教官	昭和十一年	戦闘機無用論の支持者
源田　実	少佐	海軍大学校学生	昭和十一年	戦闘機無用論の主唱者
小園　安名	大尉	横空分隊長	昭和十年	右に同じ

〔注〕この表に載せた、代表的戦闘機無用論者と戦艦無用論者とは、奇しくも、同一人である。

無用論」賛成採用者としたわけは、当時の海軍航空界における実力『権力』ナンバーワンである山本五十六中将とナンバーツウである大西瀧治郎大佐（右の二人は、源田をも含めて、特に深く信頼し合っていた）が賛成しなければ、昭和十二年度初頭の兵力配備において、実際に戦闘機が削減されるようなことはなかった（山本中将と大西大佐が賛成したからこそ削減された）、という私の判断によるものである」

ノンフィクション作家の碇義朗は、「戦闘機無用論」とその影響について、著書の『海軍空技廠』の中で、つぎのように説明している。

「戦闘機有用論の支持者もけっして少なくはなかったが、その声は無用論にくらべて弱く、しかも、十一年六月に九試中攻（中型陸上攻撃機）が九六式陸攻として制式採用になってからは、彼らの立場はいっそう苦しいものとなった。

海軍部内の戦闘機無用論に、もっとも大きな影響をあたえたのは、当時の横空戦術教官三和義勇少佐だった。

三和少佐は、横空（横須賀海軍航空隊）高等科学生にたいし、戦闘機が攻撃機をその攻撃実施前に有効に阻止できないことは演習などでしばしば実証されているから、搭載機数にかぎりがある母艦には、戦闘機のかわりに艦爆や艦攻を多くつんで攻撃力を増すべしと力説した（この演習は最新式の九六式陸攻にたいして六年も古い型の九〇式艦上戦闘機が攻撃するものであったから、その結果は当然で、これを戦闘機無用の証拠にするという方がまちがいであった）。

これが進歩的な戦術思想として学生たちの共感をよび、岡村（基春《もとはる》大尉）、源田両大尉らとともに横空を戦闘機無用論の牙城《がじょう》にしてしまったが、こうした気運は海軍上層部にも波及し、昭和十一年から戦闘機搭乗員の養成が極度にへらされ、また下士官戦闘機搭乗員の多くが、艦爆搭乗員に転換させられてしまった。

……これは、昭和十二年七月に勃発した日華事変（日中戦争）にたちまちひびいただけでなく、のちの太平洋戦争にまで影響がおよんだ。

……前にのべたように、多くの戦闘機搭乗者が艦爆にかわっただけでなく、母艦搭載機の比率変更となってあらわれ、昭和十二年度から艦攻をふやすため戦闘機をへらす措置がとられた」

「戦闘機無用論」とその影響についてのこれら二つの解説は、岡村基春（兵学校第五十期）が戦闘機無用論者というのは疑問だが、そのほかは説得力がある。

源田実は「戦闘機無用論」主唱者の一人で、戦闘機兵力の大幅削減と、空母上における戦闘機搭載比率の大幅引き下げに尽力した代表的人物の一人であったことは、まちがいない。

その源田が、

「八五機の艦爆に対して、九機（実は六機）の掩護戦闘機はどう見ても不足である。……日本海軍の航空母艦における機種搭載比率は、艦攻三、艦爆三、艦戦二というのが標準であった。主力艦の劣勢を補うために、攻撃隊に重点を置く思想は了解できるが、それにしても戦闘機の数はあまりにも少な過ぎた。……」

と言う。

これもまた、事情を知らない人々に自分をよく見せるための奇策らしい。

高橋赫一少佐がひきいるハーメス攻撃隊は、約一時間五〇分後の午後一時三十分、セイロン島南東岸近くを南下中のハーメスと駆逐艦一隻を発見した。護衛戦闘機は陸上基地へ移動していたのか、一機も見えなかった。

一時三十五分から、「翔鶴」隊、「瑞鶴」隊、「飛龍」隊、「赤城」隊の順に急降下爆撃に入った艦爆隊は、一時五十分までに、四五弾中三七弾をハーメスに命中させ、ハーメスは一時五十五分、ほとんど傾かずに水平のまま沈没した。

上空で観測していた「蒼龍」飛行隊長江草隆繁少佐は、「赤城」「飛龍」の未投弾機に、近くの駆逐艦と大型商船の攻撃を命じた。爆弾は駆逐艦に一六弾中一三弾、大型商船に六弾中六弾が命中し、たちまちこれら二隻は沈没した。

残る「蒼龍」艦爆隊一八機をひきいた江草は、ハーメス沈没まえに「阿武隈」の索敵機が報告した北方二〇カイリ（約三七キロ）付近の空母攻撃に向かった。しかしそこには大小商船各一隻と哨戒艇一隻しかいなかった。

周辺一帯を捜索したが、空母は見当たらない。これもまた「阿武隈」索敵機の見誤りらしかった。

やむなく大小商船各一隻と哨戒艇を攻撃し、大型商船には六弾中六弾、小型商船には六弾中五弾、哨戒艇には六弾中一弾が命中し、三隻ぜんぶを撃沈した。

ところがそこへ、陸上基地から飛来した英戦闘機スピットファイア九機が、「蒼龍」艦爆隊の上空から襲いかかってきた。艦爆隊はこれと交戦し、七機を撃墜した（うち二機は未確認）が、味方も四機を失った。

源田はこのことについては、

「われもまた、真珠湾以来の精鋭四機を失った。もし、十分な戦闘機をつけることができたならば、この犠牲は出さずにすんだであろう」

と、いかにも残念そうに、しかし他人の責任であるかのように語っている。

高橋少佐がひきいる艦爆隊がハーメス攻撃中の午後一時四十八分ごろ、機動部隊旗艦「赤城」の見張員が、

「『利根』方向水柱」

と絶叫した。つぎの瞬間、「赤城」の右前方から左後方にかけ、艦を挟んで数弾の爆弾が落下した。

幸運にも、「利根」「赤城」とも、命中弾はなかった。

上空には英ブレンハイム重爆撃機九機が旋回していた。

機動部隊側は、水柱が上がるまで誰ひとり敵機に気づかず、「赤城」は一発も発砲できないありさまであった。

上空直衛の戦闘機十数機も、それまでに気づいたものは一機もなかった。

源田実は、敵機が来襲しても、零戦隊が撃攘するから心配ないと断言していたが、早くもまったくの不備を露呈した。

おそまきながら英重爆撃機の追撃にかかった零戦隊は、九機のうち五機を撃墜した。味方は、「飛龍」戦闘機隊分隊長能野《のうの》澄夫大尉機一機を失った。

ハーメス攻撃隊は帰投中の午後二時三十五分ごろ、セイロン島に向かうブレンハイム重爆撃機四機を発見し、これを攻撃して、二機を撃墜した。

危機一髪だったこの場面について、

「『我被害なし』の信号は全艦隊に送られたが、これは幸いにも敵が攻撃法を誤ったためと、その伎倆が拙劣だったためである。こんな奇襲を食うようでは、今後よほど警戒しなければならない。

あまりにも順調な戦闘をつづけたわれわれは、ここでさらに深い反省をすべきであったと思う。その反省の不足は、二ヵ月後のミッドウェーに現われてきた次第である」

と、実はロクに反省をしなかったことを、のちに源田は告白している。

ツリンコマリ攻撃を終了した南雲機動部隊は、四月十三日、マラッカ海峡を通過し、シンガポール沖から港内の小沢南遣艦隊と信号で挨拶を交わして、内地に向かった。

スパイがうようよいるシンガポールの沖をこれみよがしに通るのは、あまりにも驕った振舞いという説もある。

四月十四日、南シナ海で、「瑞鶴」「翔鶴」の五航戦は、ニューギニア南部のポートモレスビー攻略作戦を支援する指揮官井上成美《しげよし》中将の南洋部隊に参加するために、本隊と分かれ、トラック島に向かった。

英海軍は、日本海軍の暗号を解読して五航戦のトラックゆきを知り、四月十五日、米海軍に、いち早く、

「日本軍攻撃部隊がインド洋を離れつつあり、第五航空戦隊がトラックへ向かい、四月二十八日前後に同島到着の予定」

と通報した（エドウィン・T・レイトン著『太平洋暗号作戦』邦訳名）。

台湾南方のバシー海峡を北上中の機動部隊本隊は、四月十八日、連合艦隊から、東京その他を空襲した米機動部隊を攻撃すべしという命令をうけた。空襲による被害は軽微であったが、連合艦隊は国民の手前、そういうポーズをとったらしい。草鹿龍之介参謀長は、二〇〇〇カイリ（約三七〇〇キロ）も離れている敵を追撃しろという連合艦隊司令部の頭は、どうかしていると憤慨した。

山本連合艦隊司令長官から、機動部隊宛に、「勝ッテ兜ノ緒ヲ締メヨ」という訓電がきたが、感銘する者はほとんどいなかったらしい。

四月二十二日、機動部隊本隊の「赤城」「蒼龍」「飛龍」は、それぞれ内地の母港に、四ヵ月余ぶりに帰港した。

四月末、瀬戸内海西部の柱島泊地に在泊する第二艦隊（南方部隊本隊）旗艦「愛宕」で、

インド洋作戦までの作戦研究会がひらかれた。

来艦した一航艦先任参謀大石保中佐に、二艦隊通信参謀中島親孝少佐が話しかけた。

「ツリンコマリ攻撃のとき、『赤城』は英国の大型機に爆撃されて、夾叉《きょうさ》（数個の爆弾が艦を挟むように着弾する）されているじゃないですか。危ないですから、ひと固まりの隊形を考え直して、陣容をもっと強化しなければだめですよ」

「ああ、そう言うけどだめなんだよ。ウチじゃそういうこと言ったって、源田君がわれわれの言うことを聞いてくれやしないよ。源田君はもっぱら母艦を集めて、戦闘機だけで守っていれば大丈夫、向こうはぜんぶ落とせる、攻撃はうけないと言って、自信満々なんだ」

「そう言ったって、大型機に夾叉されたでしょう。運よく命中しなかったけれど、当たれば怪我しますよ」

「そうなんだが、いくら言っても聞かなくて困るんだ」

中島は、これが源田と他の幕僚の関係をあらわしている、と思った。

中島は、源田のこともふくめ、インド洋作戦全体について、つぎのように語る。

「連合艦隊の戦いのあとをふりかえってみると、一般的には批判されることの少ない、戦争前半の作戦指揮に、かえって問題があると思われてならない。米海軍の急速な拡充に追いついていけるのはよくて二年そこそこであり、とくにわが方が優位を保ちうる一年たらずの間こそ、その優勢を生かして、米海軍の撃破に専念すべきであった。

それにもかかわらず、大切な空母機動部隊を、遠く豪州からインド洋まで行動させたことは、なんの目的があってのことであろうか。

当時、マレー、インド方面の進攻作戦をうけもっていた南方部隊司令部では、機動部隊の支援を要するような脅威を感じてはいなかった。いや、地形の関係上、空母が敵潜水艦の攻撃をうけないかという心配と、インド洋の英軍基地がわからなかったという不安のほうが、よりいっそう大きかった。

機動部隊のインド方面の攻撃は、結果から言えば、敵に戦法を教えたにすぎなかった。

アメリカのキング元帥（真珠湾攻撃があった直後に合衆国艦隊司令長官に就任し、ついで海軍作戦部長を兼任したアーネスト・J・キング大将。この役職は日本海軍の軍令部総長に相当する。のちに元帥）は、その報告のなかで、

『日本は世界にむかって、空母機動部隊の行動力と攻撃力を誇示し、太平洋における戦いでは、こうすべきものという定石をつくった』

と述べているではないか。

この観点からすれば、ミッドウェー攻略作戦は、けっして不当なものではなく、敗戦の責任は、連勝におごった将官たちの慢心に帰すべきものと言われているが、さらにここで二点をあげて問題としたい。その一つは、キング報告にある、

『緒戦で、あまりにも圧勝したため、激烈な抵抗をうけた場合の空母部隊の防御を、どうすればよいかということを考えつかずに、いたずらに日を過ごしてしまった。

しかし米国は、この弱点をカバーするために、空母の設計を改良し、レーダーを発達させ、

新しい戦術をあみ出して、その強大さを完全に発揮させた』

ということである。

……このように考えてくると、空母機動部隊の真価も、米軍のそれを見せつけられるまで、真に悟れなかったのではあるまいか。

あげれば限りのないことだが、その根本は、熟慮断行という点に欠けていたのではないだろうか。うかうかと戦争にまきこまれた日本海軍はその後もまた、うかうかと成り行きにまかせて戦っていたと言っては、言いすぎであろうか。

私は、昭和十七年四月に南方から帰って、内地ののんびりしている姿をみておどろき、これではこれから、どういうことかと心配したことを、いまでも忘れることができない」（中島親孝著『聯合艦隊作戦室から見た太平洋戦争』参照）

この中にある「機動部隊のインド方面の攻撃は、結果から言えば、敵に戦法を教えたにすぎなかった」の具体例がある。

ソマービル東洋艦隊と、レイトン・セイロン島基地部隊が調査した南雲機動部隊の戦法に関する情報は、すべて英海軍から米海軍に送られていたのである。

乱れる連合艦隊司令部

日本海軍の陸上攻撃機隊が、マレー半島東方海面で英戦艦プリンス・オブ・ウエルズとレパルスをものの見事に撃沈したのは、昭和十六年（一九四一）十二月十日の白昼であった。

そのころ山本五十六がひきいる連合艦隊旗艦「長門」以下戦艦六隻、小空母「鳳翔」、軽巡一隻、駆逐艦八隻の艦隊は、小笠原列島父島の南を東に、たいした意味もなく航海していたが、英戦艦二隻撃沈の報に、山本以下艦隊の全将兵は躍り上がらんばかりに喜び勇んだ。

直後、山本は、「長門」の小さな前部作戦室で、先任参謀黒島亀人大佐と戦務参謀渡辺安次中佐にたいして、アレクサンダー大王やナポレオンでも驚くような、ハワイ攻略占領とセイロン島攻略占領という超大型作戦の研究を命じた（黒島、渡辺の戦後の回想）。

三ヵ月まえの九月十二日、首相の近衛文麿から日米戦にたいする海軍の見通しを聞かれた山本五十六は、

「ぜひ私にやれと言われれば、一年や一年半は存分に暴れてご覧にいれます。しかしその先

のことは、まったく保証できません」

と答えた。

それが、米太平洋艦隊を撃破してハワイを攻略占領し、英東洋艦隊を撃破してセイロン島を攻略占領するという、偉大なことが好きな山本らしい構想となって現われてきたのである。だが、米英にくらべて数分の一以下の日本の国力からすれば、この作戦は大ブロシキをひろげるようなもので、現実的には途方もなく難しいものであった。

仮に両島の攻略占領に成功したとしても、米英がそれで手を上げるわけもないにちがいなく、かえって日本側が両島を維持するために兵力を分散し、補給に苦労して、不利な態勢に陥りそうであった。

しかし、極度に自負心の強い山本は、大バクチのハワイ奇襲作戦のばあいとおなじく、これこそが米英両海軍と両国民をして、救うべからざる程度にその士気を沮《そ》喪《そう》せしむる決め手と考えたようである。

ところで、このときも山本は、のちの大敗につながる、目立たないが一つの過ちを犯していた。

ハワイ奇襲作戦計画を立案するときは、指揮系統を無視し、内密に山本派ともいうべき大西瀧治郎、源田実にその作業を依頼した。

軍令部との交渉では、これほどの大作戦ならば、山本自身、あるいは少なくとも連合艦隊

参謀長がそれに当たるべきだが、終始黒島に当たらせ、しかも、

「連合艦隊案が通らなければ、山本長官は辞職すると言っておられる」

と、威《おど》しまでかけさせた。

今回は、参謀長の宇垣纏をはずして、寵愛《ちょうあい》する黒島と渡辺に、作戦の研究を命じた。

山本のこれらの行為は、組織の秩序を乱し、人間関係の調和を破るもので、それが将来の禍根の一つとなるのである。

艦隊の職員の職責を規定する「艦隊令」には、

「司令長官の幕僚たる参謀長は司令長官を佐《たす》け、隊務を整理し、幕僚その他隊務に参与する職員を監督す」

「司令長官の幕僚たる参謀は参謀長の命を承け、艦隊の軍紀、風紀、教育、訓練、作戦等に関することを掌《つかさど》る」

とある。

参謀は長官の直接の部下ではなく、参謀長の部下である。また先任参謀は参謀の中の先任というだけのもので、官制上では先任参謀と平の参謀は同格である。

この規定を山本は無視し、宇垣を遠ざけ、黒島と渡辺にだけ大事を打ち明けた。

そのために黒島は、それをいいことに宇垣や他の参謀をないがしろにし、子分のような渡辺と、自分らが好きなように作戦計画立案を進めるのである。

山本五十六は宇垣纏を用兵思想の上で嫌っていた。その宇垣が連合艦隊参謀長になった経緯はつぎのようなものであった。

軍令部第一部長であった宇垣纏少将（彼のばあいの主務は作戦ではなく、防備訓練）は、昭和十六年四月、第八戦隊（重巡「利根」「筑摩」の部隊）司令官に転任した。そのとき連合艦隊参謀長から宇垣の後任の軍令部第一部長になった福留繁少将（主務は作戦）は、戦後の著書『海軍生活四十年』の中で、その間の事情をつぎのように説明している。

「山本長官から、『及川海軍大臣がどうしても君を軍令部第一部長にくれという。それは時局も次第に切迫してきたように思うので、航空兵力を急造する必要がある。ところが財源の関係で四年も五年もかかるような〝大和〟〝武蔵〟（巨大戦艦）級の第三艦以後（四隻建造の予定であった）をやめなければ、飛行機は造れない。ところが軍令部第一部長の宇垣少将がどうしても承知しない。軍令部第一部が艦船兵器の要求元であるから、宇垣一部長に交代してもらって、君に再検討してもらいたい』と打ち明けられた」

山本は「航空主兵・戦艦無用論」の元締で、「大艦巨砲主義」者を仇敵《きゅうてき》のように嫌っていたから、こういう宇垣に好意を持つわけがなかった。

海軍省人事局は、はじめ、福留を軍令部第一部長にするかわりに、宇垣を連合艦隊参謀長にする案を山本に示したが、山本は承認しなかった。「大艦巨砲主義者だから」とは言えないので、「宇垣君はまだ戦隊司令官を経験していないから」と言ったようである。

このとき連合艦隊参謀長になったのが、兵学校で宇垣、福留より一期上の第八戦隊司令官伊藤整一少将であった。

ところが、八月になると、軍令部総長の永野修身は、自分とウマが合わない次長の近藤信竹中将（伊藤整一より四期上の兵学校第三十五期）を転出させ、その後任に伊藤整一少将を当てることを及川海相に要求した。

及川は、八月十一日付で宇垣を連合艦隊参謀長に、九月一日付で近藤を第二艦隊（重巡部隊）司令長官に、伊藤を軍令部次長に発令することにした。宇垣を嫌う山本も、これらの人事は呑まざるを得なかった。

福留は、戦後こう述べている。

「私の転出について山本長官から、つぎのように言われた。『君のあとは宇垣は嫌だ、伊藤にしたい』。……伊藤少将は作戦の経歴は少なかったばかりでなく、しかも少将で次長に抜擢というのは異例であった（通例は中将）。伊藤少将は永野総長が兵学校校長の時、生徒隊監事（生徒にたいする精神教育、訓練、勤務、体育などの訓育と、生徒隊の軍紀風紀の取締りを指導監督する。中佐か大佐）であった関係もあり、かなり信任が厚かったようである」

伊藤は誠実で温厚であったから、山本にも永野にも好かれた。だが、伊藤自身は山本にいっそう忠実であった。

宇垣は、「大艦巨砲主義」者にはちがいはなかったが、連合艦隊参謀長としては有能で、山本にたいしても忠実であった。

連合艦隊参謀長の第一の任務は艦隊運動を適切に指揮することだが、宇垣はそれを遂行する強健な体力、明晰な頭脳、合理的で強靱な指揮統率力を持っていた。

ただ山本は宇垣の用兵思想を嫌い、作戦計画に宇垣がかかわることを好まなかったのである。

のちのことだが、昭和十七年（一九四二）十二月、黒島と兵学校同期の松田千秋《ちあき》大佐が、トラック島の泊地に在泊中の連合艦隊旗艦「大和」に艦長として着任したとき、つぎのようなことがあった。

宇垣は松田夫妻の仲人なので、松田は宇垣とかなり立ち入った話ができた。宇垣の仕事を聞いてみたところ、

「おれは参謀長だけどね、ここではただぼんやりしているだけだ。戦《いくさ》は山本さんと黒島でやっているんだよ」

と、わびしげに答えた。

実際に、山本はハワイ作戦以来、宇垣と先任参謀の黒島の意見が対立したとき、ほとんど黒島の意見を採り、宇垣の意見をしりぞけている。

昭和十七年七月に連合艦隊航海参謀になった土肥一夫少佐（兵学校第五十四期）は、のちに、

「ただなんとなく、参謀の中で、参謀長ひとりが『蚊帳の外』という雰囲気がただよっていたように感じられた」

と語っている。

宇垣は山本から疎外され、そのために参謀たちからも浮いていた。

ただ、宇垣にも人から敬遠される欠点がほかにあった。外剛内剛で、高圧的で、他人の意見を注意深く聞こうとしない。人が頭を下げると、自分は頭を反《そ》らして返礼とする。そのために傲慢不遜な男と見られ、「鉄仮面」というアダ名までつけられた。

こうしたことをひっくるめ、宇垣は山本や幕僚たちとしっくりしなくなったようだ。

しかし、山本五十六が腹を割って宇垣に自分の所信を打ち明ければ、宇垣は意気に感じて山本に尽くしたであろう。

昭和十二年（一九三七）十二月、中佐で第二艦隊先任参謀になった黒島亀人は、異色の発言をして首脳部間で評判となり、とくに、同艦隊参謀長の伊藤整一少将に作戦の才を認められた。

昭和十三年十一月、大佐に昇進した黒島は海軍大学校教官となり、山本五十六が連合艦隊司令長官となった一ヵ月ほどのちの昭和十四年十月、海軍省人事局長伊藤整一少将の進言をうけた山本に奇策を期待されて、連合艦隊先任参謀となった。

黒島も、山本五十六、宇垣纏とおなじく砲術科出身将校だが、山本とおなじく、というより、山本に合わせ、山本の気に入るように「大艦巨砲主義」を捨て、航空主兵のハワイ奇襲作戦に没頭した。そして真珠湾攻撃、フィリピン航空戦、マレー沖海戦の快勝によって、山本の黒島にたいする信頼はきわめて強固になった。

しかし反面、陰気で独善的で協調性がなく排他的という黒島にたいして、かねてから敬遠し、あるいは反感を抱いていた多くの幕僚たちは、ますます黒島から遠ざかるようになった。

作戦参謀の三和義勇大佐は黒島より四期下の兵学校第四十八期だが、秀才でいて協調性のある飛行将校と目されていた。

山本五十六は、作戦の中心になっている黒島を補佐し、作戦関係の事務を処理すると同時に、幕僚たちのチームワークをよくする人物として、大正末期から弟のようにかわいがってきた航空作戦にくわしい三和がうってつけと考え、開戦直前の昭和十六年十一月半ば、霞ケ浦海軍航空隊副長の三和大佐をこのポストにひっぱった。

大正十三年（一九二四）十二月、山本五十六大佐が霞ケ浦海軍航空隊副長に就任したとき、中尉の操縦教官見習いであった三和は、山本の航空にかける熱意に打たれ、副長付として山本を補佐し、航空隊の軍紀風紀を正し、精強な部隊に仕上げることに奮闘した。

昭和二年（一九二七）、三和大尉は駐米日本大使館付武官補佐官としてワシントンに赴任した。その当時、上司の武官が山本五十六大佐であった。

昭和八年五月、海軍大学校甲種学生を恩賜の成績で卒業した三和少佐は、同年十二月、空母「赤城」の飛行隊長となった。そのとき山本五十六少将が、「赤城」を旗艦とする第一航空戦隊司令官であった。

山本と三和は、このように因縁浅からぬ間柄であったばかりでなく、山本は三和を信頼し、三和は山本に心服していた。しかし、三和にとって連合艦隊作戦参謀のポストは、決して座り心地のいいものではなかった。

『三和日記』の昭和十七年三月二十六日のところには、

「余の今の位置は潤滑剤なり。幕僚の結束を固め力を発揮すべく自分の意見を出さぬほうが良い。これは長官に報ずる一なり」

とあり、その前後には参謀たちと宇垣の意見の食い違いが書かれている。

山本の意を体していたとはいえ、変人黒島を補佐し、高圧的な宇垣をなだめながら、参謀たちの関係を調整してゆく苦労は並たいていのものではなかったはずだ。

戦がうまくいっている間はまだよかった。しかしミッドウェー海戦に敗れてからは、連合艦隊の旗色は悪くなる一方で、ついに三和も自分の意見を出さずにはいられなくなり、前述したように黒島と激論になった。

二人をたしなめた山本は、最後に三和に言った。

「そりゃ黒島君だって人間だ。全智全能の神様ではない。欠点もあることはよく知っている。黒島君だって自分で知っているだろう。そこを三和君が補佐すればいい」

三和は黙って聞いていた。山本がそう言うなら従うほかはないと思ったようである。

しかし、それからまもない昭和十七年十二月、三和大佐は、ラバウルに司令部がある司令長官草鹿任一《じんいち》中将（兵学校第三十七期）の南東方面艦隊兼第十一航空艦隊先任参謀に転出した。

戦務参謀の渡辺安次中佐は、黒島より少し遅れて、昭和十四年十一月、連合艦隊旗艦「長門」に着任した。

戦務とは、令達（命令、日令、法令、訓示、告示）、報告、通報、情報収集などである。はじめ渡辺は、これらの仕事のほか、各参謀の担当に属さない雑用も一手にひきうけていた。昭和十六年八月、宇垣が参謀長として着任したときから、渡辺は砲術参謀の職務も兼務し、古株になるにしたがって発言力を増し、黒島、三和につぐ作戦参謀のようになった。

彼は黒島より七期下の兵学校第五十一期で、黒島とおなじく砲術科出身将校である。しかし、これも黒島とおなじく、戦艦を活用する作戦を進言するようなことはせず、終始山本五十六に気に入られるように動いていた。

渡辺は六尺ちかい大男で、一メートル六〇センチぐらいの小男の山本と並ぶと、よく言えば義経と弁慶、ふつうに言えばエライさんとボディガードのようであった。大男ではあったが、気が利き、愛想もよく、幕僚たちからは「安さん」とか「安兵衛」と言われて、親しまれていた。

山本にもことのほかに気に入られ、毎日の夕食後、山本の相手になってビールを賭《か》ける将棋を指していた。

渡辺は自分の俳号を、山本に託して安らかという意味の「安山」としていた。

こんなことで、渡辺を「茶坊主」と言う者もいた。だがその点は、渡辺のせいより、山本の部下にたいする態度に問題があると言えるだろう。

連合艦隊司令部のチームワークは、このようにまとまりを欠いていた。

しかし、奇想天外の策によってハワイ、フィリピン、マレー沖などで鮮やかに成功した山本五十六と黒島亀人、またこの二人に全面的に追従する渡辺安次のトリオは、それにかまわず、つぎの作戦研究にとりかかった。

ところが、十二月末のある日、山本五十六の自信をぐらつかせる異常事態が発生した。米国で発表された資料を元にしてつくられた真珠湾攻撃の被害報告を見ていた山本が、そばにいた水雷参謀の有馬高泰中佐に振り向き、拳でテーブルを叩いてさけんだ。

「これは大変だ」

どれほど損害が甚大でも、真相を隠さずに発表する米国は恐ろしいと言うのである。

山本の真珠湾攻撃の第一の目的は、「開戦劈頭に敵主力艦隊を猛撃、撃破して、米国海軍および米国民をして救うべからざる程度にその士気を沮喪せしむること是なり」であった。その期待が完全に外れただけでなく、むしろ逆効果になったことを確認させられ、衝撃をうけたのであった。

ついで、対米最後通告が南雲機動部隊の真珠湾攻撃開始より遅れ、「騙《だま》し討ち」とされ、全米国民を憤激させ結束させたことを知った山本は、暗澹《あんたん》となった。

ここから山本の対米戦の自信は激減し、ノイローゼ気味に陥っていったようである。

宇垣纒は、日記『戦藻録』の昭和十七年一月五日のところに、つぎのように書いた。

「第一段作戦は大体三月中旬を以て、一応、進攻作戦に関する限り之を終らしむべし。以後、如何なる手を延ばすや、豪州に進むか、印度に進むか、ハワイ攻撃と出掛けるや、乃至はソ連の出様に備え好機之を打倒するか、何れにせよ二月半ば位には計画樹立しあるを要し、之が為参謀連に研究せしむることとせり。

……ハワイの攻略の可否また問題たるべし。之が着手は艦隊決戦を前提としてかからざるべからず」

この宇垣の構想と、山本五十六、黒島、渡辺らとの関係は明らかでない。しかし、これで連合艦隊司令部の次期作戦にたいする研究が、いちおう一本化されたと見てよさそうである。

一月二十七日、黒島先任参謀は参謀会議の結論を宇垣参謀長に報告しにきた。

「ハワイ攻略作戦は敵の基地航空兵力を撃破する妙策がない。このさいはセイロン攻略作戦を実施することにしたい」

宇垣はそれに同意した。

山本連合艦隊司令長官は、昭和十七年二月十二日、旗艦を「長門」から、竣工後三ヵ月の新巨大戦艦「大和」に移した。「長門」の基準排水量が三万九一三〇トン、四〇センチ主砲が八門にたいして、「大和」の基準排水量は六万四〇〇〇トン、四六センチ主砲は九門という艦で、米海軍もこれに匹敵する巨艦は建造にもかかっていなかった。四六センチ主砲弾の威力は四〇センチ砲弾の二倍もあり、もし艦隊決戦があれば、兵力は米戦艦部隊の六割でも、「大和」級二隻が参加すれば、勝利を収めることは不可能ではないと言われていた。

しかし山本五十六は、昭和十六年九月下旬、航空参謀佐々木彰中佐に、

「戦艦は二隻あればいい。戦力としてではなく、連合艦隊の旗艦と、その予備艦としてだ。通信施設と居住施設はよくしなければいかん」

と断言したとおり、「大和」とやがて完成する姉妹艦の「武蔵」は、連合艦隊司令部のデラックスな事務所兼ホテルとしてだけ使い、実戦には使わないと決めていた。

現に山本は、昭和十八年（一九四三）四月十八日、ソロモン諸島北端のブーゲンビル島上空で戦死するまで、実戦に使った戦艦は、空母と行動を共にできる時速約三〇ノット（約五五キロ）の高速（巡洋）戦艦「比叡」「霧島」「榛名」「金剛」の四隻だけであった。

「大艦巨砲主義」は時代遅れと断定し、戦艦を蔑視していた山本は、「大和」や「武蔵」を無用の長物の見本のようにして置き、持論の「航空主兵主義」で戦い、自分の主張の正しさを実証してみせようとしていたようだ。

二月に入ると、米機動部隊の活動が活発となり、連合艦隊首脳の頭を悩ませるようになっ

た。

二月一日早朝、日本防衛線最東端のマーシャル諸島が、米空母エンタープライズとヨークタウンの艦載機に猛烈な空襲をうけた。さらに同米機動部隊の重巡洋艦から艦砲射撃まで加えられた。この海域の守備に当たっていたのは、司令長官井上成美中将の第四艦隊に所属する第六根拠地隊で、司令部はクェゼリン島にあったが、この奇襲によって大損害をうけ、司令官八代祐吉少将まで戦死した。

二月二十日には、空母レキシントンを基幹とする米機動部隊がラバウルに接近し、これに掩護戦闘機隊を伴わずに攻撃をかけた中攻一七機が、戦果もなく、うち一五機が撃墜されるというショッキングな敗北を喫したことは前に述べた。

二月二十四日には、空母エンタープライズ、重巡二、駆逐艦六の米機動部隊が、前年末に占領したウェーキ島を、これ見よがしに攻撃してきた。空襲と艦砲射撃であった。

越えて三月四日、おなじくエンタープライズ基幹の機動部隊が、傍若無人に小笠原諸島東方の南鳥島に空襲をしかけてきて、日本側に相当な損害をあたえた。

三月十日には、空母レキシントンとヨークタウンの米機動部隊が、ニューギニア東岸のラエ、サラモア沖の日本艦船に、約六〇機で空襲をかけてきた。軽巡「夕張」が小破し、輸送船四隻が沈没、七隻が中小破という大損害をうけた。

これら一連の米機動部隊の攻撃は、闘志に満ち、積極果敢であった。しかし、連合艦隊、軍令部の首脳部は苛立《いらだ》ちながらも、米機動部隊への抜本的対策を研究しようとはしなかった。

本来ならば、南雲機動部隊がこれらの宿敵をどこかの海面に誘い出して決戦し、撃滅すべきであった。その最重要な目標に向かわず、やらずもがなの南方ザコ狩り作戦に出かけ、長期間精力を使い減らしていたのである。

この間、山本五十六以下の連合艦隊司令部職員たちは、冷房装置がつき、酒も山海の珍味もふんだんにある豪華ホテル「大和」で、優雅に暮らしていた。

連合艦隊司令部は、米太平洋艦隊司令部とおなじように陸上に移り、「大和」以下は実戦部隊に配備すべきであったろう。

連合艦隊は二月二十日から、柱島泊地の「大和」でセイロン島攻略作戦の図上演習をおこない、二十三日に研究会をひらいた。この図演には大本営海軍部（軍令部）の福留第一部長以下の作戦関係者と、陸軍部（参謀本部）からも作戦関係者が立ち合った。

その結果について、宇垣参謀長は、二月二十二日、『戦藻録』に、

「図演第三日午前中にて実演を止む。インド洋作戦の構想上手ならず。セイロン島に上陸せるも敵艦隊主力を逸し、且つ敵地航空勢力に災せられたり。作戦実施の場合さらに研究を要す」

と書いた。

敵艦隊主力を逸し、敵地航空勢力に災いされたということは、上陸部隊にたいするその後の補給が困難ということを示し、陸軍側を納得させることができないことであった。

セイロン島攻略案は、この図演から帰京した陸海軍部の打ち合わせにおいて潰された。陸軍側は、図演の結果のほかに、ドイツ軍の東進がまだ進捗《しんちょく》していないので、占領後の確保に不安があり、次期作戦では過早という理由をあげていた。

ところが、どういうわけか軍令部はそれを連合艦隊に知らせず、三月八日、南洋方面出張の途中、軍令部に立ち寄った三和参謀が、はじめて不採用になったことを知らされた。三和から電話報告をうけた連合艦隊司令部は驚きあわて、あたふたと新規作戦の研究にとりかかった。

その名も源田艦隊

新規作戦を模索していた連合艦隊は、ハワイ攻略作戦の準備ができあがるまでのあいだに、手を焼かせている米機動部隊を誘出して撃滅しようと、ミッドウェー作戦に着目した。

先任参謀の黒島亀人と戦務参謀兼砲術参謀の渡辺安次が、戦後、防衛庁防衛研修所戦史室員に語ったことからすると、ミッドウェー作戦を提案したのは、彼ら二人のようである。

「ミッドウェー島を奇襲攻略することは困難ではないし、攻略すれば、同島が米国領であるばかりでなく、戦略的にも重要な地点であるから、米海軍はかならず全力を挙げて反撃に出てくるにちがいなく、そこで米空母撃滅の目的は達成できる。

米空母部隊を撃滅したのちは、ミッドウェー島に有力な航空兵力を進出させ、米軍にミッドウェー奮回作戦をおこなわせないようにする。それによって日本本土方面に活動していた米潜水艦の行動は封じられるし、日本本土方面を窺《うかが》う米機動部隊の行動も困難になる」

と判断したという。

軍令部は豪州東方のフィジー、サモア、ニューカレドニアの各島を攻略し、米豪間の海上交通を遮断するＦＳ（フィジー、サモア）作戦の実施を望んでいた。

結局、連合艦隊はミッドウェー作戦計画を早く通そうとして、ＦＳ作戦もやることに決め、山本五十六の承認を得て、戦務参謀兼砲術参謀の渡辺安次中佐がミッドウェー作戦、渡辺と兵学校同期で航空参謀の佐々木彰《あきら》中佐がＦＳ作戦の主務となって、研究を進めた。

幕僚の最終検討を昭和十七年（一九四二）三月三十一日に終えて、四月一日、三和義勇作戦参謀がこの計画案を山本に説明した。山本は遠隔のＦＳ作戦は攻略ではなく、攻撃破壊にとどめるようにと指示し、そのほかは承認した。

決定された連合艦隊の次期作戦構想はつぎのとおりとなった。

五月上旬　ポートモレスビー攻略作戦
六月上旬　ミッドウェー攻略作戦
七月中旬　ＦＳ作戦（攻撃破壊）
十月を目途としてハワイ攻略作戦の準備を進める。

この間の三月下旬の某日であった。柱島泊地の主力部隊を護衛する小型空母「鳳翔」「瑞鳳」をひきいる第三航空戦隊司令官の桑原虎雄少将が、青島方面根拠地隊司令官に転任することになり、「大和」の山本のところに挨拶にきた。桑原は井上成美、草鹿任一、小沢治三郎とおなじく兵学校第三十七期で、大西瀧治郎より古い草分けの飛行将校であり、前から山本と親しかった。

雑談する間に桑原から戦争の見通しを聞かれた山本は、つぎのような意見を述べた。

「いまがわが国にとって戦争終末を図るべき時機である。それには、いままでに手に入れたものをぜんぶ投げ出す必要があろう。しかし中央（海軍省と軍令部）には、とてもそれだけの腹はあるまい。結局われわれは、斬《き》り死にするよりほかはなかろう」

三月末になると山本は、海軍次官として三国同盟に反対して生命の危険を感じていた昭和十四年（一九三九）五月三十一日に書いた「述志」と、昭和十六年一月七日付で及川海相に送った書簡の写し、それに開戦時の昭和十六年十二月八日にその心境を述べた「述志」の三通と、現金若干を封筒に入れ、海軍次官（この当時は沢本頼雄中将）室の金庫に保管を依頼した。その上で、同期生でとくに親しかった堀悌吉予備役中将にその旨を知らせた。

これらは山本の遺言と見られるが、このころの山本は、戦争の前途に自信を失っていたわけである。

いまになってこのようなことを言うくらいなら、ハワイ奇襲作戦で対米戦をはじめるようなことは、やらないほうがよかったことになろう。

渡辺安次参謀は、四月三日、軍令部に出頭し、連合艦隊の次期作戦案を説明して、その採択を要望した。

第一（作戦）課長富岡定俊大佐と、航空主務部員の三代辰吉中佐は、ハワイ作戦のとき以上に、ミッドウェー攻略作戦に反対した。

「ミッドウェー島攻略は難しくない。しかしあとの維持が難しい。同島に一番近い日本基地はウェーキ島だが、そこまで一三〇〇カイリ（約二四〇〇キロ）もある。必要物資を運ぶにしても、ウェーキから四日以上もかかる。途中で米軍の飛行機、潜水艦などに襲撃される恐れが十分すぎるほどにある。なぜなら、米海軍の本拠ハワイからミッドウェーまでは一一五〇カイリで、米軍の勢力圏内であるからだ。

またそれだけに、敵がミッドウェー奪還を狙って有力な機動部隊で襲撃してくれば、日本側の基地はひとたまりもなくたたき潰され、同島は簡単に奪還される」

というような理由であった。

渡辺はたじたじとなったが、飛ぶ鳥落とす勢いの山本五十六の代参である。軍令部上層部の意見を聞かせてもらわなくては帰れないと言い張った。

やむなく富岡は、第一部長の福留繁少将に取り次いだ。福留もミッドウェー作戦案には反対で、こう言った。

「第一にFS作戦を実施して米の南方路反攻を封じておき、マーシャル諸島線にがっちりと邀撃配備を布陣するのが、もっとも堅実な作戦と考える。

ミッドウェー作戦はもとより不可能ではないが、開戦劈頭のハワイ奇襲と同一方向から、しかもおなじような要領の作戦をくり返すことは、古来兵法の戒しむるところで、相当の犠牲があると判断されるから、賛成はできない」

しかし、渡辺が承服しないため、よく検討して、二日後の五日に再度話し合おうということになった。

五日の当日、軍令部次長の伊藤整一中将（昭和十六年十月昇進）、福留、富岡、三代は渡辺にたいしてこんこんと説明し、山本に考えを改めてもらうように頼んだ。ちなみに三代と渡辺は兵学校同期である。

渡辺は山本長官に電話をして意見を聞いてみると中座したが、まもなくもどってきて、

「長官のご決意は固く、もしこの案が通らなければ、連合艦隊司令長官を辞任すると言っておられます」

と言った。

ハワイ奇襲作戦のときとおなじで、奥の手のブラフで主張をとおそうというのであった。山本に恩義を感じている伊藤と福留は、溜息をつき、これもハワイのときと同様に、永野修身軍令部総長に取りついだ。

永野も以前とおなじく、

「山本長官が十分な自信と成算を持っているというなら、任せてみようか」

と、わけもよくわからないうちにミッドウェー作戦案を承認した。

日露戦争直前の明治三十六年（一九〇三）十月半ば、山本権兵衛海軍大臣は、

「自分がこうと思いこむと、他人の言うことはすべてロクなものではないと頭から決めてかかり、いっさい聞き入れようとしない。自分の料簡を立てて、中央の命令に従わない」

と認めた竹馬の友の常備（のちの連合）艦隊司令長官日高壮之丞中将を退任させ、中央に忠実な東郷平八郎中将をその後任に起用した。

しかし永野も、嶋田繁太郎海軍大臣も、山本権兵衛のような見識も勇気もなく、日高壮之丞同様になっている山本五十六を、連合艦隊司令長官からおろすようなことはできなかった。

もっとも、ミッドウェー作戦案がとおらなければ辞職するというようなことは、山本は言っていない、あれは渡辺が自分の料簡で、あるいは黒島と共謀してデッチ上げたのだという説もある。

プランゲ博士のインタビューに立ち合った千早正隆元中佐は、自著『日本海軍の驕り症候群』で、その間の事情を詳述していて、きわめて説得力がある。

それが事実ならば、渡辺と黒島はとんでもない越権の芝居を演じ、国を誤ったことになるが、まだその確証はない。また、渡辺や黒島がこのようなことを勝手にやったとすれば、山本がはなはだ不明不徳の指揮官だったことにもなろう。

いずれにしても、ハワイ奇襲作戦のばあいと同様に、これほどの重大作戦ならば、山本自身あるいは少なくとも宇垣参謀長が軍令部にゆき、十分に意見を交わすべきであった。

ミッドウェー作戦案を呑《の》んだ軍令部は、米航空兵力の西進を押さえるために、アリューシャン列島西部攻略作戦も同時に実施するよう、連合艦隊に要求した。

連合艦隊はその必要を認め、兵力にも余裕があったため、異議なく同意した。

四月十二日、軍令部から、ＭＩ（ミッドウェー）およびＡＬ（アリューシャン）攻略作戦をだしぬけに切り出された参謀本部（大本営陸軍部）は、ＡＬ作戦には同意したが、突出したＭＩ作戦には驚き、危険視した。しかし海軍が単独でも実施すると言い、反対はできなかった。結局、参謀本部は、両方面とも米軍の兵力は大きくないという理由で、陸軍兵力は派出しないことにした。

こうして、ＭＩ、ＡＬ作戦をふくむ「大東亜戦争第二段作戦帝国海軍作戦計画」が、昭和十七年四月十五日、上奏裁可された。

連合艦隊作戦要領の要点はつぎのようなものであった。

(1)独伊の作戦に呼応し、できればセイロン島を攻略し、英印（インド）間の連絡を遮断して、独伊と連繋する。

(2)フィジー、サモア、ニューカレドニアを攻略して（連合艦隊が軍令部の主張をうけ容れた）、豪州と米英間を遮断する。最も遠いサモアのばあいは、攻略後基地施設を破壊して撤退することもあり得る。

(3)ミッドウェーを攻略して、米国の奇襲作戦を困難にし、またアリューシャン攻略作戦をおこなう。

(4)最後にハワイの外郭要地であるジョンストン島（ハワイ西南西）、パルミラ島（ハワイ南々西）の両島を攻略し、ハワイ占領を考える。

ＭＩ、ＡＬ作戦は、明くる四月十六日、大本営海軍部指示として発令された。この日、山本五十六連合艦隊司令長官は、各級指揮官にたいして、第二段作戦に入るに当たっての訓示をあたえた。

「コノ敵ヲ討チテ征戦究極ノ目的ヲ達成センニハ、ソノ軍容成ルニ先ンジ敵海上兵力ノ中核ヲ撃摧《ゲキサイ》シ、併《アワ》セテワガ攻防自在ノ態勢ヲ確立セザルベカラズ。

戦局決戦段階ニ入ル。即チ連合艦隊ハ新部署ニ就キテソノ陣容ヲ整ヘ、今次戦訓ヲ加ヘテマスマス鋭鋒ヲ磨キ、決戦兵力ヲ挙ゲ東西両太洋ニ敵ヲ索《モト》メテコレヲ捕捉撃滅シ、モッテ戦局ノ大勢ヲ海上ニ決セントス」

と、非常な意気込みを述べている。

連合艦隊はひきつづき積極的な作戦をつづけ、一挙に戦局の大勢を決めようというもので、長期不敗の態勢を固め、主として欧州戦局の進展に依存して、英国の崩壊から米国の戦意喪失を図ろうとする大本営陸海軍部（参謀本部と軍令部）などの方針とはちがっていた。一面では勝ちを急いでいる感もあった。

B25爆撃機（艦載機ではなく、双発で航続距離が長い陸上機）一六機を搭載した空母ホーネットと、それを援護する空母エンタープライズが、昭和十七年四月十八日未明、日本本土の東方七二〇カイリ（約一三三〇キロ）にさしかかった。

猛牛と言われるウィリアム・F・ハルゼー中将がひきいるその米機動部隊を、日本海軍の特設監視艇第二十三日東丸（九〇トン）と長渡丸（九四トン）が午前六時三十分ごろに発見し、「敵発見」を打電した。

この二隻は、まもなく米巡洋艦とエンタープライズの艦載機によって、無残にも木っ端みじんに粉砕された。乗員のほとんどは戦死し、わずかに生き残った五人は捕虜となった。

ジェームス・H・ドーリットル陸軍中佐が指揮するB25爆撃機一六機は、予定を早めて午前八時、東京から六六八カイリ（約一二三七キロ）の地点でホーネットを発進し、午後一時ごろから、京浜および名阪神地域を奇襲して爆弾を散発的に投下し、中国本土とウラジオストックに飛び去った。

中国に向かった一五機は、夜間のために不時着したり、搭乗員がパラシュート降下して、機体は全滅した。ウラジオストックに向かった一機は無事に着陸した。

軍令部は、米機動部隊発見の地点が遠かったことから、航続距離の短い艦載機の空襲は早くても十九日早朝と判断していて、奇想天外な米陸軍飛行機隊を邀撃することができなかった。

ただ日本の被害は僅少で、冷静に今後の対策を研究すればよいものであった。

ところが、日本政府および陸海軍首脳部は必要以上に精神的ショックをうけた。山本五十六も表面は平静をよそおっていたが、このようなことがふたたび起こり、日本国民の士気が沮喪し、国内が混乱状態に陥ることを極度に恐れた。真珠湾攻撃という大ブラフで米国をひっかけようとした山本が、逆手をとられて米国の小ブラフにひっかけられたようであった。

山本は、二度と米飛行機隊の奇襲を許さず、また高揚した米海軍と米国民の士気を沮喪させるため、ミッドウェー島を早急に攻略し、米空母を捕捉撃滅しなければならないと痛感し、ミッドウェー作戦を予定どおり実施しようと準備を進めさせた(黒島、渡辺両参謀の戦後の回想)。

当初あれほど強く反対していた軍令部第一課も、ドーリットル空襲によって、ミッドウェー作戦に積極的となった。

参謀本部もMI、AL両作戦の重要性を認め、両方面の攻略を確実に成功させるため、四月二十日、陸軍兵力を両作戦に派遣する案を軍令部に申し入れ、翌二十一日、派遣が決定された。

しかし、これらの処置によって、米空母を捕捉撃滅するという最初の企図がかすみ、基地攻略が作戦目的のようになった。

源田実はドーリットル空襲後の処置を、

「……母艦に着艦できない大型機を六〇〇カイリも遠くから発艦させて片道攻撃をおこなうなどは、連続反復することは不可能である。都市などの大目標にたいする攻撃は、大兵力を連続反復投入したときだけ効果を期待できるのだから、こんな攻撃はほとんど無視していい。ところが、ドーリットル空襲の政治的効果は大であった。敗戦つづきの米国側では国民の士気振作に好影響をあたえたろうし、日本では陛下のお膝元を騒がせたということが大きくひびいた。

……しかし、この種のことに対しては、純然たる兵理にもとづいて決すべきである。後日、準備不足のままミッドウェー作戦を強行して失敗したが、この空襲がこれに無縁であったとは言えない」

と評しているが、これは正論であろう。

四月半ば、南雲機動部隊がシンガポール沖を通過して南シナ海に入ってから、源田航空参謀は飛行機で沖縄を経由して内地に飛び、四月十九日、柱島泊地の「大和」の連合艦隊司令部を訪ね、インド洋作戦の報告をした。

そのとき第二段作戦計画を知らされた。

作戦参謀の三和義勇大佐は語った。

「今年の秋を目標として、北はアリューシャン、西はミッドウェー、南はフィジー、サモア方面からハワイを包囲して締め上げようという計画だ」

当時の心境を、源田はこう述べている。

「……雄大な構想であった。後日、米国がその国力を総動員して、凄い底力を発揮しはじめてから、またわが補給線が敵潜水艦の大きな脅威をうけはじめてから、たとえこの案が成功しても、わが方がハワイ群島を保持することは至難のことであったと考えるようになったが、連戦連勝で有頂天になっていたころでもあるし、私はこの案をはなはだ面白く、またわが意を得た計画だと思った」

連合艦隊は四月二十八日から三日間、「大和」に各司令長官、幕僚を集め、「連合艦隊第一段作戦戦訓研究会」をおこなった。

しかし、この研究会について、三和は、四月二十八日の日記に、

「勝ち戦《いくさ》の研究会は愉快なれども余り身（実）はなし。皆勇者にして皆智者の如し。失敗も相当多かるべきに」

と書いている。

真珠湾で第二撃をやらなかったこと、米空母を捕捉できなかったこと、インド洋で英機動部隊を逸したこと、英爆撃機に奇襲されて「赤城」が危なかったことなども、真剣に検討されず、ほとんど通り一遍のものだったようである。

それでも二、三は注目すべきことがあった。

山口多聞二航戦司令官は、連合艦隊を再編して、空母を中心とする機動部隊三群にすべきであると主張した。

賛成した源田実は、

「秦の始皇帝は阿房宮《あぼうきゆう》をつくり、日本海軍は戦艦『大和』をつくり、共に笑いを後世に残した」

と公言し、即刻航空主兵の思想に結集し、一切をあげて航空中心の軍備に徹底すべきだと論じた（淵田美津雄中佐の戦後の回想）。

山本五十六がこの両人と同意見であることを知っている一同は、誰も反論しなかった。

淵田美津雄はこう考えていた。

「日本艦隊の主戦兵力は、空母六隻を基幹とする南雲部隊だ。柱島に在泊している戦艦七隻は、もはや中核ではない。無用の長物的遊兵だ。

南雲部隊は、やらずもがなの南方作戦に使うべきではなかった。戦艦部隊は柱島に遊ばせておくべきではなかった。これらを合体させて一つの有力な機動部隊を編成し、東方海面で、米国機動部隊と決戦すべきだった」

一方、宇垣纒連合艦隊参謀長は、南雲機動部隊を、

「ハワイ海戦にせよ、ポートダーウィン、あるいはセイロン方面攻撃にせよ、多くは据物切りと言うべきで、敵に大海上航空部隊がいなかったから、多大の成果が得られたのだ」

と見ていた。

それにたいして草鹿一航艦参謀長は、

「海上航空部隊の攻撃は、十分な調査と精密な計画の下に切りおろす一刀の下にすべてを集中すべきであり、そうしてきた」

と、一刀流的名言？　を述べた。

草鹿は無刀流剣道を修行していたが、その流儀にある金翅鳥《きんしちょう》王剣をとくに好んだ。金翅鳥が羽根を天空一面にひろげたような心で、太刀を上段にとって敵を追いつめ、ただ一撃で打ち落とし、そのまま上段に返る戦法という。

宇垣はそれに相当の不安を感じ、

「移動性が多く、広い海面に作戦する海上兵力にたいして、事前に十分な調査をおこない、

索敵を完全にするなどは容易なことではない。状況の変化に即応する手段こそが肝要なのだ。

山口多聞（宇垣と兵学校同期）は一航艦の思想にあきたらず、作戦実施中もしばしば一航艦司令部に意見具申をしたが、同司令部が計画以外に妙機をつかんで戦果の拡大を計ったり、状況の変化に即応する処置を講じたりすることは絶無だったと、俺に三回も語っていた。俺も山口とおなじ考えだ。

『一航艦司令部は誰が握っているのか』

とたずねると、山口は、

『長官はひと言も言わぬ。参謀長（草鹿）、先任参謀（大石）など、どちらがどちらか知らんが、億劫《おっくう》（面倒で気が進まない）屋ぞろいだ』

と答えた。

今後、千変万化の海洋作戦において、果たしてその任に堪えられるかどうか」

と、心配をつのらせた。

宇垣は草鹿に質問した。

「艦隊戦闘において敵に先制空襲をうけるばあい、あるいは陸上攻撃のさい敵海上部隊より側面を衝《つ》かれたばあいはどうするか」

「かかることのないように処置する」

草鹿はあっさりと答えた。

追及すると、源田参謀が代わって答えた。

「艦攻に増槽をつけ、四五〇カイリ（約八三三キロ）先まで飛べる偵察機を各母艦に二、三機ずつ配当できるので、これと巡洋艦の零式水偵を使用して、側面哨戒に当たらせる。敵に先んぜられたばあいは、現に上空にある戦闘機によって対処する以外に策はない」

宇垣はこれを悲観的自白とうけとった（以上、宇垣纏著『戦藻録』参照）。

ところが源田は、機動部隊の航空戦にかけては、過剰と言えるほど自信満々であった。

源田が、空母を集団使用すれば、防空戦闘機を多数配備できるので、敵飛行機隊を撃攘できると確信していたことは前に触れた。

軍令部第一課の三代辰吉部員は、

「四月二十日ごろ、軍令部がミッドウェー作戦において、わが空母に損害が出るのではないかと不安を抱いていたとき、源田参謀は、空母を集団使用し、上空警戒機（防空戦闘機）を多数集中すれば、敵の航空攻撃は阻止できると断言し、軍令部を安心させた」

と、語っている。

源田実航空甲参謀は、

「艦爆と雷撃機の大兵力を集中すれば、一挙に敵を撃滅できるし、上空警戒機を多数集中すれば、敵の航空攻撃は阻止できる」

という用兵思想に徹していたのである。

この源田と、南雲司令長官、草鹿参謀長、大石先任参謀などの関係は、『戦史叢書　ミッドウェー海戦』によると、つぎのようであった。

「南雲長官は、少なくとも航空作戦の計画や指導などには、ほとんどイニシアチーブをとることはなく、幕僚の意見を『うんよかろう』と決裁していたようである。草鹿参謀長もまた、ほとんど口を出さなかったようである。そのうえ大石首席（先任とおなじ）参謀は航海専攻の人で、航空に関する経験が少なかった。勢い航空作戦の計画も指導も、源田航空参謀の意見がほとんど全部通っていた。

……当時、機動部隊を源田艦隊と評した者さえあった。従って一航艦司令部の航空作戦指導は、源田参謀の用兵思想に影響されるところが絶大であったといえよう」

このうち、幕僚の意見を「うんよかろう」というところの幕僚は源田参謀である。「機動部隊を源田艦隊と評した者さえあった」というのは、連合艦隊の佐々木彰航空参謀、渡辺安次戦務参謀などである。

戦訓研究会は天長節（天皇誕生日）の四月二十九日午後六時に終わり、そのあと山本五十六がきわめて熱烈な訓示をおこなった。

「第二段作戦は第一段作戦とぜんぜん異なる。今後の敵は準備して備えている敵である。長期持久守勢をとることは、連合艦隊長官としてはできぬ。海軍はかならず一方に攻勢をとり、敵に手痛い打撃を与える必要がある。

敵の軍備力はわれの五ないし一〇倍である。これに対しては、つぎつぎに敵の痛いところに向かって、猛烈な攻撃を加えなければならない。

これがためわが海軍軍備は一段の工夫を要する。従来の行き方とはぜんぜん異ならなければならない。軍備は重点主義に徹底して、これだけは負けぬという備えをなす要がある。これがためにはわが海軍航空の威力で敵を圧倒することが絶対に必要である。共栄圏を守るのはいつに海軍力である」

という要旨のもので、四月十六日のものと同主旨であった。

航空主兵で、米海軍に休息の暇をあたえないように、MI、AL作戦をやり、FS作戦をやり、ジョンストン、パルミラ島を攻略し、十月ごろにはハワイを攻略占領して、戦局の大勢を決するということである。

これとおなじ日付の四月二十九日（米国時間）、ハワイの米太平洋艦隊司令長官チェスター・W・ニミッツ大将は、ワシントンの海軍作戦部長兼合衆国艦隊司令長官アーネスト・J・キング大将に、つぎのような電報を送った。

「ミッドウェー防衛——現状において中程度の攻撃にたいしては持ちこたえられると考えられるが、大規模な攻撃にたいしては艦隊の支援を要すると思考する。五月二日ごろ、同島を視察する予定。同島の強化および確保について十分に考慮を払わんとす」

すでに日本海軍の企図を察知し、万全の準備をととのえ、戦法も判明した日本機動部隊をミッドウェーに迎え撃つというのであった。

連合艦隊は昭和十七年五月一日から三日まで、第二段作戦の図上演習をおこなった。

宇垣纒連合艦隊参謀長が審判官兼青軍（日本側）指揮官となり、戦艦「日向」艦長松田千秋大佐が赤軍（米側）指揮官となり、ミッドウェー攻略作戦から、フィジー・サモア作戦、ハワイ攻略作戦の航空撃滅戦と艦隊決戦までを演じるものであった。

本来は青軍指揮官が全般計画を各部隊に示し、各部隊が自隊の計画を立てるのだが、時間がないため、連合艦隊司令部が各部隊の計画までつくり、配布した。

青軍各部隊の指揮官はその隊の幕僚がつとめ、配布された計画によって駒を進めたため、作戦の研究というよりは、連合艦隊司令部が自分の計画を説明する演習のようになった。

黒島と渡辺らは、ミッドウェー上陸日（N日）を六月七日と決めて、そこから一切の計画を立てていた。

ミッドウェー島は、環礁を越え、礁湖を渡って上陸しなければならない。そこで前夜半、月がなく、月齢二十三の下弦の月が午前零時に出る六月七日を最適としてえらんだという。六月としたのは、一日も早く米機動部隊の活動を抑圧したいのと、七月に入ればアリューシャン方面は霧が多くなり、作戦が困難になるからというのであった。

この図上演習において、松田赤軍指揮官は米軍がやりそうな戦法を使った。そしてミッドウェー島の赤軍陸上機が青軍の空母群に爆撃を加えたところ、審判規定によって爆弾九発が命中し、「赤城」「加賀」が沈没となり、図演続行が不可能という状況になった。すると宇垣は、

「いまの命中弾は三分の一の三発とする」

と言い、「赤城」小破、「加賀」沈没と修正して、図演を続行させた。

そのため攻略は成功したが、計画より約一週間遅れ、艦艇の燃料が足らなくなり、一部駆逐艦は海岸に乗り上げるという散々な状態となった。

この経過にたいして、宇垣は、連合艦隊はこうならないように作戦指導をすると断言し、この問題にケリをつけた。

さらにFS作戦では、沈没した「加賀」も復活させた。

淵田美津雄は、

「このような統裁ぶりには、さすが心臓の強い飛行将校たちもあっけにとられるばかりであった」

と語っている。

だが赤軍指揮官だった松田千秋は、つぎのように言う。

「空母が二隻沈んだら、青軍は攻略作戦をつづけられなくなる。それならミッドウェー攻略作戦は中止するか、練り直しをしなければならない。

しかし連合艦隊がこの作戦をやることを決定していたので、図演も戦がつづけられる形でやるほかなかった。そこで宇垣さんがああいうことをやったのだ。

結局、もともとミッドウェー攻略作戦そのものに無理があったのだと思う。

実際にやってみたら、図演と似たような経過で、空母が四隻とも沈められてしまった」

ところで、こういう奇怪な図演は、これがはじめてではなかった。前年九月十六、十七日、海軍大学校でおこなわれた「ハワイ作戦特別図上演習」が、すでに奇怪であった。あのとき、米航空兵力の反撃による日本側の損害は、空母三隻沈没、一隻小破であったが、あとの作戦ができないということから、再判定によって空母三隻沈没は取り消され、空母勢力半減となった。そして演習が終わったあと、山本五十六が第一航空艦隊司令長官南雲忠一の肩をたたき、

「南雲君、君ね、図演ではね、母艦四隻のうち三隻が撃沈されたが、ああいうことは人によっていろいろ意見があるからね、かならず起こるということはないよ」

と言った。

このミッドウェー作戦の図演でも、おなじように、なにがなんでもやるという山本五十六の意志が、そこに作用していたのであろう。

五月四日の作戦打ち合わせの席上で、二航戦の山口司令官や源田一航艦参謀は、

「ミッドウェー作戦期日をもっと先に延ばすことはできないか。六月上旬では訓練ができ上がらない」

と、強硬に主張した。

南雲機動部隊は四月二十二日に内地に帰ってきたが、とたんに連合艦隊司令部から、つぎは六月上旬にミッドウェーにゆけと言われたばかりか、定員の半分ぐらいが入れかわる大幅人事異動を通達させ、ひどい混乱となった。

最大の悩みは、一ヵ月後の出撃までに、新しい搭乗員や艦船乗員を訓練する期間が少なすぎて、伎倆《ぎりょう》を水準まで上げることができないことであった。

この大幅人事異動は、海軍省が、開戦前に中断した諸術科学校の教育を再開して、後につづくパイロットはじめ各分野の要員を養成しようとしたことから起こったもので、それにも重要な理由があった。

しかし連合艦隊司令部は、ガンとして六月七日に固執し、山口や源田の意見をとり合おうとしなかった。

宇垣はこの日の日記に、

「整備に若干余裕なき部隊もあれ共、時機の遷延は月象の関係も不利となり、徒らに彼の蠢動を許すに過ぎざるを以て、原計画の通り断行するに決す。各部隊の善処努力により、作戦準備に訓練に果又作戦計画の樹立に、万遺憾無からんと望む」

と、仕方なさそうに書いている。

孟子は「天の時は地の利に如《し》かず、地の利は人の和に如かず」と言ったというが、この決定は天の時を優先し、地の利、人の和をいちじるしく軽視したものとなった。

山本五十六は、山口や源田らの訴えを聞いたはずだが、事を急ぎ、予定を延期しようとはしなかった。

草鹿龍之介は、戦後にこう述べている。

「源田参謀や山口多聞少将（兵学校で草鹿の一期上）が口角泡をとばして食いついても、すでに決まったことであるとして連合艦隊司令部は馬耳東風であった。私はあきらめていた。しかし、このあきらめたところに私の失策の第一歩があった。それは連合艦隊の計画がいかにまずくとも、一度機動部隊が出陣すれば、それこそ鎧袖一触なにほどのことがあるという、口には出さないが、自惚《うぬぼれ》心と驕慢《きょうまん》心であった」

源田実もおなじく、このころ、「連合艦隊の計画がいかにまずくとも、米基地航空部隊であろうと米機動部隊であろうと、鎧袖一触だ」と思っていた。

東郷・秋山と山本・黒島・源田

昭和十七年（一九四二）五月五日、大本営海軍部は山本五十六連合艦隊司令長官に、ミッドウェーおよびアリューシャン西部要地（アッツ島、キスカ島）攻略の命令と、それに伴う軍令部総長指示を伝達した。

その矢先、遥か南の珊瑚海（ソロモン諸島南西方）で、日米機動部隊同士の初の決戦がおこなわれた。日本側が空母「瑞鶴」「翔鶴」の第五航空戦隊、米国側が空母レキシントン、ヨークタウンの第十七任務部隊である。

日本陸海軍は、ニューブリテン島の基地ラバウルを足がかりにして、ニューギニア南東部の豪州軍基地ポートモレスビーを、協同で攻略しようとしていた。ニューギニアの各要地攻略を容易にし、豪州本土北方海域を制圧して、米豪連合軍の豪州本土からの反攻を抑止する目的であった。

五月初めごろのポートモレスビーを中心とする南東方面の米豪空軍の第一線機は約二〇〇機と見られ、その中には足の長い重爆撃機B17、中爆撃機B26、軽爆撃機B25などが多数ふくまれ、強大な戦力となっていた。

MO（ポートモレスビー）作戦を指揮する南洋部隊指揮官兼第四艦隊司令長官の井上成美中将は、五月三日、ソロモン諸島南東部のガダルカナル島北側の小島ツラギに陸戦隊を上陸させ、これを無血占領して、飛行艇、水上機、艦艇の基地とした。

ところが、明くる五月四日早朝、米艦載機約八〇機の空襲をうけ、駆逐艦「菊月」、掃海艇二隻、駆潜艇一隻が失われた。

米海軍は日本海軍の暗号を解読して、第十七任務部隊のヨークタウンにツラギを攻撃させたのであった。

これで日本海軍が暗号を解読されていると知れば、ミッドウェー作戦も戦法を変えることができたであろう。

五月四日にラバウルを出港した陸軍の南海支隊三個大隊と呉鎮守府第三特別陸戦隊を乗せた一四隻の輸送船は、「青葉」以下重巡四隻の第六戦隊と第六水雷戦隊、それに軽空母「祥鳳」（一万一二〇〇トン）に護衛され、ポートモレスビーに向かい、平均時速六ノット半（約一二キロ）で、のろのろ進んでいた。ポートモレスビーまで三昼夜の予定である。

輸送船団は、米機動部隊に捕まれば全滅させられる運命にあった。

五月七日午前七時すぎ、米機動部隊が来襲する恐れありという情報をうけた攻略部隊の輸送船団と、直接護衛の軽巡「天龍」以下第六水雷戦隊は、ただちにまわれ右をした。

午前九時すぎ、米艦載機九十余機が来襲してきた。しかしこれらは輸送船団を攻撃せず、近くで間接護衛をしていた「祥鳳」に襲いかかり、「祥鳳」はたちまち撃沈された。

索敵機から敵空母発見という報告をうけ、「瑞鶴」飛行隊長の嶋崎重和少佐がひきいる攻撃隊が、その地点に急行した。ところが、それは索敵機の見誤りで、給油艦ネオショーと駆逐艦シムスであった。

やむを得ず攻撃をはじめ、シムスはすぐ撃沈したが、ネオショーはなかなか沈まなかった。沈んだのはだいぶ後であった。

山田定義少将（兵学校第四十二期）が指揮するラバウルの基地航空部隊第五空襲部隊（第二十五航空戦隊主力）は、零戦隊、陸上偵察機隊の台南航空隊、一式陸攻隊の第四航空隊、最上川丸の特務隊から成っていた。

おなじく五月七日、一式陸攻三一機は、珊瑚海を西進していたクレース英海軍少将が指揮する巡洋艦三、駆逐艦二の水上部隊にたいして、雷爆撃を加えた。

しかし、マレー沖海戦のようにうまくゆかず、命中がなかったばかりか、雷撃機四機が撃墜、三機が大破、三機が被弾、爆撃機三機も被弾という大損害をうけた。

ところが二十五航戦は、艦型不詳の戦艦一隻撃沈、重巡一隻大破と、誇大に、マリアナ諸島のテニアン島に位置する上部の第十一航空艦隊に報告した。その後、その戦果をさらに水増しした。

この誇大戦果報告が、連合艦隊司令部と軍令部に、「やはりわが航空部隊は強く、米海軍はたいしたことはない」という誤断を抱かせる一因となった。

「瑞鶴」「翔鶴」の日本機動部隊と、レキシントン、ヨークタウンの米機動部隊による珊瑚海海戦は、五月八日の午前におこなわれた。

双方とも早朝の同時刻に、約二二七カイリ（約四二〇キロ）先に相手を発見し、双方の攻撃隊とも同時刻の午前九時十五分に母艦を発進した。

北から南に向かう日本攻撃隊は零戦一八、艦爆三三、艦攻雷撃機一八の六八機、南から北に向かう米攻撃隊は戦闘機一五、艦爆三七、雷撃機二一の七三機。この兵力もほぼおなじである。

双方の主な戦果はつぎのようになった。

《日本軍》

レキシントン　爆弾二発命中、数発至近弾、魚雷二本命中、大破

ヨークタウン　爆弾一発命中、二発至近弾、魚雷命中なし、小破

（米海軍の記録による）

《米軍》

「翔鶴」　爆弾三発命中、八発至近弾、魚雷命中なし、発着艦不能

「瑞鶴」　スコール内に入り被害なし

大破のレキシントンは、その後ガソリンに引火する大爆発が二回起こり、夕刻手がつけら

れなくなり、味方駆逐艦の魚雷で沈められた。

ヨークタウンはレキシントンの飛行機も一部収容し、十分な戦闘力を持っていた。しかしどういうわけか、再度の偵察も攻撃もしようとしなかった。

双方とも、飛行機の損失は思いがけないほど多大であった。

日本側では、攻撃終了後に使用可能な飛行機は、艦爆九機、艦攻雷撃機六機、零戦二四機（母艦直衛機もふくむ）しか残っていなかった。「瑞鶴」では搭乗員の約四〇パーセント、「翔鶴」では艦爆飛行隊長の高橋赫一《かくいち》少佐以下約三〇パーセントも失った。米軍の母艦直衛機と対空砲火の威力が容易ならないものであることを思わせるものであった。

米側では、攻撃機三六機と戦闘機一二機が残っていた。彼らは日本軍ほど肉薄攻撃しないし、スコールの外にいた「翔鶴」一艦に集中したためのようであった。

ラバウル港の旗艦「鹿島」（のちに練習巡洋艦）で指揮をとっていた南洋部隊指揮官の井上は、帰ってきた攻撃隊を無疵《むきず》の「瑞鶴」に収容した第五航空戦隊司令官の原忠一少将から、

「ワレ北上ス」

という電報をうけとると、すぐ、

「攻撃ヲ止メ北上セヨ」

と電令を発した。

「サラトガ型（レキシントンのこと）」撃沈確実、「ヨークタウン型」沈没の算大という報告を受信していた柱島の「大和」の連合艦隊司令部は、敵艦載機の脅威もなくなった現況で、

なぜ追撃を中止したのか不可解であった。そこで第四艦隊司令部に、事情を報告せよと打電した。

ところがしばらくすると、その報告のかわりに、「ポートモレスビー攻略を無期延期する」という、ますます不可解な電報がきた。

陸攻隊の大戦果に気を強くしていた連合艦隊の幕僚たちは、井上は「祥鳳」一隻の沈没だけで臆病風に吹かれ、敗戦思想に陥ったと憤激した。

しかし、五航戦の被害状況、燃料不足、原司令官の立場を考えれば、追撃してヨークタウンを撃沈することを望むのは酷のようである。

結局、「祥鳳」が沈没し、五航戦も半身不随になっては、敵機がいっぱいの海域を輸送船団がポートモレスビーまで無事にゆけることは絶望的となり、MO攻略作戦も中止となった。

日米機動部隊同士の初の決戦は、六対四で日本の勝利と言えるものであった。しかし、ポートモレスビー攻略が失敗という点では米国の勝利であった。

珊瑚海海戦には、日本海軍がただちに取り入れるべき重要な戦訓が多数あった。
一、米豪連合軍は、豪州・ニューギニアからフィリピン方面に進もうとしている。そのためMO作戦を容易な支作戦としてとりかかったのは誤りで、一航艦の全力をあげ、米豪海空軍と戦うべきであった。
二、米海軍の戦意は旺盛で、日本艦隊に勇敢に攻撃を加えてくる。侮るべき相手ではない。

三、索敵が死命を制する。
四、米機動部隊の戦闘機と対空火器は威力があり、対策が必要である。この当時はわからなかったが、米空母はレーダーによって日本攻撃隊の接近を約七〇カイリ（約一三〇キロ）先で探知し、艦対空の無線電話で戦闘機隊を指導していた。
五、米雷撃機は二〇〇〇ないし三〇〇〇メートルという日本の倍以上の遠距離から魚雷を発射し、雷速も遅い。これは見張りと操艦で回避できる。
六、それに反し、米急降下爆撃機は、気づかぬところから急に爆弾を投下してくるし、命中率も低くない。これを防ぐには、味方の直衛（防空）戦闘機、対空火器は急降下爆撃機に焦点をしぼって戦うべきである。
七、敵飛行機にたいしては一発必中主義など通用しない。弾幕射撃が有効である。
これらのことは、「瑞鶴」「翔鶴」が内地に帰り、山本連合艦隊司令長官や伊藤軍令部次長の耳にも入った。しかし、連合艦隊司令部も第一航空艦隊も、仔細に検討してそれを実際に取り入れようとは、まったくと言っていいほどしなかった。

原司令官以下五航戦の幹部は、連合艦隊司令部に報告に行ったところ、多忙という理由で「大和」の舷門で面会を拒絶された。

「一航艦では、『妾の子でも勝てた』と評し、『精鋭を誇る一、二航戦をもってすれば、米空母などは問題にならない』と広言する者が多かった」

と、吉岡忠一一航艦航空乙参謀は、のちに語っている。「妾の子」とは、五航戦が編成されたのが昭和十六年九月で、一、二航戦より一年一〇ヵ月以上遅かったし、搭乗員の大部分が陸上航空部隊からきたからという。

『戦史叢書　ミッドウェー海戦』にはつぎのようなことが書いてある。

「五月中旬鹿児島において次期艦上戦闘機（のちの試作機『烈風』）の要求性能について一航艦の意見を求める研究会が行なわれた。会議後参会者の会食が行なわれた。その席上、一航艦参謀がその戦力にうぬぼれているような発言をするので、艦隊外の参会者の一部は、空母の脆弱性からみて慎重に作戦を指導すべきであると忠告した。ところが一航艦の幕僚は、『心配ありませんよ』と言ってほとんど耳をかさない有様であった」

これは、そのころ横須賀海軍航空隊の教官であった角田求士《つのだひとし》少佐（兵学校第五十五期、のちに中佐、戦後は防衛庁戦史室戦史編纂官）の戦後の回想である。

次期艦上戦闘機の性能について一航艦の意見を求めると言えば、この一航艦参謀は源田実中佐であろう。源田はすでに、米飛行機隊などは鎧袖一触と公言していたから、こういう大きな態度をみせても、不思議ではない。

だから源田は、珊瑚海海戦についても、

「幸にして珊瑚海の戦闘はわれに有利に経過したけれども我方は追撃の意欲足らず、作戦目的を達成出来なかったのだった。『戦闘に勝って、戦争に負けた』適例である。

……珊瑚海海戦を以て我軍の計画した第一段作戦は終わった。計画通り進まなかったものは、ポートモレスビー攻略だけである」

と、斬り捨て、一顧もしなかった。

珊瑚海海戦がおこなわれた五月八日の夕刻、大本営海軍部は軍艦マーチ入りで、同海戦の戦果を大々的に報じた。

「米戦艦カリフォルニア型一隻、甲巡ポートランド型一隻を撃沈、英戦艦ウォースパイト型を大破。米空母サラトガ型、ヨークタウン型各一隻を撃沈。米戦艦ノースカロライナ型一隻を中破、米中巡ルイスビル型一隻を大破。二万トン級給油艦を大破、駆逐艦一隻を撃沈。敵飛行機九八機を撃墜。

わが方の損害――小型空母沈没、飛行機二四機喪失」

実に驚くべき大戦果である。これが八日の夕刻に出されたことからすると、永野修身をはじめとする軍令部も、山本五十六をはじめとする連合艦隊司令部も、この戦果を額面どおりに信じたはずである。そのためもあって井上四艦隊司令長官や原五航戦司令官を臆病者よばわりしたらしい。

この大本営発表のうち、「米戦艦カリフォルニア型一隻、甲巡ポートランド型一隻を撃沈、英戦艦ウォースパイト型を大破。米戦艦ノースカロライナ型一隻を中破、米中巡ルイスビル型一隻を大破」は、ラバウルの司令官山田定義少将の第二十五航空戦隊が報告したものである。同戦隊の一式陸攻隊が五月七日に攻撃したのはクレース英海軍少将が指揮する水上部隊であり、正確には豪重巡オーストラリア、米重巡シカゴ、豪軽巡ホバートと駆逐艦二隻であった。しかも、どの艦も被害はなかった。

それを二十五航戦は針小棒大に報告したばかりか、未就役のノースカロライナ型の艦型まででつけている。まさにお化けであった。

千早正隆はこう言っている。

「マレー沖海戦の流れをくむ中攻隊が出撃すれば大戦果を挙げるという幻想が関係者の頭にあって、その幻想が報告された戦果を水ぶくれさせたとしか、考えようがない。それをチェックする立場にある大本営や連合艦隊司令部までが、同じ弊に犯されて部隊の報告を鵜呑みにしたと言うべきであろう。

それまで日本海軍の戦果発表は割り合いに正確であった。戦果が正当な裏付けなしに水増しされたのは、この時が最初であった。そして、そのような弊害はその後も長く続くことになる」

五航戦は米第十七任務部隊に辛うじて勝ったが、被害も思いもおよばなかったほど甚大であった。二十五航戦は戦果ゼロで、被害が甚大であった。

これが事実で、それを明確に認識できなかったことが、また一つの大きな禍根となる。

五月半ばのころだ。海軍省人事局別室に入ってきた源田一航艦航空参謀が、航空機整備員を担当する猪原《いはら》武雄機関少佐に談判をはじめた。

「こんどは実に大事な作戦だ。いい整備員が多くいる。整備員の学校から、教官でも教員でも、うんといいのをできるだけよこしてくれ」

猪原はすぐには承知しなかったが、そのうちに源田の熱弁に負けた。

「そこまで言われるなら、しょうがありません」

近くで聞いていた別室長の大井篤《あつし》中佐が声をかけた。

「ちょっと待った。それを取られたら、あとがつづかないよ」

大井は兵学校でも海軍大学校でも源田の一期上だが、そのうえ人一倍の理屈屋で、納得できなければテコでも動かないような男であった。源田はそれを知っているので、大井のところにゆかず、猪原のところに行ったらしい。

しかし、鼻っ柱の強い源田は、反発した。

「そんなことありませんよ。こんどやったら、あとはみないらんようになるんだから。つぎの戦争とか、計画なんていらんのですよ」

大井はあきれた。

「いやあ、つぎのパイロットや整備員を養成しなくちゃだめだよ」

「そうですか。人事局が聞かないと言うなら、私はこれから航本（海軍航空本部）教育部に行って交渉してきますから」

源田はそう言って、右手の中指と親指でパチッと音を立て、入口に向かった。

この当時、三月まで十一航艦参謀長だった大西瀧治郎少将が、航本の総務部長であった。

源田は教育部に行ってと言ったが、大西のことを匂わせ、圧力をかけようとしたのかもしれない。

ドアをひっぱった源田は、パターンと大きな音を立てて出て行った。

この別室は仮建築で、入口のドアは人事局のドアのように重くなかった。しかし、

「ドアが軽いこともあったかもしれないが、こんな風に驕っていたらダメだろう」

と大井は思った。


真珠湾の米海軍戦術情報班長ジョセフ・J・ロシュフォート海軍中佐は、五月十四日、部分的に解読した日本海軍の暗号電報の中に、「攻略部隊」と地点符字「AF」の字句を発見した。決め手となったのは、司令長官近藤信竹中将の第二艦隊（重巡部隊）が「AF攻略部隊」にあてた、つぎの電報であった。

「サイパン—グアム地区に直航し、来るべき作戦に備えて待機せよ」

ロシュフォートと、ニミッツ太平洋艦隊司令長官の情報参謀エドウィン・T・レイトン大佐は、AFはサイパンとグアムの地理的関係からミッドウェーだと推定した。

翌五月十五日、ツラギから発進した日本海軍の哨戒飛行艇が、ツラギの九八度（東やや南）四五五カイリ（約八四三キロ）、サンタクルーズ諸島北方を、一四ノット（約二六キロ）で西航している空母二、巡洋艦四、駆逐艦六の機動部隊を発見した。

一時間後、同飛行艇は、

「敵機動部隊変針、針路〇度、速力二〇ノット」

と再報告してきた。その地点からの○度（北）はナウル島の方向である。

この機動部隊は、日本本土を空襲したドーリットル飛行機隊を支援していたウィリアム・F・ハルゼー中将がひきいる空母エンタープライズ、ホーネットの第十六任務部隊で、日本の哨戒機に発見されたため、欺瞞《ぎまん》の行動をとったのであった。

しかし日本の連合艦隊は、その後その消息がつかめず、三和作戦参謀は、五月十七日の日誌に、

「ソロモン東方に十五日出現せる敵機動部隊は、其の後消息なし。シドニー（豪州南東岸）又はサモア（フィジー諸島の東北東）方面に退却したものと思はる」

と書いた。

こうして連合艦隊は、日本側がミッドウェーを攻略占領しても、米残存空母はすべて南太平洋にいて反撃に間に合わず、ミッドウェー方面に出現しないのではないかと予想するようになった。

ところが、ハワイのニミッツは、五月十六日朝、ハルゼーに、

「ハワイ海域に進むことを望む」

という極秘の親展電報を送り、ハルゼーは第十六任務部隊をひきいて、ハワイに向かっていたのである。

翌五月十七日、ニミッツは、第十七任務部隊の指揮官フランク・J・フレッチャー少将から、珊瑚海海戦で損傷した空母ヨークタウンをニューカレドニア（豪州東方の細長い島）の

ヌメア基地で調査したところ、真珠湾で修理できそうだという報告をうけ、非常に喜んだ。

ロシュフォート中佐は部下のジャスパーホルムズ元海軍大尉の、

「ミッドウェー基地からの平文《ひらぶん》で真水製造機が故障したという偽電を打てば、日本海軍が反応を示すだろう」

という提案をうけいれ、ミッドウェーから平文の偽電を打ってもらうようニミッツに意見具申をした。

ミッドウェー基地が、五月十八日に平文でそのような偽電を打つと、五月十九日、ウェーキ島の日本海軍基地が、「AFでは蒸留装置が破損し真水が欠乏している」と、暗号電報を発した。AFはミッドウェーにまちがいなかった。

米海軍はこのようにして日本海軍の暗号解読に成功し、連合艦隊のミッドウェー作戦の大要をつかむにいたったという。

ところが、この当時第二艦隊の通信参謀、のちに第三艦隊の通信兼情報参謀、最後に連合艦隊の情報参謀となった中島親孝元中佐は、その説は鵜呑みにできないと、つぎのように言っている。

「デービット・カーン著『コード・ブレーカー』によれば、一九四一（昭和十六）年にはすでに『JN二十五号暗号』（日本海軍のD暗号に対する米国側の呼称）の解読が一部できるようになっていたが、同年十二月四日に使用規程と乱数表が変更されたので、一時解読ができなくなった。四月下旬、ようやく解読できるようになり、翌五月初頭には約三分の一、使用頻度の高いものでは九十パーセントが解読できたということである。

いかにも正攻法で解読したようだが、同書には平文で、『ミッドウェーで真水が欠乏している』と打電して、『AF』がミッドウェーであることを確認したと書いてある。

暗号書は二冊制の暗号でも、地名なら『AF』などと訳さず、地名の符号だとしなければならない。それを『AF』と訳したというのは、向こうが日本海軍のD暗号書をどこかで入手して知っていたからだと思う。

その可能性が高いのは、昭和十七年一月、豪州北西岸のポート・ダーウィンふきんで撃沈された『伊一二四潜』からということになる。同艦から引き揚げた通信関係の文書を米軍に引き渡したということを戦時中聞いたことがある。

また同年二月、ウェーキ島をハルゼーが空襲した（二月二十四日、空母エンタープライズの機動部隊）とき、日本の監視艇を捕らえて暗号書を入手したという説もある。

戦後の研究家の中には、ミッドウェー海戦の敗因のすべてを、暗号を解読されたことに因るとして、『暗号を解読されたら戦略も戦術もあったものではない』などと言う者があるが、実際にはどうであろうか。

この作戦は内地で作戦全般を示すような電報はなかったと記憶する」

暗号が解読されていたのは事実だが、実状は通説そのままではないようだ。

連合艦隊司令部も第一航空艦隊司令部も自信過剰になっていたうえに、ミッドウェー攻略作戦中は米機動部隊が出現しそうもないと判断される情勢になったため、南雲機動部隊全体が弛《ゆる》んだ気分で出撃準備を進めていた。ハワイ奇襲作戦のばあいとは雲泥の差だった。

各空母はそれぞれの母港で、五月二十一日ぐらいまでに、燃料、兵器、弾薬、糧食、酒保物品などをしこたま積みこんだ。ミッドウェー作戦につづき、フィジー、サモア、ニューカレドニア方面まで遠征するというので、糧食は倉庫満載のうえに、各通路の片側に、天井までぎっしり積み重ねられた。

ハワイに出撃するときは私有品を陸揚げしていたが、それもぜんぶ搭載し、平時の演習に出るのとまったくおなじであった。

多くの者が機密を守らなくなり、つぎの作戦はミッドウェー攻略だという噂が世間に流れ、軍港都市では知らない者が少ないくらいになっていた。

山本五十六以下リーダーたちの心理や言動から発生したものであろう。

ミッドウェー攻略作戦の主力となる南雲機動部隊は第一機動部隊と称することになり、編制はつぎのとおりとなった。

《空襲部隊》

（第一航空戦隊）「赤城」「加賀」　（第二航空戦隊）「飛龍」「蒼龍」　（第五航空戦隊）

「瑞鶴」「翔鶴」

《支援部隊》

（第八戦隊）重巡「利根」「筑摩」　（第三戦隊）高速戦艦「霧島」「榛名」
《警戒隊》
（第十戦隊）軽巡「長良」・第十・第十七駆逐隊　（第四水雷戦隊）第四駆逐隊
《補給部隊》
特務艦（補給船）旭東丸・神国丸・東邦丸・日本丸・国洋丸

ただ、珊瑚海海戦を戦い、損傷・消耗が多大であった第五航空戦隊は内地で再建をはかり、ミッドウェー作戦には参加しないことになった。作戦実施を急ぐのと、なくてもなんら支障はないという判断のためである。

第二航空戦隊の旗艦は五月八日から「飛龍」になっていた。

米海軍が太平洋で直ちに使用できる空母は、ウィリアム・F・ハルゼー中将がひきいる第十六任務部隊のエンタープライズとホーネット二隻だけだった。

珊瑚海海戦で損傷したヨークタウンは、修理に三ヵ月かかるだろうと見られていた。一月十二日に日本の潜水艦に雷撃されて損傷したサラトガは、まだ修理中である。

しかも連合艦隊は、エンタープライズとホーネットは、沈没したレキシントンと、沈没したか大破したヨークタウンの穴埋めに、オーストラリア（豪州）かサモア方面に行っているようだと推定していた。

五航戦がなくてもなんら支障はないと判断したのは当然であった。

しかし、このように推定、判断したところに致命的な隙《すき》が生じた。

軍令部や連合艦隊は、米海軍の通信量が五月中旬から増加し、その情況からすると、米海軍がなんらかの動きをはじめたらしいことを知った。

ニミッツがハルゼー部隊をハワイ海域にひき返させることにした。ヨークタウンが修理のためにニューカレドニアから真珠湾に回航することになった。日本海軍のミッドウェー攻略作戦を知ったニミッツが、ワシントンのキング作戦部長との交信をふやした。こうしたことがそこにふくまれていた。

ところが連合艦隊は、ミッドウェー攻略はハワイ奇襲のばあいと同様に奇襲に成功するだろうし、攻略作戦中に米空母が出現することはあり得ることではなく、ミッドウェー島を攻略占領しても、米空母は反撃に出られないのではないかとさえ考えていた。

そのためにこの通信情報を得ても、まったく無視して、検討しようとしなかった（黒島先任参謀の戦後の回想）。

幕僚ばかりか、総帥の山本五十六も、

「こんどはたいした獲物はないだろう」

と口にした。それを耳にした第二艦隊（司令長官近藤信竹中将の重巡部隊）参謀長の白石万隆少将は、奇異に感じたという。

米国で日本大使館付武官をやり、米国海軍や米国民をよく知っているはずの山本からして、このありさまだった。

山本は第一（南雲）機動部隊が柱島から出撃した海軍記念日の五月二十七日（明治三十八

年〈一九〇五〉のこの日、東郷平八郎大将がひきいる連合艦隊が、対馬《つしま》海峡にロシアのバルチック艦隊を迎え撃ち、これを撃滅して、日本を勝利にみちびいた）、東京にいる愛人の新橋芸者河合千代子に、手紙を書いた。

「……私の厄を皆ひき受けて戦ってくれてゐる千代子に対しても（山本は堪えきれないような心労を、千代子によって慰めていたらしい）、私は国家のため、最後の御奉公に精根を傾けます。その上は――万事を放擲して世の中から逃れてたった二人きりになりたいと思ひます。

二十九日にはこちらも出撃して、三週間ばかり洋上に全軍を指揮します。多分あまり面白いことはないと思ひますが。今日は記念日だから、これから峠だよ。アバよ。くれぐれもお大事にね。

　うつし絵に口づけしつつ幾たびか
　　千代子と呼びてけふも暮しつ」

このうち、「二十九日からこちらも出撃して、……洋上に全軍を指揮します」という文は、連合艦隊の最高機密をバラしていると言えるものである。

「多分あまり面白いことはない」もそれに類するが、これは「こんどはたいした獲物はないだろう」とおなじく、米空母部隊が出現しないだろうから、真珠湾攻撃やマレー沖海戦のような大戦果は挙げられない、という意味であろう。

「今日は記念日だから、これから峠だよ」は、東郷艦隊はバルチック艦隊を撃滅するためにこの日対馬海峡に向けて出動したが、山本艦隊もそれにあやかり、これから出動して、大戦果を挙げたいということであろう。

念のためにつけ加えるが、「うつし絵」は写真である。

しかし、必勝の信念が固く、死を決して連合艦隊の先頭に立ち、ロシア艦隊に突撃、肉薄して行った東郷と、こういう山本は、ちがいがありすぎるようである。

幕僚にしても、東郷の先任参謀秋山真之中佐は、私心や山気《やまき》がなく、「一分の隙」「一抹の不安」も残さないほどの作戦計画を案出する参謀で、黒島先任参謀や源田航空参謀とは、根本からちがっていた。

東郷と秋山に似ているのは、むしろ東郷を尊敬するニミッツと、その情報参謀レイトン、あるいはロシュフォートのほうであった。

米海軍の用兵思想は、山本五十六や源田実が「航空主兵・戦艦無用」に偏っているのにたいして、国力が大であるにしても、「航空・戦艦両用」で、バランスがとれていた。

米海軍が、もし山本や源田とおなじく、「戦艦無用」と考えるのであれば、戦艦建造を中止し、その分、空母と飛行機を増産すればよいはずだが、そうはしなかった。

昭和十七年四月ごろの米海軍の軍備増強ぶりは、つぎのようなものだった。

真珠湾で沈められ、あるいは大破された旧式戦艦の大部分は、修理、改造され、とくに対空火器が強化されて、復役した。

開戦前に竣工、就役した四万二〇〇〇トン、四〇センチ砲九門のノースカロライナとワシントンの新鋭戦艦は、速力が三〇ノット（時速約五五キロ）近く出て、高速空母とも協同作戦ができる。これらと拮抗《きっこう》すると見られる「長門」「陸奥」は、約四万三六〇〇トン、四〇センチ砲八門だが、速力が二五ノット（時速約四六キロ）までしか出なかった。

開戦後には、ノースカロライナ、ワシントンと同クラスのサウスダコタ、インディアナ、マサチューセッツがいち早く就役し、昭和十七年四月ごろにはアラバマが艤装を進めていた。このほかさらに、五万二〇〇〇トンという大型のアイオワ級戦艦四隻の建造も進められていた。

空母のほうは、開戦前にレキシントン、サラトガ、エンタープライズ、ヨークタウン、ホーネットの五隻ができていて、これらが昭和十七年二月はじめから、太平洋を荒らしまわっていた。

この時点で、三万三〇〇〇トンのエセックス型六隻、一万三〇〇〇トンのインデペンデンス型六隻を建造中であった。

飛行機は、日本の一〇倍の生産力に物を言わせ、日本が逆立ちしても及ばない勢いで大増産されつつあった。

これからすると、一年後には、日米海軍の総合戦力差は、日本側にとってどうにもならないものになりそうだった。

それならば、米海軍がなぜ戦艦兵力を増強したかである。

第一に、空母と協同作戦をすることは、攻守いずれにしても、相互にとってプラスである。

第二に、上陸作戦の場合には、制空権下で輸送船を護送するとともに、艦砲射撃で敵陣を壊滅する。

第三に、日本海軍が望むならば、戦艦主力の艦隊決戦をおこない、雌雄を決する。

これが主な理由であった。

のちのことになるが、戦艦兵力を増強したことは、米海軍ばかりか米陸軍、ひいては米国にとってもむだではなかったことが実証された。

とくに、サイパン、レイテ、硫黄島、沖縄などの上陸作戦で、米戦艦隊は制空権下で猛威をふるった。

沖縄防衛に当たった陸軍の総指揮官牛島満中将は、

「戦艦一隻は陸軍七個師団に匹敵する」

と嘆いたと言われている。

摩訶不思議な主力部隊出動

　五月二十五日、連合艦隊司令部は、旗艦「大和」に柱島在泊艦隊の司令長官、司令官、各参謀、不在艦隊の参謀長を集め、ＭＩ、ＡＬ作戦の図上演習、兵棋演習と、作戦打ち合わせをおこなった。

　ミッドウェー作戦の演習は、第一機動部隊がミッドウェー島を空襲する六月四日（実際には一日遅れて五日になる）の情勢から始めず、攻略部隊がミッドウェーを攻略したつぎの日（六月八日以後）の情勢から開始された。

　青軍（日本軍）はミッドウェーの北方に第一機動部隊、その西方に主力部隊（山本五十六が直率する戦艦隊中心部隊）、赤軍はハワイのオアフ島の南東四五〇カイリ（約八三〇キロ）に主力部隊と空母部隊がいて西方に急進中、という状況から立ち上がった。

　航空戦は、北西から南東に進む空母四隻の第一機動部隊と、南東から北西に進む空母二隻の米機動部隊が、二〇〇カイリ（約三七〇キロ）の間隔で、おのおの飛行機隊を発艦させて戦うというものである。

その結果、青軍は空母一隻沈没、二隻損傷、赤軍は空母二隻沈没、全滅となった。

打ち合わせの席で、現計画（源田実参謀の立案）では索敵に隙があり、不十分という指摘があった。また主力部隊の位置が第一機動部隊の六〇〇カイリ（約一一一〇キロ）も後方では支援ができないのではないかと、第五艦隊（重巡主力の部隊）参謀長の中沢佑《たすく》大佐が問いただした。

青森県大湊に在泊中の第五艦隊はAL作戦に出動するが、その旗艦重巡「那智」から出張してきた中沢は、このときのことをこう語っている。

「打ち合わせも、山本長官挨拶のあと、宇垣参謀長および黒島首席参謀より、作戦計画の概要について説明があったにすぎない。

作戦目的はMI島の攻略に重点をおき、敵艦隊出撃せば、鎧袖一触、一挙にこれを撃滅するとの自信満々たるもので、敵出現にたいする判断に欠けているようだ。

MI作戦主力部隊（山本直率の戦艦中心部隊）と機動部隊の航行序列はきわめて粗大で、その距離は六〇〇カイリもある。私が、

『この警戒航行序列はあまりにも広大でかつ荒く、敵の索敵兵力が潜入したり、わが方として敵を見落とすおそれがあるので、もっと緊縮してたがいに協力しやすくする必要があるのではないか』

と強調したところ、黒島首席参謀は、

『これで大丈夫、変更する必要はない』

と答えた。

また草鹿龍之介第一航空艦隊参謀長は、

『機動部隊は主力部隊の支援を期待しておらぬ。自《みずか》ら敵を索め、敵出現せば独力でこれを撃滅する。主力部隊は適宜続航すればよろしい』

と自信過剰の発言をした」

機動部隊と主力部隊の距離はのちに三〇〇カイリに短縮された。しかしそれでも似たようなものである。

源田実は、それをつぎのように評している。

「母艦部隊が三〇〇カイリ前方で決戦を交えているとき、それを支援しようとして主力部隊が全速力で進撃しても、自分の大砲が敵にとどくようになるには少なくも一五時間かかる（時速二〇ノットで）。

母艦群の戦闘は、両軍の主攻撃隊がたがいに一撃加えれば、勝敗の大勢は決してしまうのが通例で、せいぜい長くて六時間程度である。

したがって、機動部隊の勝敗が決した時に、主力部隊はなお二〇〇カイリも後方にいるわけだ。これでは支援しようにも手の施しようがない。

……もっとも無難な配備は、主力部隊と機動部隊を一つにして、全兵力を母艦群の周囲に配すべきであったと思われる」

高速の空母群の周りに低速の戦艦部隊を配して、協同の戦闘ができるかという疑問はあるが、あとはそのとおりであろう。

山本直率の主力部隊がこんなバカなことをするワケについては、真珠湾攻撃のときとおなじく、戦闘に参加しているカッコウをして、加棒や勲章にあずかるためだという説が強い。それならば、出てゆかずに柱島にいて、情報を機動部隊に送るほうがよほどいい。なにしろこれはまことに歴史的な大愚策にちがいない。

打ち合わせ会では、さらに二つの問題が提起された。

一つは、ハワイとミッドウェー間に進出して、米艦隊の出動を監視する潜水戦隊の準備が遅れ、六月四日以降にならなければ、指定散開線を張れないことであった。

ところが連合艦隊は、米艦隊のハワイ出撃は、あるとしてもミッドウェー島攻略後だと判断していて、監視も攻略作戦も変更しなかった。

二つ目は、第一機動部隊の出撃が、飛行機の部品が間に合わず、一日遅れて、五月二十七日になることであった。

しかし連合艦隊も第一機動部隊も、ミッドウェー島空襲は一日延期しても、その他の作戦計画を変更しようとしなかった。

第二艦隊通信参謀の中島親孝少佐が発言した。

「六月四日には攻略部隊の輸送船団がミッドウェー基地の敵機の哨戒圏内に入り、発見されます。そうすると、五日の機動部隊のミッドウェー空襲も察知されて、対策を講じられます。

ですから、攻略作戦を一日延期して、輸送船団が敵機の哨戒圏に入るのも六月五日とすべきだと思いますが」

宇垣参謀長が答えた。

「その必要はない」

「しかしそれでは、機動部隊の飛行機隊は、ミッドウェー基地の敵機がすべてわが方の輸送船団攻撃に発進したあとのカラを撃つことになると思います」

「そのようなことはない」

討論はこれで打ち切られた。

黒島先任参謀と第二艦隊の白石参謀長は、戦後、

「連合艦隊は、この船団が発見されれば、敵機動部隊の誘出に役立つと考えていた」

と語っている。

だが、米機動部隊の誘出なら、一日遅れても支障はなかったはずである。

連合艦隊のこの頑冥《がんめい》さは、こうと思いこむと、他人の言うことはすべてロクなものではないと決めてかかるような山本五十六の性格と、事を急ぎに急ぐ考え方によるものではなかったか。

草鹿参謀長の心配が一つあった。空母のアンテナは受信能力が小さく、敵通信の傍受が十分にできないので、敵情がわかりにくいことであった。そこで宇垣連合艦隊参謀長と話し合い、重要な作戦変更は連合艦隊司令部から指示してもらうことにした。

第一機動部隊は、出撃前日の五月二十六日、柱島泊地の旗艦「赤城」で、作戦計画の説明と作戦打ち合わせをおこなった。

二航戦司令官の山口多聞少将は、機動部隊司令部計画の索敵では不十分であると主張した（元軍令部員三代一就＝旧名辰吉＝大佐談）。要するに索敵機の数が少ないと言うのである。しかし同司令部は、計画を改めようとしなかった。

索敵計画を立案した吉岡忠一航空乙参謀は説明した。

「これまでの敵情からすれば、ミッドウェー攻略作戦中に、敵艦隊がミッドウェー方面に出現することは、ほとんど考えられません。

索敵を厳重にするのがよいことはわかりますが、それには艦攻を使わなければならないので、攻撃兵力が減ることになります。

このさいは司令部案（南から東、北にかけて七機の索敵機を出す）でよいと思います」

この点は源田もおなじ、というより、源田の情況判断、用兵思想に従って吉岡が立案したものであろう。

これに関連して、源田は、

「私は、いちどミッドウェーの東北方面に出て、東半円に対する索敵をやり、東正面にたいする不安を除いたあとに南西方向に進撃して、ミッドウェー空襲をやりたかった。

しかし時日の関係で、それができなかった。結局、ミッドウェーの西北方から予定の日に空襲を実施するという平凡なものになってしまった。

計画を終わってからも、自分ながら自信が持てなかった。『攻撃計画には自信がない』などとは誰にも言わなかったが、内心の不安は打ち消せなかった。

しかし真珠湾からラバウル、インド洋に至る一連の成功から、

『こんども成功するだろう。真珠湾やセイロンの攻撃だって不安はあったのだ』

という自己満足的なものがあって、不安にたいして徹底的な『メス』を入れなかった。

『臆病者』と罵《のの》しられても、さらに深い検討を加え、必要な意見具申もすべきであった」

と言っている（『海軍航空隊始末記　戦闘篇』参照）。

しかしこの説明は、例によって自分をよく見せるための詭弁《きべん》のようである。

なぜなら、それほど東正面が不安であったならば、実際の場面で索敵機数をふやし、厳重な索敵を実施したはずだが、機数もふやさず、「気休め」の気分で索敵をやらせていたからである。

「気休め」の気分というのは、米機動部隊がいるわけはないが、いないことを確認する意味でということである。

吉岡忠一元参謀は、平成二年（一九九〇）六月七日、神戸の彼の会社で、私に、

「気休めの索敵だった」

と、二度にわたって明言している。

また、索敵機数をふやし、厳重な索敵をするように指導しても、誰も「臆病者」などとは

言わないし、思いもしないにちがいない。

源田は、米海軍を見くびり、

「艦爆と艦攻雷撃機の大兵力を集中すれば、一挙に敵を撃滅できるし、上空警戒機（防空戦闘機）を多数集中すれば、敵の航空攻撃は阻止できる」

という考えに凝り固まり、索敵と防空を軽視していたのであろう。

不覚の敵情判断

第一機動部隊は、昭和十七年（一九四二）五月二十七日午前四時、瀬戸内海西部の柱島泊地を出撃し、ミッドウェーに向かった。この日は海軍記念日だが、ハワイに向けて単冠湾を出撃したときの研ぎ澄まされたような神経と、決死の気魄《きはく》は消えていた。

気温が低い霧雨の中、南雲忠一中将がひきいる機動部隊は、第十戦隊の軽巡「長良」、第十駆逐隊「秋雲」以下四隻、第十七駆逐隊「谷風」以下四隻、第四駆逐隊「野分」以下四隻の警戒隊一三隻を先頭に、豊後水道から南下した。

第一航空戦隊の「赤城」「加賀」、第二航空戦隊の「飛龍」「蒼龍」の空襲部隊が基幹である。第八戦隊の重巡「利根」「筑摩」と第三戦隊第二小隊の高速戦艦「霧島」「榛名」の支援部隊がその両側を進んでゆく。補給部隊の給油船五隻とは、五月三十一日に洋上で会合する予定である。

アリューシャン方面にゆく第四航空戦隊の空母「龍驤」「隼鷹」と重巡「高雄」「摩耶」、

駆逐艦三隻は角田覚治少将にひきいられ、前日の五月二十六日、青森県の大湊を出撃した。

五月二十八日には、陸軍の一木《いちき》清直《きよなお》大佐指揮の一木支隊三〇〇〇人、海軍の大田実少将指揮の第二連合特別陸戦隊二八〇〇人のミッドウェー攻略部隊が、一二隻の輸送船に分乗し、田中頼三《らいぞう》少将がひきいる第二水雷戦隊の軽巡「神通」と駆逐艦一一隻に護衛され、マリアナ諸島のサイパン島を出た。

同日、栗田健男中将がひきいる第七戦隊の重巡「熊野」「鈴谷」「最上」「三隈」と駆逐艦二隻が、おなじくマリアナ諸島のグアム島を出て、ミッドウェー攻略部隊の掩護に向かった。また同日、アリューシャン作戦総指揮官の細萱《ほそがや》戊子郎《ぼしろう》中将は、第五艦隊の重巡「那智」と駆逐艦二隻をひきいて大湊を出撃した。

五月二十九日には、第二艦隊司令長官近藤信竹中将が、重巡「愛宕」「鳥海」「妙高」「羽黒」と第三戦隊第一小隊の高速戦艦「金剛」「比叡」、第四水雷戦隊の軽巡「由良」と駆逐艦七隻、それに空母「瑞鳳」と駆逐艦一隻をひきいて、柱島泊地を出た。この部隊は、サイパン、グアムからの攻略部隊と合同することになっている。

同日最後に、山本五十六連合艦隊司令長官直率の戦艦「大和」「長門」と、第一艦隊司令長官高須四郎中将がひきいる戦艦「伊勢」「日向」「扶桑」「山城」、また第九戦隊の軽巡「北上」「大井」、第三水雷戦隊の軽巡「川内」と駆逐艦一二隻、第一水雷戦隊の駆逐艦八隻、さらに空母「鳳翔」と駆逐艦一隻、特務艦「千代田」「日進」が、近藤部隊につづいて柱島泊地を出撃した。これらの主力部隊は、前記したように、南雲部隊の後方約三〇〇カイリを進むことになっている。
この全軍は連合艦隊の総力に近く、米太平洋艦隊の全軍もはるかにおよばない大軍である。ただ、山本がひきいる主力部隊が機動部隊の後方三〇〇カイリを進むというのは、実戦に何の役にも立つものではなかった。

ハワイのチェスター・W・ニミッツ太平洋艦隊司令長官からハワイ回航を命ぜられたハルゼー中将の第十六任務部隊は、南雲機動部隊が柱島泊地を出撃した五月二十六日の昼ごろ、真珠湾に入港した。日本の連合艦隊、第一機動部隊、軍令部などの判断とまったく反対であった。

このころハルゼーは皮膚病にかかっていたので、同部隊の巡洋艦戦隊の指揮官であったレイモンド・A・スプルーアンス少将が、ハルゼーに代わって指揮官に任命された。スプルーアンスは空母の経験はなかったが、ハルゼーとニミッツに適材とみこまれ、抜擢《ばってき》されたのである。

珊瑚海海戦でレキシントンを失い、ヨークタウン一隻となったフランク・J・フレッチャー少将の第十七任務部隊も、五月二十七日午後二時少しまえ、真珠湾に到着した。ヨークタウンの損傷は完全に修理するには九〇日ていどは必要とみつもられた。

真珠湾のジョセフ・J・ロシュフォート中佐を長とする米海軍戦術情報班は、五月二十六日までに、日本海軍の暗号電報解読によって、連合艦隊各部隊の兵力、指揮官、予定航路、攻撃時期などの概要をつかんだ。

五月二十七日朝、ロシュフォートから報告をうけたニミッツは、南雲部隊の空母は四ないし五隻、来攻時期は六月三日から五日のあいだ、来攻方向はミッドウェーの北西、日本軍の上陸は六月六日以降と推定した。

ニミッツから判断を述べるように言われた情報参謀のエドウィン・T・レイトン大佐は、かなりの自信をもって答えた。

「私のすべてのデータを要約すると、日本の空母はおそらく六月四日（日本時間で六月五日）の午前七時ごろ（日本時間で午前四時ごろ）、ミッドウェーからの方位三二五度（北西やや北）、距離一七五カイリ（約三二四キロ）に現われるだろうと思います」

ニミッツは、ミッドウェーに来攻する日本艦隊を攻撃させるために、まずスプルーアンスの第十六任務部隊を五月二十九日に真珠湾を出港させた。フレッチャーの第十七任務部隊にたいしては、ヨークタウンをたった三日間で応急修理させ、五月三十一日に同湾を出港させた。

源田実は、五月二十五日に、「大和」でおこなわれた図演の折の、連合艦隊と第一機動部隊の米海軍にたいする判断について、

「……この図演は、その出発点において二つの大きな誤りを犯していた。

第一は、わが軍の機密は暗号の解読によって相当の部分が敵側に漏れていたのに、わが軍は自分たちの機密は完全に保たれていると誤判断していた。

第二は、開戦以来の戦闘経過から推して、敵側の戦意はきわめて低いと思っていた」と述べている。源田自身もこのとおりに信じ、疑うことはなかったのである。

ところが、米海軍は暗号解読によって南雲機動部隊の機密の概要を知り、スプルーアンスとフレッチャーの機動部隊は、桶狭間に向かう織田信長軍のように闘志に満ちていた。

第十六任務部隊は旗艦空母エンタープライズとホーネット、巡洋艦六隻、駆逐艦九隻で、第十七任務部隊は旗艦空母ヨークタウン、巡洋艦二隻、駆逐艦六隻であった。

両部隊は、六月三日に北緯三二度、西経一七三度の予定会合点で合同する。ミッドウェーの北東約三二五カイリ（約六〇〇キロ）の「ラック・ポイント」と名づけられた地点である。

両部隊の指揮官は先任のフレッチャーだが、フレッチャーとスプルーアンスは、ニミッツから、ミッドウェーに接近する日本機動部隊の東北東寄りに位置して、日本機動部隊の罠《わな》に嵌《はま》ることなく、先手を取ってその横側から鋭く奇襲をかけるようにと指示されていた。

日本海軍の第五潜水戦隊の潜水艦八隻が、ミッドウェーとハワイ間の散開線に到着するのは、六月四日以降の予定で、そのとき、米両機動部隊は、二日以上も前に通過していることになる。連合艦隊司令部の指示が遅れたためである。

第一機動部隊出撃の夜、「赤城」艦攻隊飛行隊長兼一航艦攻撃隊総指揮官の淵田美津雄中佐は、私室で腹部に激痛を起こし、駆けつけた軍医長玉井軍医中佐に盲腸炎と診断されて、切開手術と決まった。

淵田はミッドウェー作戦が終わるまで、何らかの方法で患部をおさえてくれるよう、玉井に頼んだ。

そこに源田参謀が現われ、

「こんどの作戦なんぞ気に病むな。貴様が無理せんでも、鎧袖一触だ。それより、おつぎの米豪遮断作戦では、またひとつシドニー空襲を頼むよ」

と、威勢よく言って、元気づけた。

観念した淵田は、病室に運ばれ、手術台に乗せられた。

手術の経過はよく、翌五月二十八日は絶食させられたが、一ヵ月近くわだかまっていた腹のしこりが取り去られ、気分は爽快になっていた。

ところが、淵田を元気づけた源田が、まもなく風邪をひいた。

「……私自身が高熱を出し、すんでのところで、肺炎になるところだった」

と、源田はその著『風鳴り止まず』に書いている。

ところが、源田と常に行動を共にしていた吉岡忠一元参謀は、

「昭和四十年代中ごろ、東京で魚雷関係の会があったとき、航空魚雷の専門家だった愛甲《あいこう》文雄さん（元大佐）から、

『源田はミッドウェー作戦中、寝ていて艦橋にいなかったそうだね』

と言われ、びっくりした。

僕は『そんなことはない』と否定して、よく説明し、手紙まで出した。

仮に風邪をひいたとしても、大事なときに寝こんで艦橋に出てこないなんて、そんな腰抜けは海軍士官にいないでしょう。源田さんが風邪をひいて寝こんでいたから、ミッドウェーの失敗はみな南雲さんの責任だということになったら、南雲さんに済まんですよ」

と、断定的に言う。

源田が肺炎になりかけて寝こんだのか、あるいはミッドウェー作戦失敗の責任を回避しようとして風邪を誇大に言い触らしたのか、いずれであろうか。

五月三十日、宇垣連合艦隊参謀長は、日記『戦藻録』に、

「わが攻略軍輸送船隊の前程あるいは付近と認むべき敵潜水艦、長文の緊急信をミッドウェーに発せり、わが輸送船隊等を発見し報告せるものとせば、敵の備うるところとなり、獲物《えもの》かえって多かるべきなり」

と、ライオンが縞馬《しまうま》の群れでも狙うように書いた。

ところが、翌日の五月三十一日には、こう書いている。

「アリューシャン方面、布哇《ハワイ》群島方面共に敵飛行機潜水艦の活動頻繁にして、緊急信の交信従来に例を見ず。自主的企図にあらずして、我行動偵知に基く対応と思考されるかど寡《すくな》からず。

……最も悪しきカードはサイパンを出撃せる輸送船隊及び護衛部隊の被発見なり。針路兵

力よりしてミッドウェー方面に向う事を判知し得べし。敵艦隊の撃滅には誘引となるも、潜水艦の集中は有り難からず」

このころ、第一連合通信隊では、米空母部隊のハワイ出撃を思わせるような気配を諜知《ちょうち》して警報を発したという。連合艦隊司令部では、そのときは注意を払っていなかったらしい。『戦藻録』には、のちに「六月八日暇を得て誌《しる》した」ということで、六月五日の欄に、つぎのようなことが書かれている。

「敵の有力なる機動部隊は、五月三十日に布哇を出港せるの算多きは同日以後多数飛行機の同方面飛行に依り認め得る処なり」

連合艦隊司令部が、いかに情報に鈍感で、そのために大禍を招いた好例のようである。

第一連合通信隊は、昭和十六年（一九四一）五月十五日、東京海軍通信隊（海軍省近辺）と大和田《おおわだ》通信隊（埼玉県新座南方の平林寺近辺、傍受専門）によって編成され、連合艦隊に編入された。

横須賀、呉、佐世保、舞鶴の各鎮守府などの所属する通信隊を指揮して、通信全般の能率を上げることが目的であった。軍令部特務班（情報）長がその初代司令官を兼任したが、とくに通信諜報に力を入れるためであった。

連合艦隊命令では、

「第一連合通信隊の対敵通信の主目標を敵機動部隊の情報偵知とし、併せて敵の為すことあるべき味方部隊動静偵知に関する情報諜知に努むるものとす」

となっている。

しかし、連合艦隊司令部も軍令部作戦課も、米海軍とは反対に、情報をバカにして、ほとんどかえりみなかった。

マーシャル諸島のクェゼリン島に進出していた第六艦隊（潜水艦部隊）旗艦軽巡「香取」内の同艦隊特信班は、六月二日夜（現地時間六月二日夜）、米機動部隊の空母と搭載機との通信電波をキャッチした。

六艦隊特信班の依頼をうけたマーシャル諸島の第六通信隊が、クェゼリン、ウォッゼ、ヤルート各島の方位測定所によって連合測定したところ、敵空母の位置はミッドウェーの北北東一七〇カイリ（約三一五キロ）と推定された。

六艦隊通信参謀高橋勝一少佐（中島親孝少佐と同期の兵学校第五十四期）は、六艦隊司令長官小松輝久中将にとどけ、六月四日午前一時（現地時間六月三日午後十時）、緊急信をもって、軍令部、連合艦隊、第一航空艦隊など宛に打電した。

そしてこの電報が東通放送（東京通信隊放送）にかかったことを確認した。

東京通信隊は、緊急信など重要な電報を受信すると、すぐ海軍全般にそれをくり返し発信する。したがって、駆逐艦でも潜水艦でも、東通放送だけは受信しているから、所要の向きもそれを受けたと考えられる。

中島親孝元中佐は、

「しかし、連合艦隊司令部では、この電報にたいして注意を払っていなかったらしく、『戦藻録』には何も述べられていない。第一航空艦隊司令部では、この電報を受信していないと言うが、東通放送を受信していないはずはないから、注意を払わなかったということであろう。一航艦の空母はミッドウェーでぜんぶ沈んだため、記録は何も残っていないので、『そんなものは受信していない』と言ったのかもしれない。

戦後に黒島連合艦隊参謀が、

『連合艦隊特信班が米空母をミッドウェーの北北東に測定した。山本長官が第一航空艦隊に知らせる必要はないかと言われたけれども、第一航空艦隊の特信班のほうが有力であるから大丈夫と思いますと言って、無線封止中でもあり発信に反対した』

と述べている。艦上の特信班が発信源の位置を測定することは不可能だから、第六艦隊からの情報の記憶ちがいかとも考えられる」

と言っている。

連合艦隊司令部や一航艦司令部の独善的で情報を侮る性格からすれば、あるいはそのとおりだったかもしれない。

第一機動部隊は、六月三日午前、計画どおりミッドウェーを空襲するために、右に大変針しなければならない地点に達した。しかし濃霧のため、全部隊に変針を信号することができなかった。さりとて無線を使えば、米軍に自分の所在をバクロすることになりかねず、大問題となった。

草鹿参謀長は通信参謀の小野寛治郎少佐に質《ただ》した。

「微勢力で、敵に洩《も》れることはないか」

「なんとも言えません」

小野は自信がないようであった。

だが、意を決した草鹿の進言をうけた南雲司令長官は、午前十時三十分、変針を電令した。大変針を安全におこなうため、午後零時に一〇〇度（東南東）、午後一時十五分に一三五度（南東）と二度変針し、ミッドウェーに向首するのである。

源田実は、このときのことを、つぎのように語っている。

「……私はこのとき、数日前からの高熱で自分の部屋で臥《ふせ》っていた。一時は肺炎になるのではないかと気遣われたほどだったので、大事な空襲当日に備えて、自室で静養していた。その私の部屋に、通信参謀の小野寛治郎少佐が飛び込んできた。

『変針下令の電報を打つと言うのですが……』

『電報？　絶対にいかん。止めてくれ』

……私は熱っぽい体を起こし、直ちに軍装に着換えて、艦橋へ駆け上がった。ふらつく体で、どう駆け上がったか、覚えていない。

……草鹿龍之介少将に、私は言った。

『いま電波を輻射《ふくしや》することは絶対にいけません。……』

……しかし、そのとき、電報はすでに発信されていた。万事、休すであった。私は全身に悪感を覚えた。

約一時間後、皮肉にも濃霧は薄らぎ、全部隊の各艦艇が視野に入ってきた」

つくりごとではなさそうである。ただ、すべてこのとおりかどうかは、証人もなく、不明である。

草鹿は電波を出したことについて、

「私は通信参謀に、

『微勢力で、敵に洩れることはないか』

と、念をおした。後から考えると、この質問はまったくナンセンスであった。いかに微勢力でも相手次第である。はたしてこの通信は五、六〇〇カイリ離れた味方『大和』が傍受した。まして聞き耳を立てて近づきつつあった敵機動部隊に聴かれたことはまちがいない。ここにも私の黒星があった。

……ところが変針後しばらくすると、霧は拭《ぬぐ》うように消えた。なんという皮肉であろうか」

とだけ語っている。

米海軍はこの電報をキャッチしなかったと言われているが、この説も確かではない。

六月四日朝、六時十五分ごろ、攻略部隊の輸送船団一二隻は、ミッドウェー南西約六〇〇カイリ（約一一一〇キロ）の地点で、米PBY飛行艇に発見され、その五機に約一時間の触接をうけた。

午後一時三十分ごろ、船団部隊は米重爆撃機B17九機から爆弾を投下された。幸い被害はなかった。しかし、深夜の十一時三十分ごろ、米PBY飛行艇に攻撃された清澄丸は軽傷八名を出し、十一時五十四分ごろ、おなじく米PBY飛行艇に雷撃され、魚雷一本を命中されたあけぼの丸は、戦死一一名、軽傷一三名を出した。両船とも航海に支障なかったのが、せめてものことであった。

こうして米軍は、日本軍のミッドウェー攻略の企図を確認したのである。

第一機動部隊は、船団部隊が発見され、攻撃をうけたという電報を傍受したが、とくに驚きもしなかった。

二四ノット（約四四キロ）の高速で南東に急行中の薄暮四時三十分ごろ、八戦隊の重巡「利根」が、敵機約一〇機発見を報じ、「赤城」の零戦三機が飛び立ち、攻撃に向かった。だが、敵機は二六〇度（西南西）方向に消えて行った。

南雲司令長官はこれを誤認と断定した（『第一航空艦隊戦闘詳報』）が、真相は不明だ。

午後十一時三十分ごろから、東方近距離に敵飛行機らしいものが二回にわたって発見された。見張員は、

「流星にしては怪しい光芒《こうぼう》です」

と報告した。しかしこれは、測風気球の灯を誤認したものと断定された。

この司令部は、ものごとを自分につごうよく解釈する癖があるようである。

源田はこの日の情況について、

「四日午後大本営海軍部から一般情況と共に、『敵は未《いま》だわが企図を察知したるものとは判断せず』という放送電報がとどいた（大本営海軍部の放送電報は東京通信隊が発信する）。これらのことから、空襲前夜われわれは、敵の機動部隊が至近距離にいて、攻撃時機を窺《うかが》っているという結論には達しなかった。敵の機動部隊が真珠湾を出港しているということも、察知できなかった」

と述べている。

だがここには、源田が確認したとは思えない、

「四日午後大本営海軍部（軍令部）から一般情況と共に、『敵は未だわが企図を察知したるものとは判断せず』という放送電報がとどいた」

という不可解な説明が入っている。

宇垣纏は、「六月八日暇を得て誌した」として、『戦藻録』の六月五日の欄に、

「（註、出撃後軍令部は我企図は未だ敵に察知せられあらずと認むる旨電報ありたるも、其の時々の感は毎日の本記録に明なる通なり）」

と書いているが、これが何月何日の電報であったかは書いていない。

また、六月四日朝、船団部隊が米飛行艇に発見され、報告電報も発信されているのに、その午後、大本営海軍部がこのような放送電報を発信することもないであろう。

それより、第六艦隊通信参謀高橋勝一少佐が確認したと言うとおりならば、米空母の位置を知らせる東京通信隊の放送が、この六月四日にくり返しおこなわれていたはずである。第一機動部隊司令部は、それを「そんなバカなことが……」と頭から否定してしまったのではなかろうか。

遥か後方の「大和」の連合艦隊司令部では、この夜ひと騒ぎが起こっていた。航空参謀佐々木彰中佐はつぎのように言っている。

「四日夜、『大和』の敵信班は、ミッドウェーの北方海面に敵空母らしい呼出符号を傍受したと報告してきた。

山本長官はすぐ『赤城』に知らせてはと注意された。そこで幕僚が集まって研究した。

……通信参謀和田雄四郎中佐は、

『無線封止中でもあり、また一航艦は連合艦隊より優秀な敵信班をもち、しかも敵に近いので、当然〝赤城〟もこれをとっているだろうから、とくに知らせる必要はあるまい』

と意見を述べた。

結局、この電報は長官に申し上げて打電しないこととした」

黒島先任参謀は、

「六月四日より前で、長官以下が艦橋にいたとき――三日の霧中航行中か――大本営からだったと思うが、

『敵機動部隊らしいものがミッドウェー方面に行動中の兆候がある』

という情報が入った。

私はこれはしめた、かけた罠にかかってきたと思った。そのとき山本長官は、これをすぐ一航艦に転電する必要はないかと言われた。私は宛名に一航艦も入っており、当然うけておるだろうし、その搭載機の半数は艦船攻撃に備えているので、無線封止を破ってまで知らせる必要はなかろうと申し上げて転電しなかった。

もしあのとき、長官のご注意のように転電していれば、第一機動部隊も連合艦隊からの注意として、ピンときたことであろう。私の大きな失敗の一つである」

と語っている（佐々木、黒島の談話は戦後の回想）。

当時、軍令部第一課部員であった佐薙毅《さだむ》中佐の『佐薙メモ』には、

「六月十七日、山本（祐二中佐）、三代（辰吉中佐）部員の連合艦隊との打ち合わせ報告に、『GF（連合艦隊）暗号長ハ敵空母ガMI（ミッドウェー）ノ北方ニアルラシキヲ感ズ』」

という記事がある。

東通放送による情報か、「大和」の敵信班がキャッチした米空母の呼出符号か、いずれにしても、連合艦隊司令部が米空母がミッドウェーの北方海面にいるらしいと知ったことは事実であった。

しかし、この勝敗にかかわる重大な情報が、「赤城」には転電されなかった。

参謀長の宇垣は、五月二十五日の「大和」での打ち合わせのとき、一航艦参謀長の草鹿に、「重要な作戦変更は連合艦隊司令部が指示する」と約束したが、その宇垣も「赤城」に転電

すべきだと言わずに、黙っていた。

連合艦隊がこの情報を打電したがらなかったのは、自分の位置を米軍に知られ、米潜水艦などの攻撃をうけたくなかったからである。

連合艦隊司令部が内地にいれば、五月末の敵情でも、この日、知った米空母の位置でも、積極的に打電したであろうが、役に立たないのに出てきたために、とり返しのつかないミスを犯してしまったのである。

第四航空戦隊司令官の角田覚治少将がひきいる空母「龍驤」「隼鷹」の第二機動部隊は、六月三日午後十一時ごろから、アリューシャン列島東部ダッチハーバーの米軍基地にたいする攻撃にかかった。

しかし、天候不良のため、六月四日朝の第二次攻撃まで、見るべき戦果は挙がらなかった。

第一機動部隊は、第二機動部隊がダッチハーバーを攻撃したことや、ミッドウェー攻略部隊の輸送船団が米軍機に発見され、攻撃されたことを知った。しかし自隊はまだ敵に発見されていないと考え、翌日のミッドウェー奇襲の成功を信じつつ、北西から二四ノット（時速約四四キロ）で、攻撃隊発進地点に突進しつづけた。

六月四日夜二十三時四十五分、一航艦旗艦「赤城」の艦内拡声器が「搭乗員起こし」を告げた。

盲腸を手術して病室で寝ていた淵田美津雄中佐は、六月五日午前零時すぎに病室を抜け出し、冷汗をかきながら、這《は》うようにして、飛行長増田正吾中佐が采配《さいはい》を振っている発着艦指揮所に上がって行った。

その淵田は、このときの源田を著書『ミッドウェー』の中で、つぎのように描写している。

「整備員はとうに起きて、飛行機の出発準備に余念がなかった。発動機はすでに起動されて、轟々《ごうごう》と試運転が行われていた。

このとき（『搭乗員起こし』直後）、出撃以来病気休養中だった作戦参謀源田中佐も、ひさしぶりに艦橋に上がってきた。彼は高熱がつづいて肺炎を気づかわれていたのである。

『どうかね。もういいのか？』

まっ先に声をかけたのは南雲司令長官であった。草鹿参謀長も源田中佐の肩に手をかけていたわった。源田参謀は、相変らずキラキラ光る双眸《そうぼう》に闘志をみなぎらせながら元気に答えた。

『どうもながらく寝込みましてすみません。熱はまだ少しあるようですが、もう大丈夫です』

彼の闘志は衰えていなかった。しかし体力は十分恢復《かいふく》していない。このことは、全軍の運命をかける航空戦を切り盛りする彼に絶対の信頼を寄せていた人々にとっては、一抹の淋しさであった」

淵田はその場にいたわけではないから、すべてこのとおりではないかもしれない。しかし源田が艦橋に上がり、彼の配置に就いたことはまちがいないようだ。

ちょっとわき道にそれるが、のちに淵田と共に連合艦隊参謀として働いた中島親孝は、淵田の印象を、

「文章のうまい人だと思った。お父さんが漢学者だったからだろうが、漢語を実によく知っていて、訓示の文案はたいてい淵田さんが書いていた。感状の文句でも、うまいなというところはみな淵田さんの知恵だった。飛行機のことより、その印象が強い」

と語っている。

参謀長の草鹿は、ミッドウェー攻撃隊発艦直前の淵田と源田を、

「日の出三〇分前、すなわち午前一時三十分、ミッドウェー攻撃の第一波は出発前の試運転を終わり、出撃の命令を待っていた。淵田中佐は盲腸の手術を受けたのちの身を、かろうじて発着艦指揮所の椅子に託して発進の状況を見まもっていた。淵田中佐は手術後の疲労甚だしく、源田中佐もまた風邪による発熱でいつものような元気がなかったが、それでも努めて艦橋に姿を見せているのを見て、私としては一抹の心の寂しさを感じていた」

と回想している。

源田が風邪で発熱していたことは、これで事実とはっきりしたようである。

ただ、それとミッドウェー作戦指導の巧拙は別問題であったことも、はっきりさせておくべきであろう。

友永大尉がひきいるミッドウェー攻撃隊の発進を前にして、第一機動部隊司令部はつぎのような情況判断を、山本五十六連合艦隊司令長官に発信した。

「一、敵は戦意乏しきも、わが攻略作戦進捗せば出動反撃の算あり

二、敵の飛行索敵は西方南方を主とし、北西方および北方方面に対しては厳重ならざるものと認む

三、敵の哨戒圏は概《おおむ》ね五〇〇浬《カイリ》なるべし

四、敵はわが企図を察知せず、少なくとも五日早朝までは、わが方は、敵に発見されおらずと認む

五、敵空母を基幹とする有力部隊、付近海面に大挙行動中と推定せず

六、上陸作戦の後、もし敵機動部隊反撃し来らば、これを撃滅すること可能なり」

（『第一航空艦隊戦闘詳報』）

源田実と「戦闘機無用論」、「零戦性能論」などで対立していた柴田武雄元大佐は、自著『源田実論』の中で、この情況判断の各項目に、

「一、敵機動部隊は、はなはだ劣勢であるが、好機に乗じてわが機動部隊を攻撃すれば勝算があると、大いに戦意を燃やし、手ぐすね引いて待っていた。そして、わが攻略作戦進捗前に襲撃してきた。

二、敵は北西にあるわが機動部隊を特に厳重に警戒していた。

三、敵は七百浬の哨戒飛行を行なっていた。
四、敵はわが企画を一ヵ月も前から察知していたし、機動部隊が豊後水道を出たときから監視を続けていた。
五、敵空母部隊は、すでに大挙出動して待ち構えていた。
六、敵機動部隊が上陸作戦後出て来るものと勝手に決めており、上陸作戦の前に反対に撃滅された」

と、きわめて的確な注解をつけている。

ついで、痛烈で核心を突いた源田評をつけ加えている。

「右の情況判断が全部間違っていたことは、あとで、注解のとおり明白となったのであるが、これは欠陥頭脳の標本みたいなものであり、空想的な戦争の夢を見、その中でスタンドプレー（観客席の喝采を狙う派手な演技）をしているおのが姿に陶酔して、寝言を言っているような報告文でもある。源田以外に、誰がこんなことが出来るか、言い得るか。

……源田は、敵を知らず、己を知らず、戦わずしてすでに敗けているのである。……」

ただこの判断は、源田ひとりのものではなく、南雲司令長官、草鹿参謀長、大石先任参謀などにも共通するものであった、と言わなければならないであろう。

それにしてもテリブルな情況判断だが、ハワイ奇襲作戦のようなことをやったために、こんな結果になったのではあるまいか。

山口多聞の卓見

淵田中佐は傍の「赤城」艦攻隊分隊長の布留川泉大尉に顔を向けた。

「索敵機はもう出たのか」

「いや第一次攻撃隊といっしょに出ます」

日出二七分まえの午前一時三十分（現地時間前日午前四時三十分）発艦の予定である。

「一段索敵だな」

「そうです。いつものとおりです」

淵田は四月五日のコロンボ攻撃と、四月九日のツリンコマリ攻撃を思った。二度とも、第一次攻撃隊の基地攻撃中に、索敵機が英海軍の水上部隊を発見したできごとである。

「いつものとおりだと、またミッドウェーを攻撃しているときに、索敵機が敵艦隊を発見するぜ。その手当はいいのかい」

「赤城」艦攻隊飛行隊長で一航艦雷撃隊指揮官の村田重治少佐がこたえた。

「大丈夫ですよ。そのために、第一次攻撃隊が出たあと、第二次攻撃隊が艦船攻撃兵装で待機していますからね。江草《えぐさ》（隆繁《たかしげ》少佐）の降下爆撃隊と私の雷撃隊、それに板谷（茂）少佐の制空隊が控えています」

「なるほど、そいつはベスト・ワンの編制だ。むしろ敵機動部隊が出てくれたほうが早く片づいていいくらいだな。ところで索敵線はどうなっているのかね」

布留川が図板を示しながら説明した。

「索敵線七本（七機）です。索敵方面は東方および南方で、このとおりミッドウェーをはさんでいます。索敵機は『赤城』と『加賀』から九七式艦上攻撃機各一機、『利根』と『筑摩』から零式水上偵察機各二機、『榛名』から九五式水上偵察機一機が出ます。索敵進出距離は、『榛名』機のほかはいずれも三〇〇カイリ（約五五〇キロ）ですが、『榛名』機は一五〇カイリになっています」

敵の存在する算が多い東方海域は、偵察専門部隊の「利根」「筑摩」の零式水偵計四機が担当する。

一八一度（北が零度、東が九〇度、南が一八〇度、西が二七〇度）方向の第一索敵線が「赤城」の艦攻、一五八度方向の第二索敵線が「加賀」の艦攻、一二三度方向の第三索敵線が「利根」の水偵、一〇〇度方向の第四索敵線もおなじく「利根」の水偵、七七度方向の第五索敵線が「筑摩」の水偵、五四度方向の第六索敵線も「筑摩」の水偵、三一度方向の第七索敵線が「榛名」の水偵、という割りふりである。ミッドウェー島は第二索敵線と第三索敵線のあいだに入る。

各索敵機は索敵線の先端で左折して六〇カイリ（約一一〇キロ）飛び、帰投する。

淵田は、敵艦隊がいないということを確かめるための、粗な索敵だと思った。

敵艦隊がいるものとして先制攻撃を狙うならば、早期発見のために発艦を早め、二段索敵（一回目の索敵機を日出時ごろ索敵線の先端に到達するように発艦させ、それより一時間以上遅れて二回目の索敵機を発艦させる）をやらなければならない。それには艦攻をふやすしかないが、そうすると攻撃兵力を減らすことになる。それを惜しんだにちがいない。

参謀長の草鹿は、この索敵計画について、のちにつぎのように懺悔《ざんげ》している。

「索敵にたいする慎重さが欠けていた。この点は自分自身の大きな責任であった。偵察が大事であることは、上杉謙信が重要な作戦には自ら偵察にあたった故事もあるし、また私もこれを痛感し、昭和二、三年ごろ、はじめて航空界に身を投じたとき、第一に選んだ課題が『航空機による敵情偵知』で、各種索敵法というものを考え出した元祖が私であったと言っても過言ではない。

その私が、この重要な一点を黙過したことは、当時の参謀長としてひと言の申しひらきもできない。具体的に言うと、攻撃隊の機数を惜しんで索敵を忽《ゆるが》せにしたことである」

源田実もまた、この点については自分の非をはっきり認めた。

「六月五日の黎明《れいめい》索敵は、主として水上偵察機による一段（一回だけの）索敵であった。『敵の機動部隊がミッドウェー近海に出撃している』という算はほとんどないという先入的判断があったために、一段索敵という手ぬかりをやった（実際には一段索敵でも、機数をふやし、厳重にやればよかった）。

艦上攻撃機は極力基地攻撃に振り向けたかった。

それに、従来この一段索敵で成功していたということもあった（インド洋作戦での粗末な索敵は大失敗であった。それを隠しているのか、まだわからないのか、いずれかであろう）。

これらが重なり一段索敵をやったために、敵の発見が一時間半以上も遅れてしまった。

……ヨークタウン搭載機の配分は、戦闘機二七、爆撃機一八、雷撃機一二、偵察機一八となっている。

わが最新母艦「翔鶴」は、戦闘機一八、爆撃機二七、攻撃機二七で、艦攻を偵察機に流用していた。

この点でも、彼我の海軍が抱いていた偵察の重要性に大きな差異がある（これは源田自身に相当に責任があるはずである）。

索敵の不備は、その計画に当たった私の犯した大きな失敗であった」

六月五日午前一時三十分ごろ、各空母を発艦した一、二航戦の零戦三六、二航戦の九七式艦攻水平爆撃機三六、一航戦の九九式艦爆三六、計一〇八機は、先頭で九七式艦攻を自ら操縦する「飛龍」飛行隊長兼攻撃隊指揮官の友永丈市大尉（兵学校第五十九期）にひきいられ、南東のミッドウェー島に飛んで行った。

発進地点はミッドウェーの三一五度（北西）、二一〇カイリ（約三九〇キロ）で、時刻、位置とも計画どおりであった。

攻撃隊と前後して、空母の上空警戒機（防空戦闘機）十数機と、索敵機七機が発艦した。

索敵機七機のうち、第四索敵線の「利根」水偵は、理由不明だが、予定より約三〇分遅れ、日出直後の午前二時に発艦し、一〇〇度（東やや南）方向へ向かった。


午前二時二十分、旗艦「赤城」は、各部隊にたいして、

「敵情ニ変化ナケレバ　第二次攻撃ハ第四編制（指揮官『加賀』飛行隊長）ヲ以テ　本日実施ノ予定」

と信号を発した。予令である。

第四編制は一航戦の九七式艦攻四三、二航戦の九九式艦爆三六、零戦各空母六、計二四、合計一〇三機で、爆装は陸上攻撃用の爆弾である。

これによって、上空警戒の戦闘機は各空母三機、計一二機だけとなる。

第一機動部隊司令部は、「敵機動部隊は存在しない。ミッドウェー基地攻撃は成功して、米爆雷撃機はそれほど来襲しない」と判断したのであった。

ところが、午前三時三十分すぎ、ミッドウェー島上空に達した攻撃隊の指揮官友永大尉から、

「地上ニ敵機ナシ」

という思いもよらない電報が送られてきた。

ミッドウェーの米軍は、五月末、ハワイのニミッツ太平洋艦隊司令長官から、日本機動部隊と攻略部隊の計画の概要を知らされた。六月四日には同島に接近する日本攻略部隊をPBY飛行艇が発見し、B17重爆撃機とPBY飛行艇が爆雷撃を加えた。ミッドウェー陸海軍航空部隊指揮官シリル・シマード海軍大佐は、日本機動部隊の飛行機隊が、六月五日早朝に同基地に来襲することを、十分に知っていた。

彼は、ミッドウェー環礁内西側のサンド島と東側のイースタン島のレーダーが日本飛行機隊の飛来をとらえたならば、飛行可能の全機を空中に退避させ、二六機の戦闘機に迎撃させようと考えていた。

友永がひきいる攻撃隊は、零戦三六機によって米戦闘機を蹴散《けち》らし、サンド島の在地機、航空施設、防御陣地、イースタン島の在地機、滑走路、航空施設などを爆撃する予定であった。しかしシマード大佐の処置によって、米戦闘機を蹴散らすことはできても、在地機を撃滅することができなくなった。それに加え、イースタン島の滑走路を爆撃した艦攻（八〇〇キロ爆弾搭載）機数が少なかったため、その破壊も不十分となった。

攻撃効果が不十分になった根本原因は、連合艦隊と第一機動部隊の杜撰《ずさん》な作戦計画にあった。

柱島の「大和」で、二艦隊の中島通信参謀が宇垣連合艦隊参謀長に意見を述べたとおり、友永攻撃隊は、地上の米軍機がモヌケのカラになったイースタン島とサンド島基地を攻撃させられたのだ。

また、艦攻の八〇〇キロ爆弾でなければ滑走路破壊の効果はあがらないところを、第一機動部隊司令部が判断を誤り、在地機攻撃のために二五〇キロ爆弾搭載の艦爆三六機を加えたために、その分、艦攻機数が減り、滑走路破壊が不十分になったのである。

「地上ニ敵機ナシ」

という友永からの報告で、南雲、草鹿、源田らは、自分らの企図が完全に米軍に漏れていたことをはじめて悟った。

それでも、米海軍がさらに恐るべき罠を仕掛けているかもしれないと疑う者はいなかった。ミッドウェーの米軍にウラをかかれ、口惜しい思いの源田は、

「こうなったら腕ずくだ」

と、拳《こぶし》を固めた。

午前四時五分ごろから、ミッドウェーから飛来した米陸軍のB26雷撃機九機、米海軍のTBFアベンジャー艦載雷撃機六機などが、小兵力ずつ、逐次、第一機動部隊の四空母に襲いかかってきた。だが、零戦と対空火器の活躍、あるいは艦の回避運動によって、被害はなかった。

友永攻撃隊指揮官が機動部隊司令部宛に、

「我レ攻撃終了帰途ニツク　効果不十分　第二次攻撃ノ要アリト認ム」

と打電したのは午前四時であった。

南雲司令長官は、来襲する敵機の攻撃をうけながら、索敵機が索敵線の先端に達する予定の午前四時十五分まで待った。しかし敵発見の報告がないため、第二次攻撃をミッドウェーに指向することを決意し、各空母に、

「第二次攻撃ヲ実施ス　待機攻撃隊爆装ニ転換セヨ」

と発光信号で下令した。

「赤城」「加賀」の艦攻四三機は装備した魚雷を八〇〇キロ陸用爆弾に転換し、「飛龍」「蒼龍」の艦爆三六機は艦船用の二五〇キロ通常爆弾を陸用爆弾に転換するのだが、これは、セイロン島のコロンボ攻撃のときとおなじであった。各空母の整備員、兵器員たちは、「予定どおりか」と思いながら、急速転換作業にかかった。

まもなく、山口多聞二航戦司令官から、「赤城」の機動部隊司令部宛に、

「今朝来ヨリ来襲セル敵機ノ動向ニ鑑《カンガ》ミ　敵機動部隊出現ノ算大ナリト思考ス　考慮セラレタシ」

という信号が送られてきた。

機動部隊司令部は、

「信号了解」

を発したが、山口の意見はあり得ないと黙殺した。

源田はのちに、「第二次攻撃ヲ実施ス……」の下令を、

「この下令が、のちに大きな災いをもたらすことになろうとは、思ってもみなかった」

と、悔んだ。

午前四時四十分、

「敵ラシキモノ一〇隻見ユ　ミッドウェーヨリノ方位一〇度　二四〇カイリ　針路一五〇度速力二〇ノット　〇四二八」

という「利根」四号機（三〇分遅れて発艦し、一〇〇度方向の索敵線を飛んだ）からの電報が、機動部隊司令部にとどいた。

南雲、草鹿、源田らはドキッとしたが、まだ信じられなかった。

敵の艦位を海図に記入していた小野寛治郎通信参謀が言った。

「彼我の距離は二〇〇カイリ（約三七〇キロ）です」

すでに双方にとっての攻撃圏内だ。

つづいて同機は、敵付近の天候、その後の敵の針路、速力を報告してきた。

南雲、草鹿、源田らは「利根」四号機の報告は誤報ではないとようやく認め、南雲は、午前四時四十五分、

「艦攻ノ雷装ソノママ」

という奇妙な命令を下した。

これもインド洋での英重巡ドーセットシャー、コンウォール攻撃のばあいとおなじで、各空母は、再転換作業のために、またまたてんやわんやの大騒動になった。

源田は、インド洋での「利根」艦長にならい、「艦種知ラセ」の電文を起案し、草鹿、南

雲の許可を得て発信した。

このころから、ミッドウェー基地から飛来した米海軍のSBDドーントレス急降下爆撃機一六機をはじめとして、米陸軍のB17重爆撃機一四機、さらにSBDドーントレス急降下爆撃機十数機が相ついで来襲し、「赤城」ほか各空母に爆弾を投下した。しかしこれらも、零戦と対空火器、艦の回避運動によって、各艦は無事であった。

午前五時九分、「利根」四号機から、ふたたび電報がきた。

「敵ハ巡洋艦五隻　駆逐艦五隻ナリ」

源田はホッとして、「やっぱり空母はいないな。それなら予定どおり行動すべきだ」と思った。インド洋では、ドーセットシャー、コンウォールの西方に英空母部隊がいたのだが、思い及ばなかったらしい。

しかしこれは、

「あとから考えれば、兵術上の常識からして、母艦を伴わない敵の有力部隊が、わが機動部隊の近辺を昼間（現地時間午前八時九分ごろ）、しかもわが方向に進航しつつあることには、深い注意を払うべきであった」

と、のちに当然な自己批判をしなければならなくなったことである。

午前五時二十分ごろ、山口二航戦司令官から、機動部隊司令部宛に、

「現装備ノママ攻撃隊直チニ発進セシムルヲ至当ト認ム」

という発光信号が、催促し、さらに念を押すように、二回にわたって送られてきた。

それでも同司令部は、「信号了解」の信号しか発しなかった。

山口は、「飛龍」掌航海長の田村士郎兵曹長に声をかけた。

「君、『赤城』の艦橋の様子を確かめてくれ」

田村は二〇倍望遠鏡で、左前方五〇〇〇メートルの「赤城」の艦橋を見た。

「源田参謀の姿は見えぬか」

山口はたずねた。しかし、人物の確認はできず、田村がそのままを報告すると、山口はじっと「赤城」を睨《にら》んだ。源田に期待をかけていたようだ。

艦隊上空では数十機の敵味方が入り乱れ、大空中戦が展開されている。二機、三機と黒煙や白煙を上げながら落ちてゆく。敵味方はわからない。

機動部隊の四空母は回避運動に多忙をきわめている。

そのとき、「利根」四号機からの、

「敵ハソノ後方ニ空母ラシキモノヲ伴フ　針路二七〇度（西）　〇五二〇」

という電報が「赤城」艦橋にとどいた。

衝撃をうけた源田は応変の策を考えた。

「いますぐ攻撃隊を出すとすれば、二航戦の艦爆三六機を、丸裸で（掩護戦闘機なしに）送り出すしかない。三六機の艦爆ならば、敵空母一隻を葬ることは易々たるものだ。だがそれには条件がある。インド洋作戦のばあいとおなじく、敵戦闘機の阻止をうけないことだ。発見された敵空母は一隻だが、一隻しかいないはずはない。かならず二隻か三隻はいよう。

とすれば、一三六機の艦爆隊は、レーダーによって誘導される一〇〇機以上の敵戦闘機に取り囲まれて（誇大な表現、実際には三分の一程度であった）、攻撃前にその大部分を失うだろう。なんとしても、準備中の一航戦雷撃隊と、それに少数でも掩護戦闘機をつけて出したい」

さっそく南雲、草鹿にこの案を進言すると、両人とも異論なく同意した。

源田は各艦に攻撃隊の発進準備を急がせ、準備できしだい大挙発進させるよう、処置をとった。

「飛龍」の艦爆隊は、午前五時三十分ごろまでに艦船用爆弾への転換を完了するし、「蒼龍」もその後まもなく完了する（艦爆は軽い二五〇キロ爆弾で、艦攻より転換しやすい）みこみだが、「赤城」「加賀」の艦攻隊の雷装が完了し、全艦爆、艦攻が一挙に発進できるのは二時間も後の午前七時三十分ごろとみこまれた。

その全兵力は、一航戦の九七式艦攻雷撃機四三機、二航戦の九九式艦爆三六機、一、二航戦の零戦一二機であった。残りの零戦二四機は味方空母の防空に当たる。

ただちに、「蒼龍」搭載の新鋭二式艦上偵察機二機中の一機に、「利根」四号機発見の米空母に触接するよう、命令が下った。二式艦偵はのちに彗星《すいせい》と名づけられる艦爆になるが、この当時は日米艦上機中最高の速力を持っていて、米戦闘機も追いつけないため、触接に使われたのである。

同機はやがて米空母触接に成功し、「飛龍」の敵空母攻撃隊の役に立つ。

それにしても米空母発見は遅すぎた。「利根」四号機が帰路になって発見したせいもあるが、索敵機数が少ないためだった。それに「利根」四号機が報告した米空母の位置は、実際よりだいぶ北方にずれていた。

ともあれ、敵空母発見の報告が午前四時十五分まえに機動部隊司令部にとどいていれば、日米機動部隊の勝敗は入れ代わったにちがいない。

「気休め」的で粗雑な索敵計画、指導が、この結果を引き起こしたのだ。

実は七七度方向に飛んだ「筑摩」一号機（第五索敵線）が、午前二時五十五分ごろ、「利根」四号機が帰路に発見した米空母の上空を飛んでいた。ところが、雲の上を飛び、雲の下にゆかれなかったために、発見できなかったらしい。

ここで、注釈をつけなければならないことがある。敵空母発見の報告をうけ、源田が考え、南雲と草鹿に進言して同意を得たという、敵空母攻撃の方法についてである。

源田が述べていることには、理屈に合わないことがあるので、それを指摘したい。

「いますぐ攻撃隊を出すとすれば、二航戦の艦爆三六機を、丸裸で送り出すしかない」

と言いながら、

「なんとしても、準備中の一航戦雷撃隊と、それに少数でも掩護戦闘機をつけて出したい」

と結論づけている。

それならば、二時間以上も時間がかかる一航戦雷撃隊の準備完了を待たずに、すでに準備が完了しようとしている二航戦の艦爆隊に、できるだけ早く掩護戦闘機一二機をつけて、発進させることができるはず。

上空の戦闘機三六機のうち、一二機をよびもどし、艦爆隊と共に発進させるのには、長くても一時間はかからない。

艦爆隊三六機が敵空母二隻を攻撃すれば、撃沈することはできなくても、飛行甲板を撃破して、飛行機の発着艦を不能にすることは期待できよう。

そういうことに触れず、

「なんとしても、いま準備中の一航戦雷撃隊と、それに少数でも掩護戦闘機をつけて出したい」

と結論づけているのには、それなりの考えがあったからである。

それは、源田実の、

「艦爆と艦攻雷撃機の大兵力を集中すれば、一挙に敵艦隊を撃滅できる。上空警戒機（戦闘機）を多数集中すれば、敵の攻撃は阻止できる」

という用兵思想であったにちがいない。

ざっくばらんに言えば、

「米陸海軍の爆撃機や雷撃機はチョロいから、零戦、対空火器、操艦によって、攻撃を阻止できる。このさいは、艦爆と艦攻雷撃機の集中攻撃によって二、三隻の米空母を一挙に撃沈し、ふたたび世界をあっと言わせたい」

というような考えだったのであろう。

草鹿龍之介はつぎのような反省の弁を述べている。

「このさい、山口少将が意見具申してきたとおり、すべてを放棄して、護衛戦闘機もつけられるだけ、爆弾も陸用爆弾で（「飛龍」「蒼龍」の艦爆はまもなく通常爆弾に転換できたが、気がつかなかったのか？）、直ちに第二次攻撃隊を発進させなければならないところであった。

ところが戦闘機の護衛のない爆撃隊が、つぎつぎに食われていく（零戦に撃墜される）状態を目前にみたばかりである。また陸用爆弾では心許ないという観念と、いままでの状況から米軍の腕前もたいしたことはないという考えも手伝い、艦船攻撃に変更し、帰ったばかりの戦闘機をつけてゆくことに決定した。

……いまになって思うことは、孫子に言う『兵は拙速《せっそく》を聞くも未だ巧《こう》の久しきを観ざるなり』の一語である」

まことに頼りないが、言っていることは真実だろう。

第一機動部隊の三〇〇カイリ後方を進む「大和」の作戦室では、「敵空母発見」の報に幕僚一同はとび上がらんばかりに喜んだ。宇垣参謀長は「よき敵ござんなれ」と思い、黒島先任参謀は「いちころだ」と思い、佐々木航空参謀は「しめた」と思った。

山本司令長官は言った。

「どうだ、すぐやれと言わんでもよいか」

黒島が答えた。

「機動部隊には搭載機の半数は艦船攻撃に待機させるよう指導してあるし、参謀長口達でもこれをやかましく述べられているのですから、いまさら言わないでもいいと思います」

佐々木もおなじであった。

「機動部隊の命令に、半兵力は敵艦隊に備えていることになっていますから、心配ありません」

これで山本の考えは第一機動部隊に伝わらないことになった。

ミッドウェーを攻撃した各空母の飛行機隊は、午前四時五十分ごろから艦隊上空に帰ってきた。しかし艦隊は防空戦闘の真っ最中で着艦することができず、付近の雲中に避けて、ミッドウェーからの米陸海軍機の空襲が終わるのを待っていた。

「赤城」「加賀」「飛龍」「蒼龍」にたいする敵機の攻撃は午前五時四十分ごろひとまず終わった。各空母は攻撃隊と上空警戒機（零戦）の半数の収容を急ぎ、午前六時十八分ごろ、ほぼそれらの収容を終わった。

この間、南雲司令長官は、午前五時五十五分、

「収容終ラバ一旦北ニ向ヒ、敵機動部隊ヲ捕捉撃滅セントス」

と機動部隊各艦に信号し、山本連合艦隊司令長官には、

「〇五〇〇敵空母一、巡洋艦五、駆逐艦五ヲミッドウェーノ一〇度二四〇浬ニ認メ　コレニ向フ」

と報告電報を打った。ただ、午前五時にはまだ敵空母を認めていないから、この電報は不正確なものであった。

このころの情況を、源田はつぎのように述べている。

「六時すこし前に帰ってきた友永隊の主力が上空で旋回中であった。この状況で私は大きなジレンマにぶつかった。

発進準備のために第二次攻撃隊を飛行甲板に並べれば、ミッドウェー攻撃隊の着艦が遅れ、燃料不足のために不時着するものもあるであろう。

しかし、ミッドウェー攻撃隊を収容してから攻撃隊を準備すれば、発進はいちじるしく遅れよう。

……図上演習や兵棋演習ならば、文句なしに攻撃隊を先にしたであろう。しかし実戦では血の通った戦友を動かしている。これらの人々に、

『燃料がなくなったら不時着して駆逐艦にでも助けてもらえ』

と言う気にはどうしてもなれなかった。また真珠湾以来の歴戦の士二〇〇名と一〇〇機の飛行機を、みすみす失うことが今後の戦闘に及ぼす影響も考えた。

幸い今朝来の敵の攻撃は、米軍の伎倆がたいしたものではないことを示している。すでに二時間余の攻撃がつづいているが、一発の爆弾も一本の魚雷も命中していないばかりか、来襲機の大部分を撃墜している。わが攻撃隊発進が遅れれば、その間、敵母艦機の攻撃をうけるかもしれないが、これも今朝来の要領で撃退できるであろう。

それより、わが方の攻撃力を大きな塊《かたまり》として敵にぶつけるほうが必要であると考えた。そこで私は、

『在空のミッドウェー攻撃隊をまず収容し、ついで第二次攻撃隊を発進せしむるを可とす』

という意見を長官に進言し、長官もそれに同意されて司令部の方針が決定した。

午前六時五分、『赤城』から全機動部隊に、

『収容終らば一旦北に向い敵機動部隊を捕捉撃滅せんとす』

との命令が下され、全軍北方に転針しはじめたのである」

この中で、最後の「午前六時五分、『赤城』から……」は、源田の記憶ちがいで、午前五時五十五分が正しいようである（『第一航空艦隊戦闘詳報』）。

吉岡忠一元参謀は、源田のこの回想について、こう言っている。

「源田さんは攻撃隊をぜんぶ不時着させなければならなかったと言うが、われわれはそんなことを思いつかなかった。あんなひどくやられるなどとはぜんぜん思っていなかったからだ」

また、このころ一航戦の艦攻隊の兵装転換は格納庫でおこなわれていて、まだ飛行甲板に並べる状態にはなっていなかったし、二航戦の艦爆隊は一航戦の準備完了を待つために、格納庫に待機していた。一、二航戦の発進予定時刻は午前七時三十分で、まだ一時間三〇分も先のことなのである。

これも源田の小説的発想らしい。

ちなみに、ミッドウェー攻撃隊の残り半分を収容し終わったのは、午前七時少しすぎのころであった。

いよいよ米空母のＴＢＤデバステーター雷撃機隊が少数のグラマンＦ４Ｆ戦闘機を伴い、出現してきたのは、午前六時十七分ごろからであった。

ホーネットのＴＢＤ雷撃機一五機、ついでエンタープライズのＴＢＤ雷撃機一四機、さらにエンタープライズのＴＢＤ雷撃機一二機が、相次いで「赤城」「加賀」「飛龍」「蒼龍」に襲いかかってきた。

しかしこれらも、ミッドウェー攻撃から帰り、すぐ飛び立ったものをふくめた零戦隊（午前七時すぎには三四機以上になる）はじめ、各艦の対空火器、艦の回避運動などによって、一本の命中魚雷もなく、しかも大部分が零戦に撃墜される結果に終わった。

源田流用兵の破綻

米空母雷撃隊との戦闘は、六月五日午前七時十五分ごろ終わった。

「いくらやってきても大丈夫だ。機動部隊の防空能力には従来いささか疑問を持っていたが、どうしてどうしてたいしたものだ。

今日も勝ち戦《いくさ》だ。まず敵母艦からの来襲機を撃滅し、ついで敵の母艦群を葬り、ミッドウエーは今夜から明朝にかけて叩きつぶしてやろう。

今日は開戦以来の激戦だが、勝運はやはり我にある」

と、源田は満足した。

ひと息ついてまもなく、東方を哨戒中の水上機から、電信で、

「敵大編隊見ユ、貴隊ヨリノ方位一一〇度　三〇カイリ……」

つづいて、東南端の駆逐艦から、

「敵大編隊　一一〇度方向　高度三〇〇〇　貴隊ニ向フ」

の発光信号があった。

旗艦「赤城」では優秀な見張員が多く、訓練もゆきとどいていたが、上空の大半が雲に覆われ、「赤城」の見張用二〇倍望遠鏡では敵機が見えない。

源田は、米雷撃隊を追って低空に降りている零戦隊を、至急上空に移動させようとした。だが、艦上から敵機が見えにくく、無線電話もよく通じないため、戦闘機に敵機の来襲と位置を知らせることができなかった。

米海軍は、すでに実用化された対艦、対空のレーダーと、艦対艦、艦対空および空対空の性能のいい超短波無線（ＶＨＦ）電話を持っていた。日本海軍も艦対艦と艦対空のＶＨＦ無線電話を持っているが、艦対艦がやっと使えるていどで、艦対空は欠陥があってほとんど使えなかった。日本海軍のレーダー（電波探信儀）は試作の段階で、水上見張用試作機を、戦艦「伊勢」と「日向」に装備しただけだった。

このような状況で、対空レーダーも、性能のいい艦対空、空対空の無線電話もない日本の空母が、上空の飛行機を思うとおりに動かそうとしても、不可能に近かった。

源田は、零戦で敵機の爆雷撃を阻止することに自信満々であったが、ここに大きな穴があることに気づいていなかった。

「飛龍」の見張士吉田特務少尉が、午前七時十九分に絶叫した。

「敵急爆の編隊左三〇度、『加賀』に向かう、高度四〇〇〇」

ＳＢＤドーントレスが、すでに一本棒になって「加賀」に向かっていた。エンタープライズから飛来したマッククラスキー少佐の急降下爆撃隊二五機であった。

その中の二〇機が、午前七時二十三分ごろ、ダイブに入った。第一、第二、第三弾までは当たらなかった。第四弾が「加賀」の右舷後部、第七、第八弾が前部リフト付近、第九弾が飛行甲板中央に命中した。

残りの五機は、午前七時二十四分ごろ、「加賀」の左前方五〇〇〇メートルを進む「赤城」に急降下し、飛行甲板中央リフト付近と左舷後部の二個所に爆弾を命中させた。

午前七時二十八分ごろ、ヨークタウンから飛来したレスリー少佐のSBDドーントレス急降下爆撃隊一七機が「蒼龍」にダイブし、飛行甲板中央と艦橋前部付近、後部リフト付近に、それぞれ一弾を命中させた。

爆撃されないのは「飛龍」だけだった。さきごろ米雷撃隊の集中攻撃をうけていた「飛龍」は、回避運動を重ねるうちに、南西からきた米急降下爆撃隊の進入路に並んでいた他の三艦から、北東にぽつんと離れていたからであった。

米急降下爆撃隊に奇襲されたとき、「加賀」「赤城」「蒼龍」の飛行甲板には、魚雷や爆弾を抱いた発艦前の艦攻、艦爆がずらっと並んでいたほか、下の格納庫にも積み換えられた爆弾がごろごろしていた。そのために、自分の魚雷や爆弾の誘爆で、三艦とも大火災を起こし、戦闘不能となった。

雷撃機は回避しやすいが、急降下爆撃機は回避が困難という珊瑚海海戦の貴重な戦訓を無視したためもあろう。

源田は、母艦を集中配備し、多数の零戦によって敵飛行機隊の攻撃は阻止できると断言していたが、多数の戦闘機を配備しても米艦爆隊の攻撃を阻止できなかったばかりか、母艦を集中配備したために、一挙に三空母を喪失してしまったのだ。

「加賀」に四弾、「赤城」に二弾の爆弾が命中したとき、源田は、

「残念だ。だがこれしきのことでへたばってなるものか。まだ二航戦がいる」

と考え、「蒼龍」を見ると、甲板から濛々《もうもう》たる白煙が立ち昇っていた。

「『蒼龍』もやられたのか。これはたいへんなことをしでかしたぞ」

はじめて愕然《がくぜん》として、あとどうしていいかわからなくなった。

南雲、草鹿以下の誰もが黙っていた。

自分らの判断が何もかもまちがっていたことを、やっと悟ったようであった。


大火災のため「赤城」で機動部隊の指揮がとれなくなった南雲司令長官は、午前七時四十六分、幕僚たちに抱えられるようにして、第十駆逐隊司令駆逐艦「風雲」に移乗した。このときから機動部隊の指揮は、南雲につぐ先任指揮官の第八戦隊司令官阿部弘毅少将（兵学校第三十九期）がしばらく執ることになった。

「風雲」に移乗したというのは、「風雲」艦長吉田正義中佐の証言である。

阿部八戦隊司令官は、午前七時五十分、山本五十六連合艦隊司令長官宛に、

「敵艦攻陸攻ノ攻撃ヲウケ　加賀　蒼龍　赤城　大火災　飛龍ヲシテ敵空母ヲ攻撃セシメ

機動部隊ハ一応北方ニ避退　兵力ヲ集結セントス」

　と打電した。

　同時刻、山口多聞二航戦司令官は、八戦隊旗艦「利根」と機動部隊全艦に、

「我レ今ヨリ航空戦ノ指揮ヲトル」

　と発光信号を発し、「飛龍」艦内には、

「『赤城』『加賀』『蒼龍』は被爆した。本艦はいまより全力をあげ敵空母攻撃に向かう」

　と通報した。


　三〇〇カイリ後方の「大和」の連合艦隊司令部では、「利根」四号機が午前五時二十分に発した「敵空母発見」の電報を受信したときから、山本長官以下の誰もが、第一機動部隊は簡単に敵空母を片づけ、ミッドウェー作戦の主目的は達成されると確信していた。

　近江兵治郎元連合艦隊司令部従兵長が語るところによると、山本は午前七時三十分ごろ、どういうつもりか、作戦室で渡辺安次戦務参謀と将棋を指していて、

「旗艦の作戦室では山本長官が渡辺参謀を相手に将棋を指している。何故にあの大事な作戦行動中、しかも空母が次々と撃沈されていくとき将棋をやめなかったのか。あのときの長官の心境は、あまりにも複雑で、私ごときの理解をはるかにこえるものだったのだろう。連合艦隊付通信長が青ざめた顔をして、空母の悲報を次々と報告に来る。この時も、長官は将棋の手を緩めることなく、『ホウ、またやられたか』のひと言だけだった」（雑誌『プレジデン

ト』昭和五十五年二月十日発行の〝ザ・マン〟シリーズ「山本五十六」）という。

宇垣参謀長、黒島先任参謀らも、何も疑いもなく吉報がくるものと思っていた。

それが大凶報であった。

幕僚たちは、日本本土がドーリットル空襲をうけたときとはくらべものにならない、あるいは米海軍や米国民が真珠湾奇襲の報を聞いたときより遥かに深刻なショックをうけた。

かつて山本が、開戦まえ、ハワイ奇襲作戦について、「桶狭間と鵯越えと川中島とを併せ行なう」と言ったのと、「米国海軍および米国民をして救うべからざる程度にその士気を沮《そ》喪《そう》せしむること是なり」と言ったのを、そのまま返されたようなものだった。

だが、茫然《ぼうぜん》自失ばかりしていられず、とりあえず山本直率の主力部隊は、ただちに増速してその海面に進出し、味方を救援することにした。

この後の敗戦処理にもっとも働いたのは、従来、山本、黒島らから疎外されがちな宇垣であった。

午前七時五十七分、「飛龍」を発進した艦爆一八機、零戦六機の第一次敵空母攻撃隊は、二十七歳の艦爆分隊長小林道男大尉（兵学校第六十三期）にひきいられ、上下三段に配備されたグラマンF４F戦闘機一二機と、米艦隊の対空火器の猛射をうけながら、午前九時八分ごろ、エンタープライズ型空母（実際はヨークタウン）に突撃を開始した。艦爆隊一八機は爆弾を投下するまえに、六機がF４Fに、二機が対空砲火に撃墜されたが、通常爆弾三弾を命中させ、陸用爆弾一弾を至近弾とした（米側資料の命中弾数）。

陸用爆弾は貫徹力は通常爆弾より劣るが、爆発力は逆に一・五倍ある。小林大尉直率の第一中隊第一小隊の三機と、山下途二大尉がひきいる第二中隊第一小隊の三機がこれを搭載していた。はじめ陸用爆弾を投下して敵の対空火器を制圧し、通常爆弾を搭載したあとの一二機の攻撃をやりやすくするためであった。

爆撃まえに艦爆六機がF４Fのために撃墜されたが、これは往路で米雷爆機六機と遭遇して交戦した零戦隊六機中の一機が被弾し、一機が機銃弾を撃ち尽くして引き返し、四機だけになってしまったことに、かなり影響されていた。

なにより、レーダーで三二カイリ（約五九キロ）先に小林攻撃隊をキャッチしたヨークタウンから通報をうけた上空警戒中のF４F戦闘機一二機に、上下三段構えの邀撃態勢をとられていたことが痛かった。

午前九時二十五分ごろ、

「敵大型空母命中弾ニヨリ大火災」

という攻撃隊の電報が、「飛龍」艦橋にとどいた。

「一隻は仕留めた」

山口司令官以下は元気づいた。

だが、この第一次敵空母攻撃隊は、艦爆一八機中一三機、零戦四機中三機を喪失し、艦爆一三機のうちには、小林隊長機、山下中隊長機もふくまれるという、惨憺たる損害を出していた。

この間、南雲司令長官以下の第一機動部隊司令部は、「風雲」から第十戦隊旗艦の軽巡「長良」に移り、午前八時三十分から、将旗（中将旗、指揮官の所在を示す）を掲げていた。ここからふたたび南雲が機動部隊の指揮を執ったのである。

三十一歳の「飛龍」飛行隊長友永丈市大尉がひきいる艦攻雷撃機一〇機、零戦六機の第二次敵空母攻撃隊は、午前十時二十五分、「飛龍」を発艦し、無傷の米空母をめざして進撃した。

発艦直前、艦攻隊第二中隊長の橋本敏男大尉（兵学校第六十六期）は、「蒼龍」の二式艦偵の報告文を渡され、米空母が一〇カイリ（約一八・五キロ）間隔で三隻いて、それぞれ輪形陣をつくっていることを知った。

友永攻撃隊は、午前十一時三十四分、友永の「突撃せよ」の命令で、無傷と見える米空母に、全機突撃を開始した。

米空母は面舵《おもかじ》（右回頭）いっぱいで回避運動をはじめ、約三〇機のグラマンF４F戦闘機が攻撃隊にしつこく食いついてきた。友永直率の一中隊の二、三機が火を噴き、海面に墜落した。零戦六機は五倍のF４Fと戦い、二機を失ったが、敵一一機を撃墜し（うち四機は不確実）、味方雷撃隊の突撃をよく助けた。

午前十一時四十分ごろ、「飛龍」電信室の伝令が大声を上げた。

「橋本中隊長機ヨリ　ワレ敵空母ヲ雷撃ス　二本命中セルヲ確認ス　一一三八」

一本を米空母の左舷中央に命中させた橋本機の電信員小山富雄三飛曹が、天までとどけとばかり打電したものだった。

ピンと張りつめた参謀たちや艦橋勤務員たちを、笑みをふくんだ顔で見まわし、艦長の加来《か》止男《くとめお》大佐とぼそぼそ話し、誰に言うともなく、「艦攻隊はうまくやっているだろうなあ」と話していた山口多聞は、

「よし、あと一隻だ。艦長、つぎの攻撃隊の準備は雷撃隊収容後、ただちに発艦する」

と、即座に言った。

艦内の令達器（スピーカー）が戦果を放送した。

「戦果を知らす。わが雷撃隊が新しい敵空母を雷撃、命中二本、炎上中。これで二隻をやった。つぎの攻撃隊を発進準備中」

だが実際には、友永の第二次敵空母攻撃隊も、小林攻撃隊とおなじヨークタウンを攻撃していたのであった。

小林攻撃隊に爆撃されたあとのヨークタウンの消火作業と応急修理は、日本海軍では想像もつかないほど速く、午前十一時ごろには戦闘機の燃料、弾薬補給を開始し、十一時三十分には一九ノット（約三五キロ）で戦闘機八機を発艦させていた。このような状況のため、友

永攻撃隊はヨークタウンを無傷の新空母と見て攻撃したのである。

魚雷二本を命中されたヨークタウンは左へ二〇度傾斜して、復旧のみこみがなくなり、バックマスター艦長は、午前十一時五十五分、総員退去を命じた。

それでも沈まないヨークタウンは、駆潜艇に曳航され、駆逐艦五隻に護衛されて、三、四ノットでのろのろハワイに向かった。

だが、二日後の六月七日午前十時五分すぎ、艦長田辺弥八少佐（兵学校第五十六期）の伊百六十八潜の魚雷二本をうけ、ついに沈没した。

友永攻撃隊の損害は、艦攻一〇機中五機、零戦六機中三機喪失で、その中には友永機もふくまれていた。

山口司令官は、各幕僚と加来以下「飛龍」主要幹部と協議し、艦攻四機、艦爆五機、艦戦六機による薄暮の第三次敵空母攻撃を決意して、午後一時三十分ごろ、それを下令した。発進時刻は午後三時（現地時間午後六時）、いよいよこれが最後の攻撃だが、ハワイ、インド洋を圧した雄大な一、二航戦の勇姿はいずこにありやというものだった。

午後一時五十五分すぎ、「飛龍」艦内は戦闘配食をとりはじめた。米空母二隻を発着艦不能にし、あと一隻なら、上空警戒の零戦一三機で来襲機の攻撃を阻止できると判断したのである。

午後二時一分、とつぜん吉田見張士の悲鳴に似た絶叫が、艦橋天井中央の伝声管から落下してきた。

「敵急爆本艦直上っ」

全乗員は戦闘配食にとりかかったばかりで、誰も戦闘姿勢がとれない。艦速は三五ノットから二〇ノットに減速されていて、舵の利きが鈍い。

エンタープライズから飛来したガラハー大尉のエンタープライズ隊一一機と、つづくシャムウェー大尉のヨークタウン隊一三機（エンタープライズに着艦していた）、合計二四機のSBDドーントレスが、すでに高度約三〇〇〇メートルからダイブにかかっていた。

第一機動部隊のどの艦からもまだ対空火器の弾丸が出ていかない。

レーダーはなく、索敵機からの情報はなく、上空警戒の零戦一三機は敵を見ず、機動部隊全体の見張りは弱く、気を抜いていたところを衝《つ》かれたのである。

米急降下爆撃隊二四機が「飛龍」にたいして投下した爆弾のうち、第五弾目が飛行甲板前部リフトに命中し、あとの三弾がその周辺に命中した。

大火災が起こり、ただ一艦の「飛龍」もついに戦闘不能となった。

高度六〇〇〇メートルで西側にまわり、太陽を背に「飛龍」に接近し、奇襲に成功したSBD艦爆二四機は、三機を喪失したにすぎなかった。

「長良」から「飛龍」の被爆を見ていた源田はガッカリした。

「戦争中に私がガッカリしたことが三度あった。一つは昭和十九年六月マリアナ海戦で機動艦隊が敗退したとき、他の一つは終戦決定のときだが、『飛龍』が損傷して機動部隊の全母艦が戦闘能力を失ったときのガッカリはその最初である」

源田はそう言っている。

「加賀」「赤城」「蒼龍」の被爆にはガッカリしたと言わず、また戦局を熟知しているはずの航空隊司令の大佐でありながら、終戦決定にガッカリしたと言うのは、源田の我の強い性格と、特異な頭脳（タテマエにせよホンネにせよ）を示すものであろう。

山本連合艦隊司令長官は、午後七時五十五分、第一機動部隊を攻略部隊指揮官近藤信竹中将の指揮下に入れ、夜戦を決行させる電令を発した。

だがその後、午後七時五十分に南雲司令長官が発信した、

「敵空母（特設空母ヲ含ムヤモ知レズ）ハナホ四隻アリ　巡洋艦六隻　駆逐艦一五隻　西航中　当部隊空母全部戦闘不能　明朝水偵ヲ以テ敵ヲ捕捉セントス」

の電報を山本はうけ取った。

夜戦決行のみこみなしと判断した山本は、午後九時十五分、第一機動部隊と攻略部隊は夜戦を断念し、主隊（山本直率の部隊）に合同するように下令した。

南雲は、午後十時十二分、部隊に反転を命じ、針路三〇〇度（西北西）で合同点に向かった。

「飛龍」の僚艦「蒼龍」が沈没したのは午後四時十五分で、戦死者が艦長柳本柳作大佐以下七百余名であった。柳本は、沈没まえ、猛火に包まれた艦橋を離れず、万歳を連呼しながら戦死した。

「加賀」は午後四時二十五分、二回にわたる大爆発を起こして沈没し、戦死者は艦長岡田次作大佐以下約八〇〇名であった。

山本五十六は、明くる六月六日午前一時五十分、南雲にたいして、復旧のみこみのない「赤城」を魚雷によって処分するよう命令した。

第四駆逐隊の「萩風」以下四隻が発射した魚雷二、三本が命中し、「赤城」は午前二時に沈没した。艦長青木泰二郎大佐は艦と共に沈もうとしたが、魚雷発射直前に部下に救助された。被爆その他による戦死者は二二一名である。

六月六日午前零時十五分、生存乗員に「総員退去」を命じた艦長加来止男大佐と共に、二航戦司令官山口多聞少将は「飛龍」に残った。

山口は先任参謀の伊藤清六中佐と「飛龍」副長鹿江隆中佐をよび寄せて言った。

「……とにかく君ら二人に南雲長官への伝言を頼んでおきたい。

『〝蒼龍〟のことはよくわかりませんが、両艦とも損害を蒙《こうむ》りましたことはまことに申し訳ありません。しかしやるだけのことはやりました。最後のとどめを刺す前にやられたことは残念に存じます。どうか仇《かたき》を取ってください。南雲長官の武運長久を祈ります』」

これはのちに伊藤から南雲に伝えられた。ただ南雲がどう思ったかは不明である。

山口と加来は「多数の部下を死なせ、戦いを全《まっと》うし得ず、陛下の艦を沈めることはまことに申し訳ない。艦と運命を共にするのが取るべき道」と言うのであった。

山口は、「二つの道のうち一つを選ぶ場合は、いかに困難でも確信の持てる道を選ぶ」という信条に生きてきたが、このときの「確信の持てる道」は、艦と運命を共にすることだったのである。

午前二時十分すぎ、駆逐艦「巻雲」が発射した魚雷一本が「飛龍」の右舷前部に命中し、艦体を貫いた。

約四時間後の六月六日午前六時六分、「飛龍」は艦尾を高く上げ、左舷に傾きながら沈みはじめた。山口司令官、加来艦長以下生存、戦死合わせて三百余名が「飛龍」と共に水深五〇〇〇メートルの深海に沈んだ。

源田実は、山口多聞を山本五十六、大西瀧治郎とともに激賞する。

「この人は後には連合艦隊長官級の人物となり、英将ネルソンにも匹敵すべき名将となったであろうが、ほんとに惜しい人であった。

『二つの道に直面した場合、必ず困難な道を択ぶ』

というのがこの人の処世哲学であったようだ。この哲学をもって進むとき、後になって悔むような失態はほとんど無くなると思う」

と言う。

しかしこれも、純粋にそう思うのではなくて、山口を誉めて自分をよく見せようという策でもあるようだ。山本五十六、大西瀧治郎についてもおなじである。

ただ、源田がもっとも似ているのは、才気に溢《あふ》れ、我が強く、奇想天外で派手好きな山本であった。その山本にしても、バカみたいなところがあって、ウソをついたり、ごまかしたり、責任を他に転嫁するようなことはほとんどしない。

山口多聞は、

「やるだけのことはやったが、多数の部下を死なせ、『蒼龍』『飛龍』を失い、戦いを全うできず、まことに申し訳ない。艦と運命を共にするのが取るべき道」

と言って、深海に沈んだ。

大西瀧治郎は、終戦に際して、

「特攻隊の英霊に曰《もう》す　善く戦ひたり、深謝す　最後の勝利を信じつつ肉弾として散華せり然れ共其信念は遂に達成し得ざるに至れり　吾死を以て旧部下の英霊と其の遺族に謝せんとす……」

という遺書を書き、割腹し、戦死した特攻隊員たちに詫《わ》びるように、介錯をさせずに一五時間余の苦痛に耐えて絶命した。

第一航空艦隊司令長官の大西瀧治郎中将は、昭和十九年（一九四四）十月二十日、戦局挽回のために、マニラ北方約一一〇キロのマバラカット基地で、零戦搭乗員二五名によって神風特別攻撃隊を編成し、航空特攻を開始した。大西自身が「統率の外道《げどう》」と言った指揮官失格の外道の戦法である。

源田はそれを、

「大西の立場に立たされれば、山本五十六も山口多聞も同じことをやったろうし、彼ら自身が特攻機に乗って出撃したであろう。それが海軍軍人である」

と、確認してきたように断言する。

だが、自分が第三四三空（四国の松山を基地とした紫電改戦闘機隊）司令のとき（昭和二十年一月十五日就任）は、言っていることとは反対に、つぎのようなことをやっていた。

ある日、司令長官宇垣纏中将の第五航空艦隊司令部から帰った源田司令が、飛行長の志賀淑雄少佐に言った。

「うちからも特攻を出せと言うんだ」

「はあ、わかりました」

「どうする」

「参謀は誰が言いましたか」

「…………」

「いいですよ、私が先にゆきましょう。あとは毎回、兵学校出身を指揮官にしてください。鴛淵《おしぶち》（孝大尉）、菅野《かんの》（直大尉）みんなゆきます。兵学校ぜんぶゆきます。そのかわり、私が最初にゆくときに、後の席に、その参謀を乗せてゆきましょう。敵の艦《ふね》は沈めます。司令、最後にあなたゆきますね、紫電改で。どうぞ、やりましょう」

源田は黙していた。

三四三空の特攻は沙汰《さた》止みとなった。

六月十日午前八時ごろ、南雲の第一機動部隊と山本の主力部隊は洋上で合同した。連合艦隊司令部によばれ、草鹿参謀長、大石先任参謀、源田航空甲参謀、吉岡航空乙参謀は「大和」におもむいた。

そのときのことを、草鹿はつぎのように語っている。

「山本長官は単独で私を長官室に引見された。私は戦闘の詳細を報告したのち、機動部隊が期待に沿い得なかったことはわれわれ一同の責任はまさに死に値するが、できることなら現職のままいま一度陣頭に立たしていただきたく、長官の特別の斡旋《あっせん》をお願いする旨を述べた。山本長官は終始黙々として聞いておられたが、その眼底に涙が光るのを見て、私もまた涙が流れるのをどうすることもできなかった」

連合艦隊参謀長の宇垣は、六月十日付の日記『戦藻録』に、

「……長官室に下りて参謀長先任参謀より報告を聴く。参謀長『大失策を演じておめおめ生きて帰れる身に非ざるも、只復讐の一念に駆られて生還せる次第なれば、如何《どうか》復讐出来るよう取計って戴《いただ》き度《たい》』長官簡単に『承知した』と力強く答へらる。(両者共に真実の言、百万言に優る)」

大敗の責任の取り方について、山本五十六は草鹿とおなじように考えたのであろう。

永野軍令部総長も嶋田海相も、山本、南雲以下の責任をいっさい問おうとしなかった。

ミッドウェー作戦の研究会もひらかなかった。先任参謀の黒島は、

「本来ならば関係者を集めて研究会をやるべきであった。これを行なわなかったのは、突っつけば穴だらけであるし、誰もが反省していることでもあり、その非を十分に認めているの

で、いまさら突っついて屍《しかばね》に鞭《むち》打つ必要がないと考えたからであった、と記憶する」と戦後に語っている。

六月十日午後三時三十分、軍艦マーチ入りで大本営海軍部がミッドウェー海戦の戦果を発表した。

「米航空母艦エンタープライズ型一隻およびホーネット型一隻撃沈。

彼我上空において撃墜せる飛行機約一二〇機。

重要軍事施設爆破。

わが方の損害――

航空母艦一隻喪失、同一隻大破、巡洋艦一隻大破。

未帰還飛行機三五機」

山本五十六はかねがね、大本営発表はいいことでも悪いことでも、真実を発表すべきであると言っていた。しかしこのまったくデタラメなミッドウェー海戦の戦果発表には口をつぐんだ。

念のために、一部推定をふくむが、正しい戦果と損害を示すことにする。

「米航空母艦ヨークタウン一隻大破、のちに伊百六十八潜が撃沈。

撃墜した飛行機数は不明だが、一〇〇機まではいかなかったようである。

重要軍事施設爆破、ただし滑走路をふくめ不十分。

わが方の損害――

航空母艦「赤城」「加賀」「蒼龍」「飛龍」、重巡洋艦「三隈」沈没。

飛行機二八五機喪失。

三千余名戦死、うち搭乗員戦闘機三九名、艦爆三三組六六名、艦攻三七組一一一名、計一〇九組二一六名」


飛行機と搭乗員の損害は、『戦史叢書　ミッドウェー海戦』によったものである。

なお同書によると、残存搭乗員は戦闘機四五名、艦爆五一組一〇二名、艦攻五七組一七一名、計一五三組三一八名となっている。


もしミッドウェー海戦のこの恐るべき真相が公表されれば、世紀の英雄山本五十六も世紀の阿呆に転落し、惨めな敗軍の将として退陣を余儀なくされるであろう。

そうなると、栄光の帝国海軍の威信もガタ落ちとなり、国民に愛想を尽かされるにちがいない。

それでは終わり、という事情のために、永野も嶋田も真相を糊塗《こと》したのであろう。


日本海軍は真珠湾で米旧式戦艦群を沈没させ（大部分は復活）、マレー沖で英戦艦二隻を撃沈し、珊瑚海海戦で米空母一隻を撃沈し、ミッドウェーでも米空母一隻を撃沈した。

だが、ミッドウェーでの四空母喪失は、山本が戦艦無用を唱えていただけに、それらをプラス・マイナスすれば、マイナスが甚大である。

さらに日米の国力差からすれば、日本の虎の子空母四隻と練達搭乗員二一六名の喪失は、米国の空母一〇隻、搭乗員二〇〇〇名以上に相当するであろう。
寡をもって衆に勝つべく、山本五十六は真珠湾奇襲を強行した。しかし因果応報の世の習いによるものか、半年後のミッドウェー海戦では、寡の米海軍に衆の日本海軍が大敗し、日米海軍戦力の比は、開戦前よりも、日本のほうがいっそう不利となった。
山本五十六はじめ、嶋田海相、永野軍令部総長らの臭いものにはフタの処置によって、南雲、草鹿、源田らも責任を問われず、七月十四日に編成された新機動部隊第三艦隊の要職に横すべりした。
第三艦隊の兵力は——
第一航空戦隊　空母「翔鶴」「瑞鶴」、小型空母「瑞鳳」
第二航空戦隊　改造中型空母「飛鷹」「隼鷹」、小型空母「龍驤」
第十一戦隊　高速戦艦「比叡」「霧島」
第七戦隊　重巡「熊野」「鈴谷」「最上」
第八戦隊　重巡「利根」「筑摩」
第十戦隊　軽巡「長良」、駆逐艦一六隻
旧一、二航戦と新一、二航戦の質は別として、表面の陣容から見れば、旧第一機動部隊以上の大機動部隊である。
その司令長官が南雲忠一中将、参謀長が草鹿龍之介少将であった。さすがに源田参謀ははずされたが、それでも主力艦の一艦「瑞鶴」の飛行長になった。

一方、山本五十六以下の連合艦隊司令部の顔ぶれも、全員従来どおりで変わらなかった。

山口多聞、加来止男、友永丈市、柳本柳作らの厳然とした身の処し方と比較すると、この当時の日本海軍上層部は、あまりにも無責任で、いい加減であったと言うほかないようである。これで、信賞必罰をはっきりさせる米海軍に勝てる道理はなかろう。

命令に違反して戦略を誤り、魏《ぎ》軍に大敗した馬謖《ばしょく》を、諸葛孔明《しょかつこうめい》は泣いて斬罪に処したが、このばあいは、山本、宇垣、黒島、渡辺、南雲、草鹿、源田らに責任を取らせ、少なくとも更迭すべきであった。現に、

「ふたたび立ち上がって、この失敗を償い、頽勢《たいせい》を挽回してこそ、われわれの本分を果たすものと言えよう」

と言いながら、従来と同様の立場で作戦計画、指導に当たった山本司令部、南雲司令部は、その後、部下将兵、飛行機、艦船などの損耗を激増させるばかりで、頽勢を挽回するようなことは何もできず、日本を惨憺たる敗戦にみちびくだけだった。

大本営の誇大戦果発表

ミッドウェー海戦以後の山本連合艦隊は、「攻めて攻めてハワイを取り、講和を結ぶ」の夢を捨てるほかなくなった。

米軍が出てきたら戦うだけになった。しかしそれにも確実な勝算はなかった。日本海軍に残る正規空母は「瑞鶴」「翔鶴」の二隻だけである。米海軍にはエンタープライズ、ホーネット、ワスプ、サラトガの四隻が残っている。日本がこれから空母、飛行機の増産にかかっても、米国は空母で日本の三倍以上、飛行機で一〇倍以上を生産する。練達の空母機搭乗員も、珊瑚海海戦とミッドウェー海戦で二百数十名を失ってしまった。

航空主兵で戦うという山本五十六にとって、状況は開戦前より遥かに悪くなっていた。

昭和十七年（一九四二）七月十八日、柱島泊地で、第三艦隊の旗艦が「瑞鶴」から「翔鶴」に代わった。「翔鶴」は対空用レーダーを装備している。

第三艦隊は高速戦艦部隊や重巡部隊などが臨時に加わっていた第一機動部隊とちがい、それらも艦隊に直属する建制《けんせい》の部隊となった。

一個航空戦隊の空母は大型二隻、小型一隻の三隻編制（いままでは二隻）である。大型空母の搭載機は艦戦（零戦）と艦爆をふやし、艦攻を減らした。艦攻雷撃機は撃墜されやすく、艦攻水平爆撃は命中率が低いため、敵空母を使用不能にして制空権を得る方針に変えたのである。

従来「翔鶴」は艦戦二一、艦爆二一、艦攻二一であったが、こんどは艦戦二七、艦爆二七、艦攻一八となった。それでも、ヨークタウンの艦戦二七、艦爆一八、艦攻一二、偵察一八とくらべれば、「翔鶴」艦戦の艦爆・艦攻にたいする割合は小さい。まだ攻撃優先であった。

小型空母の搭載機は、「瑞鳳」のばあい、艦戦二一、艦攻六である。この小空母は主として艦戦による自隊の防御、艦攻による索敵、哨戒を担当して、大型空母を攻撃に専念させるもの。ミッドウェー海戦では、四空母の戦闘機が上空警戒のために発着艦をくり返し（とくに二〇ミリ機銃の携行弾数が少なく、なくなりやすい）、攻撃隊の収容、発進準備を遅らせ、上空警戒の統制もとれなかった。そこでこの措置がとられたのであった。

索敵を十分におこなうため、索敵用水偵を多数搭載した高速戦艦二隻、重巡三隻、それに駆逐艦三隻、計八隻の水上部隊を、空母の一〇〇カイリ（約一八五キロ）以上前方に、横一線に散開させる新戦法をとった。

この前衛部隊には、ほかに二つの任務が加えられた。

攻撃から帰ってくる飛行機が所属艦に向かうのを誘導するのと、敵損傷艦を捕捉《ほそく》して撃沈破することだ。

要するに航空主兵の方針を徹底したという。

幕僚陣も強化された。首席（先任）参謀が前海軍省軍務局第一課長の高田利種大佐（兵学校第四十六期）、作戦参謀が長井純孝中佐（同第五十期）、航空甲《こう》参謀が源田実と兵学校同期、海大一期下の内藤雄中佐、砲術兼戦務参謀が源田と兵学校、海大同期の末国正雄中佐、通信兼情報参謀が中島親孝少佐、航海参謀が東徹雄少佐（同第五十六期）、航空乙《おつ》参謀が留任の形の吉岡忠一少佐、それに機関参謀が目黒孝成中佐という顔ぶれである。

末国中佐は着任のとき、南雲司令長官から三〇分もの訓示をうけた。

「一航艦には砲術参謀、戦務参謀がいなかったこともあるが、ミッドウェーでは艦隊防空ができていなかった。君は砲術をやらんでいい。艦隊防空をやれ」

という骨子であった。

だが南雲と草鹿のどちらも、

「ミッドウェーのことは聞くな」

と言い、ミッドウェー作戦の内容は少しも教えてもらえなかった。

末国は長井作戦参謀、内藤航空甲参謀と協同で、前衛部隊を出し、防空担任の小空母を配備するなどの戦策をつくった。

ただそのために、前衛部隊の各戦隊司令官と各艦長から、

「われわれを犠牲にして空母だけうまいことをやろうというのか」

と、さんざん苦情を言われることになった。

しばらくして、吉岡参謀が末国に言った。

「三艦隊司令部の計画は非常に理論的で緻密です。一航艦司令部とは格がちがいます。この司令部がミッドウェーに行っていたら、あんな戦《いくさ》はしなかったでしょう」

末国は、「一航艦は理論的でなく、カンで荒っぽくやっていたんじゃないか」と思った。

彼は、南雲と草鹿と源田については、

「南雲さんは何も言わない。私がいろんな長官に仕えたうちで、いちばん何も言わなかったのは南雲さんだ。草鹿さんもほとんど何も言わない。私なんかが起案して持ってゆくと、『ああ』と言って印を押してくれた。これをどう考えろとか、これをどうせいと言われた記憶はぜんぜんない。いつも無条件で通った。

『瑞鶴』の飛行長だったときの源田には印象が残っていない。彼とは戦後もよくつき合ったが、ミッドウェーのことはいっぺんも聞いたことがなかった」

と述懐している。

第二艦隊通信参謀から転任した中島少佐は、着任時に南雲から、

「ミッドウェーでは索敵と通信が悪くて失敗した。とくに通信の訓練をしっかりやってもらいたい」

と指示された。

ミッドウェー海戦の状況を調べると、戦務の不手際が目立った。そこで敵発見の報告要領などの訓練にも努力することにした。

中島は草鹿をつぎのように語っている。

「草鹿さんは無刀流の達人で、中学生のころから参禅していたというが、凡人には捉《とら》えどころがない大人物だったようだ。しかし僕は、参謀長が断固たる決意を示した場面を見たことがない。ミッドウェー海戦のとき、『泰然として腰を抜かしていた』と、誰かが冗談を言ったと聞いたが、その観なきにしもあらずだった」

昭和十七年八月七日、ソロモン諸島南東部のガダルカナル島に米軍が上陸し、翌日には日本海軍がつくったばかりの飛行場を占領してしまった。

山本五十六連合艦隊司令長官は、

「陸海軍協同でガダルカナルを奪還し、再奪還に押し寄せてくる米艦隊を撃滅する」

と決意し、軍令部と陸軍の同意を得た。

だが、なんと言っても、ガダルカナルは遠すぎた。

南東方面の日本軍の本拠地ラバウルからでも約六〇〇カイリ（約一一〇〇キロ）もある。ラバウルを飛び立った零戦は、四時間以上飛びつづけ、やっとガ島上空に達しても、一五分以上はとどまらずに帰途につかなければ、ラバウル手前で不時着する。

フネでは高速の巡洋艦でも、一日半以上走らなければ、ガ島まで達しない。

ラバウルとガ島の中間には多数の島々があるが、そこにはまだ一つの飛行場も、補給のための基地もなかった。

しかし山本は、作戦を強行する。

八月七日、八日、九日の三日間にわたり、ラバウルの第五空襲部隊（二十五航戦主力）の陸攻隊と艦爆隊は、ガ島付近の米豪艦船、航空機を攻撃して、

「撃沈――重巡一隻、軽巡一隻、駆逐艦二隻、輸送船九隻

大火災沈没確実――軽巡二隻

大破――軽巡一隻、駆逐艦一隻

大火災――輸送船二隻

撃墜――F4F四九機、急降下爆撃機八機、中型爆撃機一機、計五八機

《わが方の損害》

喪失――零戦三（三二機中）、艦爆九（九機中）、陸攻二五（六六機中）、計三七機」

と報告した。

八月八日夜十一時三十分すぎ、ガ島北岸のルンガ泊地に突入した司令長官三川軍一中将の第八艦隊重巡「鳥海」以下重巡五隻、軽巡二隻、駆逐艦一隻、計八隻は、奇襲に成功して、つぎのように報告した。

「撃沈――英重巡二隻、米重巡二隻、米軽巡一隻、駆逐艦六隻

大破――駆逐艦二隻

中破――軽巡一隻
《わが方の損害》
小破――『鳥海』『青葉』」
八月九日午後三時三十分、大本営海軍部は、八月七日以来のこの方面の戦果を、つぎのように発表した。
「撃沈――戦艦一隻、甲（重）巡四隻、巡洋艦四隻以上、輸送船一〇隻以上
撃破――甲巡三隻、駆逐艦二隻以上、輸送船一隻以上
撃墜――戦闘機三二機以上、戦闘爆撃機九機以上
《わが方の損害》
自爆（撃墜）――七機
小破――巡洋艦二隻以上」
山本五十六はじめ連合艦隊の幕僚たちも、永野修身はじめ軍令部の部員たちも、この戦果を信じ、元気づいていた。
しかしここには、恐るべき落とし穴があった。
米側資料によると、八艦隊の夜襲による米豪軍の損害は、
「沈没――豪重巡一隻、米重巡三隻
大中破――米重巡一隻、米駆逐艦二隻」
で、八艦隊の報告より少ないが、この程度ならまだよかった。

ところが、日本航空部隊による損害が、

「沈没——駆逐艦一隻、輸送船一隻

小破——駆逐艦一隻

喪失——F4F一機、急降下爆撃機一機」

と、まるで僅少なものでしかなかった。

二十五航戦は珊瑚海海戦のとき、針小棒大な戦果報告をしたが、こんども針小棒大な報告をして連合艦隊と軍令部を喜ばせ、「航空主兵」で米海軍に勝てるという期待を持たせたのである。

八月二十四日、南雲中将がひきいる新編機動部隊の第三艦隊は、フランク・J・フレッチャー中将（昇進）がひきいる米第六十一機動部隊と、ソロモン諸島東方海面で戦った。

「翔鶴」「瑞鶴」の艦爆隊はエンタープライズとサラトガを攻撃し、エンタープライズに二五〇キロ爆弾を三弾命中させた。しかしサラトガには一弾も命中させることができなかった。

「翔鶴」「瑞鶴」と離れて行動していた小空母「龍驤」は、サラトガの爆・雷撃隊に攻撃され、四五〇キロ爆弾数発の至近弾をうけ、左舷中部に魚雷一本を命中され、四時間ほどで沈没した。

日本側は零戦三〇、艦爆二三、艦攻六、計五九機を失った。

米側は空母機二〇機喪失にとどまった。

米機動部隊はレーダーによって日本攻撃隊を探知し、戦闘機五三機に邀撃させ、強化された対空火器で防御したのであった。

九月二日、第四航空隊司令の森玉賀四大佐（兵学校第四十五期）は、ニューギニア南東端のラビ飛行場にたいする薄暮攻撃に、みずから四機をひきいて出撃する直前、山田定義二十五航戦司令官に直言した。

「精鋭な敵艦隊をやっつけるためには、現在われわれが使っている航空兵器が飛躍的に改善されるか、現におこなわれているわが航空部隊の献身的肉薄必殺の襲撃に策応して、友軍海上部隊も機を逸せず、これまた犠牲をいとわぬ徹底的猛攻に転ずることを絶対に必要とする。ただ空中攻撃にのみ依存する戦法を廃して、さらに多角立体的協同作戦の必要を痛感している次第であります」

このころの航空戦は、すでにハワイ、マレー沖、インド洋当時とはすっかり様相が変わり、多数の防空戦闘機と多数の対空火器をそなえた米豪など連合軍の艦船にたいしては、従来の単純な「航空主兵」思想では、もはや通用しなくなっていたのである。

しかし、山本連合艦隊司令部も永野軍令部も、戦場の実相を知らず、森玉大佐ほか搭乗員たちの血を吐くような意見にも、耳を傾けようとはしなかった。

この間、ガ島に上陸した一木清直陸軍大佐がひきいる一木支隊第一梯団《ていだん》の約九〇〇人は、八月二十一日、ガ島飛行場東側から米軍陣地に突撃したが、兵力・装備が問題外にちがう約一万一〇〇〇人の米軍に圧倒され、たちまち全滅してしまった。

九月十三日には、川口清健陸軍少将が指揮する川口支隊約六〇〇〇人が、ガ島飛行場の米軍陣地に夜襲をかけた。しかし、これも米軍の凄まじい銃砲火を浴び、おびただしい死傷者を出して、敗退した。

この状況の中で、確かな大戦果が一つあった。

艦長木梨鷹一少佐（兵学校第五十一期）の伊十九潜が、九月十五日、ガ島東方のサンクリストバル島南東海上で、米正規空母ワスプに魚雷六本を発射し、うち三本を命中させて、これを撃沈した。残り三本の一本はワスプ後方の戦艦ノースカロライナを大破し、戦場から離脱させた。さらに、一本は駆逐艦オブライエンの艦首に命中し、やがて沈没にいたらしめた。

九月下旬、「瑞鶴」飛行長の源田実中佐は、臨時第十一航空艦隊参謀に任命され、ラバウルに赴任した。しかしすぐマラリアにかかり、約二〇日間入院して、何の役にも立てなくなった。

目立つ戦果があとひとつ出てきた。

栗田健男中将がひきいる第三戦隊の高速戦艦「金剛」「榛名」が、十月十三日夜、ガ島飛行場にたいして、北の海から三六センチ砲弾九一八発をぶち込み、米兵四一人を戦死させ、米軍機四八機を破壊し、滑走路と飛行場施設を大破したのである。

ガ島の米軍将兵はその猛撃に絶望的となったほどだったが、ただ、致命的な破壊にまではいたらなかった。

このとき、山本五十六が乗る「大和」（この当時はトラック島にいた）や「陸奥」「長門」もこれに加わり、四六センチ、四〇センチ砲弾をふくめ、合計二五〇〇発ほど巨弾をぶち込めばどうであったろう。

師団長丸山政男中将の第二師団（仙台）を主力とするガ島奪回部隊は、兵器、弾薬、糧食が乏しいまま、十月二十四日夜と二十五日夜の二回にわたり、ガ島飛行場の米軍陣地に総攻撃をかけた。しかしいずれも、前回の川口支隊とほとんどおなじく、米軍の凄まじい銃砲火を浴び、おびただしい死傷者を出して無残に敗退した。

兵器、弾薬、糧食が乏しかったのは、十月十五日の朝から十七日の朝にかけ、ガ島飛行場西方のタサファロング沖で、たび重なる米軍機の爆撃と米駆逐艦の砲撃をうけ、輸送船三隻が沈没し、揚陸した軍事資材の大部分が焼かれ、糧食はわずか一五日分、弾薬はたったの二割、大砲は三八門しか残らなかったからである。

日本海軍は陸軍のガ島上陸を支援したが、米軍に制空権を握られ、陸軍の上陸作戦を十分に成功させられなかったのだ。

南雲中将が指揮する「翔鶴」「瑞鶴」「瑞鳳」「隼鷹」主力の第三艦隊は、ウィリアム・F・ハルゼー中将が総指揮するエンタープライズ、ホーネット主力の米機動部隊と、十月二十六日、ソロモン諸島東方海面で死闘を演じた。

大本営海軍部は、翌日の夜、

「敵空母四隻、戦艦一隻、艦型不詳一隻、いずれも撃沈。

戦艦一隻、巡洋艦三隻、駆逐艦一隻中破。

敵機二〇〇機以上を撃墜、その他により、喪失せしむ。

わが方の損害は空母二隻、巡洋艦一隻小破せるも、いずれも戦闘航海に支障なし。

未帰還四十数機。

本海戦を南太平洋海戦と呼称す」

という花々しい戦果を発表した。

いずれ米海軍に勝てると思われる大勝であった。

現に連合艦隊、軍令部も、また海軍省も、それを信じた。

ところが、戦後に明らかになったものだが、日米両艦隊の実際の損害はつぎのとおりであった（『戦史叢書　南東方面海軍作戦(2)』）。

《米軍の損害》

沈没――空母ホーネット、駆逐艦ポーター

損傷——空母エンタープライズ、戦艦サウスダコタ、重巡サンジュアン、駆逐艦スミス、ヒューズ
飛行機喪失——七四機
《日本軍の損害》
損傷——空母「翔鶴」「瑞鳳」、重巡「筑摩」
飛行機喪失——零戦二四、艦爆四〇、艦攻二八、計九二機
搭乗員戦死——零戦一七、艦爆六〇、艦攻六六、計一四三名
日本軍の残存使用可能機数（カッコ内は戦闘開始時の数）——零戦四四（九〇）、艦爆一八（七二）、艦攻二四（五四）、計八六機（二一六機）

なお搭乗員戦死の中には、「翔鶴」艦攻隊飛行隊長の村田重治少佐、「翔鶴」艦爆隊飛行隊長の関衛少佐など五名の名飛行隊長がふくまれていた。

この日米両軍の実際の損害からすると、日本側が大勝したというのは大誤断で、むしろ貴重な搭乗員や飛行機をあまりにも多く失い、分が悪かったというのが真相である。第三艦隊の飛行機隊の損害がこれほど多大になったのは、艦爆、艦攻を掩護する戦闘機が少なく、掩護の仕方も不十分だったからと見られている。

源田実はヨークタウンと「翔鶴」の搭載機の配分を比較して、日本海軍は索敵を軽視していたと言ったが、戦闘機による艦爆、艦攻掩護も軽視していたのである。

制空権獲得法について、源田はつぎのように述べている。

「わが海軍は母艦搭載機の主力を攻撃機や爆撃機において、戦闘機は副としていた。とくに攻撃の最大威力である雷撃隊には、当局も力を入れたが、練度も高かった。

これに反して米海軍は、母艦搭載機の半数は戦闘機としていた。

制空権下の艦隊決戦と言っても、日本側は敵の航空母艦を撃沈して制空権を獲得しようとしていたが、米側は決戦場に優勢な戦闘機隊を配備し、日本側の飛行機を排除して制空権を獲得しようとしていた。

……太平洋戦争の経過や、米海軍のその後の方針転換などを考えると、制空権獲得の戦法は、日本海軍の方が遥かに賢明であったように思われる。戦場上空の制空権を掌握する戦闘機隊の重要さは十分了解ができるが、戦闘においては攻勢をとり、敵航空兵力の根源である航空母艦を叩く方が先決である。（『海軍航空隊始末記　発進篇』参照）

ところで、「戦闘においては攻勢をとり、敵航空兵力の根源である航空母艦を叩く方が先決である」と言うのはいいとしても、掩護戦闘機が少ないために、日本の艦爆、艦攻の多くが米戦闘機隊に撃墜され、米空母を一隻沈めるのがやっとという結果になったのである。

「この制空権獲得の戦法は、日本海軍の方が遥かに賢明であった」ということはあり得ず、むしろ「日本海軍のほうが遥かに愚かであった」というものであろう。

第三艦隊の作戦計画がいくらよくても、艦爆、艦攻の搭乗員がいくら優秀でも、爆弾を投下し、あるいは魚雷を発射する前に敵戦闘機に撃墜されては何にもならない。

連合艦隊司令部、軍令部、海軍省は、南太平洋海戦での蜃気楼《しんきろう》のような大戦果を信じ、

「飛行機さえあれば勝てる」と思い込んだようだが、この誤断がその後の全作戦に重大な影響をおよぼしてゆく。

ソロモン方面の航空戦、南太平洋海戦などで失われた多くの航空戦士について、源田実はこう語っている。

「三原元一、檜貝襄二、村田重治などの英俊が、南太平洋の航空消耗戦において、相ついで世を去った。海軍がこれらの人々を失ったことは、その人たちの大きな力を後の戦闘に振るわせることができなかっただけでなく、優秀な後進指導力をも失ったのであって、その損失は測り知れなかった」

しかし、なぜこのようなことになったかについては、何も語っていない。

十一月中旬、源田中佐は病み衰えた体でラバウルから内地に帰り、航空作戦主務の部員となるために、軍令部第一（作戦）課に着任した。

課長の富岡定俊大佐から静養をすすめられた彼は、九州の別府温泉にゆき、一〇日ほど身体の回復を図った。

その間に考えた。

「将来の大決戦に備えるために、新兵力を整備しなければならない。この兵力は中央（軍令部）直属とし、真珠湾直前の第一航空艦隊のような最高の練度に仕上げ、いざというときに、作戦に投入するべきだ。

部隊は二本立てがよい。第一は基地航空部隊だ。……西はインド洋から、東はマーシャル群島まで、戦局に応じて転進が可能なものでなければならない。
第二は母艦航空部隊だ。……いまも『翔鶴』『瑞鶴』という強力な母艦が残っており、重防御の『大鳳』もあと一年あまりで完成しようし、特設空母あるいは小型空母として、『隼鷹』以下数隻の母艦が期待できる。
……敵の機動部隊にくらべれば遥かに劣勢だが、基地航空部隊とうまく協力すれば、敵に痛撃をあたえることも不可能ではない」
ガダルカナル奪還の成算を失った日本陸海軍は、昭和十八年（一九四三）二月上旬、ガ島から撤退した。
ガ島での戦没者は、陸軍が約二万八〇〇〇人、海軍が約三八〇〇人である。うち約一万五〇〇〇人が病死だが、飢餓からの病死がほとんどであった。
米軍の戦闘参加人員は、陸軍と海兵隊合わせて約六万人である。そのうち戦死者が約一六〇〇人、戦傷者が四千二百余人であった。
昭和十七年八月から十八年一月までの、ガ島戦における日本海軍航空部隊の損害は、
飛行機喪失――八九三機
搭乗員戦死――二三六二人
の多きにのぼった。

何もかも無理な戦いを物語る。

ガ島撤退が終了してまもない二月十一日、連合艦隊司令部は、トラック島の泊地で、「大和」から同型艦の「武蔵」に移った。艤装成った新しい「武蔵」のほうが、「大和」よりも通信装置が一段と充実したものになっていたからだ。しかし、「武蔵」も「大和」同様、実戦用戦艦ではなく、豪勢なオフィス兼ホテルにされたにすぎなかった。

ソロモン、ニューギニア方面の航空戦を陣頭指揮するために、山本五十六はじめ連合艦隊の幕僚たちは、四月三日、飛行艇二機でトラック島からラバウルに飛んだ。

ガ島とニューギニアの米豪艦船、飛行機を撃滅しようというこの航空作戦は、「い」号作戦とよばれ、第三艦隊の艦上機が約一八〇機、十一航艦の陸上機が約一九〇機、合計約三七〇機が参加する。

戦爆連合の攻撃隊は、四月七日、十一日、十二日、十四日の四日間、ガ島と、ニューギニアのオロ湾、ポートモレスビー、ミルネ湾を空襲した。

連合艦隊司令部は、この一連の航空攻撃で、敵巡洋艦一隻、駆逐艦二隻、輸送船二五隻を撃沈し、敵機一七五機を撃墜したと判断し、満足した。

だが実際には、駆逐艦一隻、海防艦、タンカー、輸送船各一隻撃沈、輸送船一隻擱坐《かくざ》、飛行機約二五機撃墜破という僅少な戦果でしかなかった。

日本側の損害は未帰還四三機で、全参加機数の約一二パーセントであった。このうち第三艦隊では艦爆一六、零戦一四、計三〇機を失い、ほかに艦爆一七機、零戦六機が被弾し、「瑞鶴」「瑞鳳」は内地に帰り、航空兵力の建て直しをしなければならなくなった。

山本、宇垣ら連合艦隊司令部首脳は、ラバウル南東のブーゲンビル島方面の前線を視察するために、四月十八日朝、一式陸攻二機に分乗してラバウルを発進し、ブーゲンビル南方のバラレ飛行場に向かった。護衛は零戦六機であった。

一時間三〇分ほど飛び、あと一五分でバラレというところで、米戦闘機一六機に襲撃され、山本が乗る一番機は密林に墜落し、一一名全員が戦死した。二番機は海上に不時着して、宇垣ほか二名だけが助かった。

米軍は山本巡視の暗号電報を解読し、戦闘機隊に待ち伏せさせ、山本一行を襲撃させたのであった。

山本個人にすれば、自分が先導して米海軍に挑戦した日本海軍の惨憺たる敗北を見ずに戦死したことは、死に場所を得たというものであろう。生き恥を曝さずに済んだ。

後任の連合艦隊司令長官には、山本と親しく、兵学校で二期下の古賀峯一大将が就任した。

しかし、この当時の連合艦隊はもはや半身不随で、米海軍にいちどでも大勝できるような戦力ではなくなっていた。

導師大西瀧治郎

源田実は日露戦争が始まった年の明治三十七年（一九〇四）八月十六日、広島県の農業源田春七の次男に生まれた。広島県立広島第一中学校を経て、大正十年（一九二一）八月二十六日、広島県江田島の海軍兵学校に、第五十二期生の一人として入校した。同期生の中には高松宮宣仁《のぶひと》親王がいる。小柄で、非力で、運動も不得意なためか、目立つ存在ではなかった。しかし、大正十三年七月二十四日に同校を卒業するときは、二三六名中一七番という上位の成績であった。

源田は自分の身体について、

「視力が図抜けて強く、全身が健康そのものであることに自信が持てた」

と言っている。

昭和三年（一九二八）十二月一日、源田実中尉は約三〇名の兵学校同期生とともに、霞ケ浦海軍航空隊で、第十九期飛行学生となった。

一年後の昭和四年十一月三十日、横須賀海軍航空隊付に転じ、二人の同期生と共に戦闘機分隊に配属された。二十五歳のときで、ここから戦闘機乗りである。

昭和七年（一九三二）、横空（横須賀海軍航空隊）戦闘機分隊長の小林淑人《よしと》大尉（兵学校第四十九期）は、間瀬平一郎、青木与の両下士官パイロットを列機として、三式艦戦三機編隊のアクロバット飛行技術を開発し、全国各地で催される報国号献納式の会場で実演して、人気を博した。

昭和八年、横空分隊長の岡村基春大尉（兵学校第五十期）と、横空付兼教官の源田実大尉がそのあとをつぎ、九〇式艦戦をつかい、華やかな演技をみせ、「岡村サーカス」「源田サーカス」とマスコミで報じられるようになった。

源田と同期の柴田武雄は、

「源田のスタンドプレーは有名で、その代表的なものが『源田サーカス』と言われた『見せ物飛行』だ。操作の大部分は実戦には使わない。

源田はああいうことをさかんにやって、人気を博したかったのだろう。

戦闘機の操縦はうまかったかもしれない。しかし、着陸、着艦は下手だったな」

と言う。

末国正雄は、昭和十一年、海大甲種学生のとき、霞空（霞ケ浦海軍航空隊）や横空で、源田の操縦する飛行機に何度か乗せてもらっていて、

「彼のうしろに乗っていると、宙返りのときでも、急降下のときでも、操縦がうまいから楽だった。戦闘機の伎倆から言えば、ひょっとしたら柴田のほうが源田より上かもしれない。ところが源田はりこうだから、源田サーカスをはじめて日本中をまわり、名を上げた」

と言っている。

役者、政治家、教祖などに向く才能があったかもしれない。

佐世保海軍航空隊司令の大西瀧治郎大佐が、昭和九年（一九三四）十一月一日、横空副長兼教頭となった。同時に、「龍驤」戦闘機分隊長の源田実大尉が、横空戦闘機分隊長兼教官となった。

昭和十年三月ごろ、源田は次期戦闘機の性能について、会議の席で誤った判断を述べ、後日それを訂正し、関係者と大西に詫《わ》びた。

大西は言った。

「お前なにを言っているんだ。われわれは何が国家のためになり、何が国家の発展に役立つのか、それを標準として物を考え、行動を律すべきだ。お前が今日の会議でああ言ったことは、あれでいいんだ。横空の面目など問題ではない。われわれは国家のために有利となれば、無節操、無定見と罵《ののし》られようと、毫《ごう》も意に介すべきではない」

源田は大西のこの態度について、

「五七年にわたる私の過去において（昭和三十六年現在）、この言葉ほど胸を打ったものは余りない。それ以前でも大西瀧治郎という人が偉材であるとは感じていたが、このときから『この人は底の知れない人だ』という考えを深くした」

と言い、ついで、

「昭和九年の暮れ、横須賀航空隊分隊長として着任するまで、（大西さんと）同一部隊で勤務したことはなかった。昭和十年暮れに横空から海軍大学校に転勤したが、以後ふたたび同一部隊で勤務したこともなかった。私が大西さんと一緒に勤務したのは、その一年だけだが、この一年間は他の数年間にも匹敵する意義があったし、大西さんほど、私の兵術思想なり、人生観に大きな影響をあたえた人もなかった」

と言っている。

「われわれは国家のために有利となれば、無節操、無定見と罵られようと、毫も意に介すべきではない」

が気に入ったようである。

だが、「国家のために有利」と言っても、「国家のために不利」なこともあろうし、「国家のため」が実は「自分の野心のため」であることもあろう。五・一五事件、二・二六事件が、「国家のために有利」なことであるわけがない。

ともかく、源田実が大西と気脈を通じて、「戦闘機無用論」や「航空主兵・戦艦無用論」の実現を策し、やがては山本五十六、大西瀧治郎の線に乗って「真珠湾攻撃」計画を進めた原点が、ここにあるようである。

「戦闘機無用論」については、インド洋での英空母ハーメス攻撃のところで触れたように、その狙《ねら》いは戦闘機兵力を減らすことによって攻撃機兵力を増強し、戦果を拡大しようということだったが、これが発生した原因の一つに、「人命軽視」の思想があった。

昭和八年の夏、横空で航空戦技の研究会がひらかれ、雷撃機分隊長の日高実保大尉（兵学校四十九期）が意見を述べた。

「雷撃機隊は目標艦にぶつかるほど接近して発射しているから、いつもほとんどぜんぶ命中という成績を上げている。しかし実戦でこんなことをやれば、魚雷は文字どおり目標艦の艦底を通過して、無効となるものが多いだろう。そのまえに、魚雷を発射するまでに、敵の戦闘機や防御銃砲火にぜんぶ撃墜される可能性もある。

そこで、実戦場において、発射前の被害を最小限にとどめ、多少の遠距離からでも命中率を上げるための発射法や、雷撃用測距儀その他の兵器の発明、実戦的な訓練法などを根本から研究する必要がある」

ついで空母「鳳翔」の戦闘機分隊長柴田武雄大尉が発言した。

「敵機にぶつかるほど接近して射撃すれば、命中率は確かにいい。しかし戦闘機の固定機銃が攻撃機などの旋回機銃とくらべて有利な点は、連続射撃において命中効率（単位時間における命中弾数）が高いことである。これを考えずに、至近距離で旋回銃と撃ち合えば、命中効率はほとんどおなじとなり、戦闘機固有の威力を減殺することになる。

したがって、戦闘機の威力を十分に発揮するためには、被害を最小限にして有効な命中弾を得る適当な射距離から射撃する必要がある。そのばあい命中率が下がるから、命中効力（命中効率プラス弾薬の威力）を向上させるため、優秀な照準器や高性能の兵器弾薬などの発明、ならびに実戦的な訓練を実施する必要がある」

ところが、柴田の話が終わるか終わらないうちに、海軍航空本部技術部長のずんぐりした山本五十六少将がすっくと立ち上がり、憤然として、

「いま若い士官たちから射距離を延ばすという意見が出たが、言語道断である。帝国海軍の今日あるは、肉薄必中の伝統的精神にある。今後一メートルたりとも射距離を延ばそうとすることは、絶対に許さん」

と、頭ごなしに叱《しか》りつけた。

その瞬間、柴田は思った。

「この人は精神偏重に目が眩《くら》み、歴史的事実や自然必然性を忘れ、兵器の改善、発明などを無視し、権力を笠に着て威張ってものを言っている大馬鹿野郎だ」

艦爆分隊長の天谷孝久大尉（兵学校第五十一期）は、山本に聞こえるほど大きい声で言った。

「ああ、今日から訓練はやめた。ぶつかるまで接近すれば一〇〇パーセント命中するから」

何日かたって、柴田は自分のメモの『閃《ひらめ》きの記録』に、

「上の方にわけのわからんのが居ると必ず負ける。昭和八年九月、軍艦鳳翔」

と記入した。

昭和十一年、横空戦術教官の三和義勇少佐は、

「戦闘機が攻撃機を有効に阻止できないことは演習で実証されているから、搭載機数にかぎりがある母艦には、戦闘機のかわりに艦爆や艦攻を多く積み、攻撃力を増加させよ」

と力説していた。

そのころ横空戦闘機分隊長であった柴田武雄大尉が、脆弱《ぜいじゃく》な空母を防御するには多数の戦闘機が必要だし、その他の防御法も研究の必要があると意見を述べると、

「君はそれでも日本人か」

と罵倒した。

山本にしても、三和にしても攻撃偏重、防御軽視、ひいては人命軽視の思想が強かったのである。しかも、三和が「実証されている」と言う演習とは、九六式陸攻を、それより六年も古い九〇式艦戦が攻撃するという、イカサマ的演習なのであった。

太平洋戦争で、日本海軍の損害が甚大で、戦果が僅少であった要因の中に、「防御軽視」「人命軽視」があったことは、ミッドウェー、ガダルカナルの戦いを見ても、明らかであろう。

そこから発生した「戦闘機無用論」の話を、もう少しつづける。

柴田武雄大尉は、昭和十年（一九三五）十月三十一日付で横空分隊長兼教官に発令され、十一月上旬、同空に着任した。

ある日、横空庁舎の廊下で出会った大西副長に、

「ちょっときたまえ」

と、ガランとした空部屋に連れ込まれた。

「君は『戦闘機無用論』に反対のようだが、僕は戦闘機などいらないと思うよ」

柴田は、源田実が「戦闘機無用論」の主唱者であることは知っていたが、大西もかと驚いた。しかしひるまずに言った。

「攻撃隊に戦闘機をつけなかったらやられてしまいますよ」

「いや、その掩護戦闘機こそいらない」

大西は自信ありげに言い切った。柴田は啞然《あぜん》とした。

ふたたび論争をくり返したが、一致点は出なかった。何回目かに、

「空母には防御戦闘機が絶対に必要ですよ」

柴田が言うと、

「僕も防空用戦闘機の必要は認める。しかし掩護戦闘機だけは要らない」

と断定した。

柴田は、このままでは大西、源田の主張が通り、戦闘機隊が弱小化されると思い、論文を書き、海軍部内関係者に見てもらうことにした。

「艦隊決戦時における戦闘機の用法」など六種類で、戦闘機の有用性や、改良すべきことを書いたものであった。「艦隊決戦時……」は、横空で極秘書類として、正式に出版された名

論文である。

しかし大西は、自分が主催する研究会で柴田が質問しなくなったことと、大西の意見にタテつく論文を発表したことに、激しい怒りを覚えた。やがて柴田が大西に殴られ、「骸骨《がいこつ》を乞《こ》え」とやられるのは、このためだった。


しかし、「戦闘機無用論」が大まちがいの邪説であることが実証される大事件が起こった。

昭和十二年（一九三七）七月七日、支那事変（日中戦争）が勃発し、八月十五日から、長崎県の大村や、台湾の台北などから、九六式陸攻隊が海を越えて、南京、南昌などの中国軍要地爆撃を開始した。

ところが、十五、十六の二日間で、出動機数延べ四七機中七機が失われ、被弾による使用不能機がおびただしく出た。喪失機の中には、鹿屋航空隊の名飛行隊長新田慎一少佐（兵学校第五十一期）の搭乗機もふくまれていた。

驚いた海軍航空本部教育部長の大西瀧治郎大佐は、調査のために、八月二十一日、済州島を発進して揚州を爆撃する九六式陸攻六機中の一機に乗った。すると、敵戦闘機隊の攻撃をうけ、六機中の四機が撃墜された。大西は危く生還したが、九六式陸攻でも戦闘機にはかなわないと、如実に思い知らされた。

それでも、この当時の海軍次官山本五十六中将や大西航本教育部長たちによって、陸上、海上を問わず、戦闘機兵力は削減されたままになった。ちなみに山本は、昭和十年十二月から十一年十一月まで航本部長、ついで海軍次官、さらに昭和十三年四月から十月まで海軍次官兼航本部長で、大西は昭和十一年四月から昭和十四年十月まで航本教育部長であった。

ついでだが、日本海軍の飛行機は、陸攻、艦攻、艦爆、戦闘機、偵察機など、いずれも防御がはなはだ粗末であった。九六式陸攻もそうだが、のちに出てきた一式陸攻などは、どこに機銃弾が当たっても燃料タンクが燃えるので、「一式ライター」とよばれていた。

源田実は「戦闘機無用論」については、

「この陸上攻撃機（九六式陸攻）の出現と、急降下爆撃の採用は、海上航空戦における攻撃側の比重を大いに高めたもので、日華事変の直前においては、『戦闘機無用論』まで飛び出すに至った。しかしこの戦闘機無用論は、図上演習や兵棋演習の上においては、精神的効果というものが加味され難いので、一応の理論として成り立ったのであるが、日華事変が始まるや、単なる幻想として消え去ってしまった。日華事変の戦訓は、航空戦実施の上に数知れない貴重なものを与えてくれたが、その最も貴重なものの一は、戦闘機の持つ有形無形の戦力が予想より遥かに大なることであった」

と、まるで自分には関係がなかったように、また意味がよくわからないように述べている（『海軍航空隊始末記　発進篇』）。

しかし、源田が「戦闘機無用論」の主唱者の一人で、柴田と激烈な論争をくり返したことは、柴田著の『仮称海軍戦闘機隊史資料（論争関係）』に、具体的に書かれている。

『日本海軍航空史・第一巻・用兵篇』（編纂委員会代表山本親雄《ちかお》、兵学校第四十六期、元海軍

少将、軍令部作戦課長、時事通信社刊）にも、

「戦闘機無用論を唱えはじめたのはほかならぬ戦闘機の操縦者たちで、源田実、小園安名などの錚々《そうそう》たる戦闘機乗りであったが、九六式陸攻が出現してからは、新田慎一、三原元一などの人々が、艦隊の戦技研究会などで戦闘機無用を強調するようになった」

と明記され、その後に柴田の意見がつけ加えられている。


横空戦闘機分隊長であった源田実大尉が、エリート・コースの海軍大学校甲種学生になったのは、昭和十年十月三十一日であった。

横空副長の大西から、

「源田、貴様がよく研究会で文句をつけるように、海軍の航空政策に修正しなければならないことは沢山あるだろう。これを修正しなければ航空は進歩せんのだ。貴様の言うように戦闘機にだけ乗っていたのでは、航空政策の指導などはできん。俺が貴様に期待することは、真に高効率の軍備をつくり上げてもらいたいことだ。それには馬鹿らしいようでも一応海軍大学に入り、将来しかるべきポストに就けるような基盤をつくっておかねばならんのだ」

と言われたので、もともとは入る気がなかったが、入ったと言う。


このころ海軍大学校は、目黒駅近くの上大崎にあった。


入校まもなく大西から手紙がきた。

「われわれが貴殿に期待するものは、在来の兵術概念を脱した高効率の海軍軍備を作り上げ

ることである」

という意味のことが書かれてあった。

二・二六事件の一ヵ月半ほどのちの昭和十一年四月、戦略教官の堀内茂忠中佐（兵学校第四十六期）から、

「対米作戦遂行上、最良と思われる海軍軍備の方式について論述せよ」

という課題が出された。

考えるうちに、源田実少佐（前年十一月十五日に昇進）は大西からきた手紙と、二ヵ月まえに大西横空副長が海軍大学校の講堂でおこなった「航空用兵」に関する講演を思い出した。

講演で印象に残ったことは、つぎのようなことであった。

「われわれは昨日右と言ったことを今日は左と言うかもしれない。人は無定見とか無節操とか言って罵るであろうが、そんなことは問題ではない。われわれは国の為という一事を踏みはずさなければよいのであって、個人や部隊、機関などの面目にこだわるべきではない。

海軍の用兵思想についても考え直さなければならない。現在のところ、海軍の主兵は大砲ということになっているが、果たしてそうであろうか。飛行機は三〇〇カイリ（約五五〇キロ）進出して、これこれの敵を攻撃しろと言われれば、演習で三〇〇カイリ出ているものは、実戦においても出られる。これが爆弾を搭載すればよいのである。

鉄砲屋（砲術将校）にいたっては、年にわずか五発か六発の弾丸を撃って、当たった当たったと言って酒ばかり飲んでいる。鉄砲屋はいまこそ威張っているが、海軍の弱点は案外こ

んなところにあるのではないだろうか」

一〇日ほどのち、源田はつぎのような趣旨の、奇想天外で勇猛な答申書を提出した。

「一、海軍軍備の中核を基地航空部隊と母艦航空部隊とし、潜水艦部隊をもってこれを支援せしめる。

二、これら部隊の戦闘力を有効に発揮し、かつまた敵の奇襲兵力による攻撃を阻止するために、必要な補助部隊として、若干の巡洋艦、駆逐艦などを保有する。

三、戦艦、高速戦艦などの現有主力艦は、スクラップにするか、それがいやならば繋留して桟橋の代用にする」

この根拠と判断の要点は、

「一、艦隊の演習や大学校の図上演習、兵棋演習において、戦艦部隊は航空部隊によって大損害をうけるのが常だった。

二、艦船の対空砲火は、戦技成績を見ても、飛行機の攻撃力に劣っている。飛行機の攻撃を比較的有効に阻止できるのは戦闘機だが、これは航空軍備に重点をおけば、おのずから味方の戦闘機が優勢となるはずである。

三、もしわが方が、飛行機と潜水艦を主力として艦隊を編成するならば、アメリカ海軍の強力な戦艦群は、何を目標に攻撃してくるであろうか」

というようなものであった。

同期の学生であった末国正雄によると、

「源田が書いたのは海軍罫紙《けいし》一〇枚ぐらいの論文だった。同期生（海大の）たちは、源田と殴り合いをするばかりの激論を何回かやった。反対者は、航空戦だけでは戦の詰めができないと言っていた。源田は強すぎるくらい自信が強いから、俺は俺の考えを通すと譲らなかった。あの論文は、源田が恩賜をうける一要素になっているはずだ」

源田のこの論文と、日米の国力および実際の日米戦をくらべたとき、どうであろう。適切な対米戦の軍備であったと言えるであろうか。

源田が海大で孤軍奮闘していたころ、航空本部では本部長の山本五十六と教育部長の大西瀧治郎、横空では戦術教官の三和義勇少佐、艦隊では「龍驤」飛行隊長の小園安名大尉などが、「航空主兵・戦艦無用論」の実現に奮闘していた。

昭和十一年の暮れか十二年のはじめ、東京の水交社（海軍士官集会所）で、大西航本教育部長主催の「効率的な軍備形態」の研究会がひらかれ、航空関係、その他の有力者が多数参加した。

大西は、数字を裏づけた「航空主兵・戦艦無用論」を熱烈に演説した。一言で言えば、このころ海軍が建造を決意した巨大戦艦「大和」「武蔵」の建造はやめろ、航空隊と空母をつくれというアジ演説であった。砲術が主流の海軍の中で、度胸満点の芝居というものだが、大西のバックには山本五十六海軍次官がいた。

大西航本教育部長から、

「集まれ」

とよびかけられた横須賀海軍航空隊第七期高等科学生の吉岡忠一大尉ら七名は、昭和十二年四月十日の土曜日、東京・芝の水交社に出かけた。

大西のほか、海大第三十五期甲種学生の安延多計夫少佐（兵学校第五十一期）と源田実少佐がきていた。

「これから毎週土曜日によぶから、集まれ。

『大和』一隻の建造には二億円かかる。

鹿屋のような大飛行場（約四〇万坪）でも、格納庫、燃料庫共で五〇〇〇万円あればできる。

日本は『大和』『武蔵』のかわりに、南洋諸島の島々に飛行基地をつくり、そこに飛行機を置いて、来攻する米艦隊をやっつけるべきだ。

費用に余裕があれば、空母をつくれ」

というような話であった。

吉岡ら七名の飛行学生は賛同した。

ところが、まもなく彼らは、横空司令杉山俊亮《としすけ》少将によび出された。杉山は軍令部第一部長近藤信竹少将と兵学校同期（第三十五期）の砲術科出身将校である。

「君たちは先週土曜日に東京の水交社に集まり、前の副長から戦艦無用論を聞いたらしいが、どうか」

「聞きました」

「これは軍令部総長のおことばであるけれども、以後戦艦無用論などを言うようなら、惜しいけれども海軍をやめてもらう」

軍令部総長は伏見宮博恭《ひろやす》王元帥である。

学生らは驚いたが、命令に服するほかなかった。

その後、吉岡は、たまに大西と顔を合わせることがあったが、大西は何も言わなかった。

四年後の昭和十六年（一九四一）四月か五月、台湾の高雄航空隊で会ったとき、十一航艦参謀長になっていた大西が、打ちあけた。

「俺は自分が辞めさせられるのは何ともないが、君らのような若い者を五人も六人もいっぺんに辞めさせたら、海軍がだめになると思ったのだ。だからあれ以上言わなかった」

戦艦「大和」「武蔵」の建造が中止されず、すべての戦艦が廃棄されなかったことを、源田ははなはだ不満そうに、こう語っている。

「航空関係者の一部で主張された戦艦無用論が、この時期に当局によって受け入れられ、機を逸せず思い切った軍備方針の転換がおこなわれたならば、大東亜戦の様相は、もっとちがった経過を辿《たど》ったであろう。

日本が終局の勝利を得るためには、政治面のあり方に根本的な変更を必要としたかもしれないが、戦争はもっと少ない犠牲で済んだであろうことが考えられるのである」

だがこれは「航空主兵・戦艦無用」の軍備に切りかえたところで、国力、工業力、科学技術力の段ちがいな米海軍に勝つことは、とうていできなかったにちがいない。むしろ、このように唯我独尊で、極端に排他的な考えでは、いっそう犠牲はふえたかもしれない。

昭和十三年五月、航空本部内で「十二試艦戦（のちの零戦）に関する研究会」がひらかれ、源田と柴田が論争し、源田側に立った大西航本教育部長が柴田に不当な仕打ちを加えたことは、前に述べた。

だが、でき上がった零戦は、柴田が主張したとおり、大航続力を持ち、攻撃隊掩護に適した戦闘機であった。

海軍航空本部から三菱航空機に交付された「十二試艦上戦闘機計画要求書」には、「第一項、目的」として、「攻撃機ノ阻止撃攘《ゲキジョウ》ヲ主トシ尚観測機ノ掃蕩《ソウトウ》ニ適スルト同時ニ敵戦闘機トノ空戦ニ於テ優越スル艦上戦闘機ヲ得ルニアリ」と書かれてあったのだが、三菱の堀越二郎技師たちの献身的努力と、中島の「栄」発動機との結合によって、大航続力の零戦が誕生したのである。

ところが、堀越二郎、奥宮正武（元海軍中佐、兵学校第五十八期）共著の『零戦』（昭和二十八年、日本出版協同）には、「十二試艦上戦闘機計画要求書抜粋（ほぼ原文のまま）」の「一、用途」として、「援護戦闘機として敵の軽戦闘機よりも優秀なる空戦性能を備え、迎撃戦闘機として攻撃機を捕捉撃滅し得るもの」と書かれている。

奇怪なことである。

柴田武雄は慨嘆して、

「堀越、奥宮共著の『零戦』にある〝援護戦闘機として……〟は戦後に書いたものだ。零戦の実績にもとづいての結果的作文であることは明白だ。わしは、生存中だった堀越氏と、奥宮氏に電話で聞いてみたんだが、二人とも、なぜ原文とちがうものになったか、誰が書いたか、それがわからないと言っていた。堀越氏は自分で書いておきながらわからないとはまことに申し訳ないとあやまっていたが」

と言っている。

ここで、零戦の別の特徴についての話をつけ加えておきたい。

昭和十三、四年ごろ航空廠飛行実験部次席で、十二試艦戦のテストパイロットだった真木《まき》成一《せいいち》元中佐（この当時大尉、兵学校第五十七期）が、

「堀越氏は空戦性能第一と言う源田さんと、航続力第一と言う柴田さんの意見を折衷して、ゼロ戦をつくった。当時ではすばらしい飛行機だった。

しかし、ああいういい性能の飛行機ができたのは、海軍が防御について何の要求もしなかったからだと言うことができる。防御を施せば機体重量がふえ、大出力のエンジンが必要になる。ところがそういうエンジンは当時の日本になかった。

あるエンジンの技師が、

『堀越君は幸運だった』

と言っていた。

そのかわり、ゼロ戦は防御が弱いから、敵の機銃弾が一発当たっても落ちると言われるような飛行機だった。アメリカの飛行機は、タマが何発も当たっても、なかなか落ちない。こういうことは、搭乗員の心理に関係してくる。

両翼に二門装備された二〇ミリ機銃の弾丸は破壊力があって、当たれば敵機が空中分解を起こすほどだった。しかし、弾丸の初速が遅く（秒速六〇〇メートル）、命中率が悪いのと、携行弾数が少なくて（ミッドウェー海戦当時、一門につきわずか六〇発）、すぐ撃ち尽くしてしまうのが欠点だった。

胴に装備された七・七ミリ機銃の弾丸は初速が早く（七八〇メートル）、命中率もいいが、うまく燃料タンクに当たり、油が洩《も》れて火を噴くようなことにならないと、効果がなかった。

終戦近くなってから、一三ミリ機銃用の炸裂弾ができたが、遅かった」

と言っていることである。


源田実少佐は昭和十四年（一九三九）一月に日本を出発し、昭和十五年十月に帰国する間、駐英日本大使館付武官補佐官として、主にロンドンで勤務した。

昭和十四年九月三日に第二次世界大戦が始まり、翌昭和十五年八月八日から、ドイツ空軍の英本土爆撃が開始された。しかし、ドイツ空軍の戦闘機隊より英空軍の戦闘機隊が強かったため、ドイツ空軍はドーバー海峡、英本土上空の制空権を獲得できず、ドイツ軍の英本土上陸作戦は無理と観測された。

英戦闘機の空中戦闘訓練を見聞し、スピットファイア、ハリケーンの体形、武装を調べ、源田は、英戦闘機隊の実力でも、日本海軍の戦闘機隊よりも相当落ちると、自信をもって判断した。

昭和十四年には、④計画とよばれる海軍の軍備充実計画が実施段階に入った。これがいまだかつてない、途方もない大軍拡計画であった。年頭に成立した総予算が一五億円で、六年間に「大和」型戦艦二隻をふくむ八〇隻の艦艇を建造し、五年間に七五隊の航空隊を増設しようというのである。

この大軍拡計画は、対米英強硬派の伏見宮博恭王元帥を総長とする軍令部が、米国の「第二次ビンソン案」と称される大軍拡計画に対抗するために立案したものだが、中でも航空兵力の拡充が目立った。海軍航空隊発足から二〇年間でつくり上げてきた兵力を、その四分の一の五年間で二倍にしようというものであった。山本五十六、大西瀧治郎、源田実などの「航空主兵・戦艦無用論」者にすれば、「大和」「武蔵」などの建造が中止され、従来の戦艦すべてが廃棄されなければ、まだ不満であったであろう。

しかし現実的には、これだけの航空兵力を増設することは、この当時の日本の航空工業力と航空技術では、とうてい完成できそうもない、たいへんな計画だったのである。

マリアナ基地航空部隊の潰滅

山本五十六が戦死したころには、日米戦争における日本海軍の敗北は決定的になっていた。だが、アーネスト・J・キング作戦部長、チェスター・W・ニミッツ太平洋艦隊司令長官の米海軍は、さらに、万全の態勢をととのえつつ、戦いを進めてきた。

昭和十八年（一九四三）十一月十一日、司令長官小沢治三郎中将が指揮する第三艦隊（小沢は前年十一月十一日に南雲の後を継いだ）の艦爆二〇、艦攻一四、零戦三三と、基地航空部隊の彗星艦爆四、計七一機が、ラバウルを発進し、米大型空母サラトガ、軽空母プリンストン、新鋭大型空母エセックス、バンカーヒル、軽空母インデペンデンスの空母部隊を攻撃した。

ところが、命中爆弾は一弾もなかった。反対に、艦爆一七機、艦攻全機、零戦二機、彗星二機が帰らない惨憺たる敗北を喫した。

米空母部隊は、日本飛行機隊をレーダーで捕らえ、約四〇カイリ（約七〇キロ）前方に戦闘機七、八〇機を待機させていた。そのうえ、砲弾が飛行機の約一五メートルまで接近すると自動的に爆発するVT信管（小型レーダーを内蔵する電波近接信管）付砲弾を、艦砲から発射していた。

この二つの戦法のために、日本飛行機隊は甚大な損害を蒙《こうむ》ったのである。

つけ加えるが、日本海軍は終戦まで、VT信管に気づかなかった。

十一月五日から十七日にかけて、基地航空部隊と第三艦隊飛行機隊による米機動部隊攻撃は、五次にわたっておこなわれた（第三艦隊の参加は十一月十一日まで）。その間に大本営海軍部が発表した戦果を合計すると、空母五、戦艦六など四五隻以上撃沈破という大戦果であった。

しかし、終戦後に判明したことだが、実際の戦果は、上陸用輸送船一隻沈没、軽巡二隻、上陸用輸送船二隻損傷にすぎなかった。

マーシャル諸島南方にあるギルバート諸島の日本海軍根拠地タラワ、マキンに、昭和十八年十一月十九日、かつてない大規模の米空母機隊が来襲してきた。ミッドウェー海戦で日本の第一機動部隊を大敗させたレイモンド・A・スプルーアンス中将（昇進）がひきいる米主力機動部隊を発進したものだった。

正規空母エンタープライズ以下六隻、軽空母プリンストン型五隻、護衛空母八隻、新式戦艦五隻、旧式戦艦七隻（真珠湾で損傷したもの）、重巡九隻、軽巡五隻、駆逐艦五六隻、輸送船・上陸用舟艇多数、という途方もない大海上部隊である。

この部隊は、中部太平洋を突破し、日本本土に進攻することを任務としていて、ギルバート上陸作戦は、その手はじめであった。戦艦一二隻は、味方艦船の護衛、上陸地にたいする艦砲射撃に任じていた。

タラワ、マキンの日本海軍守備隊は、六倍あるいは二〇倍の米上陸軍と五日間にわたって戦い、米軍に一〇〇〇人以上の戦死者を出させたが、十一月二十五日に全滅した。

第三十一駆逐隊司令香川清登大佐がひきいる「大波」「巻波」「天霧」「夕霧」「卯月」の駆逐艦五隻は、昭和十八年十一月二十四日夜、ラバウルで乗せた陸軍部隊約九〇〇人をブカ島に上陸させることに成功した。同島はブーゲンビル島北端で、ラバウルから南東三〇〇キロほどにある。

ところが、帰途、レーダーを使って待ち伏せていた米駆逐艦五隻に奇襲され、「大波」「巻波」「夕霧」が撃沈された。日本海軍が十八番としていた夜戦も、米海軍には通用しなくなったのである。

カロリン諸島にある日本海軍の重要根拠地トラック島が、昭和十九年（一九四四）二月十七日早朝から、米空母機延べ約五七〇機に、二四時間にわたり、大空襲をうけた。スプルーアンス中将が総指揮する大型空母四隻、軽空母五隻を基幹とする米主力機動部隊から発進した飛行機隊であった。

トラック竹島基地の戦闘機隊第二〇四空の司令であった柴田武雄中佐は、二月十七日、名パイロット小高登貫飛行兵長の零戦と、米新鋭戦闘機グラマンF6Fの、壮烈な空戦を目撃した。

「敵の爆撃と銃撃がひとしきり終わったころ、わしは外に出た。山のふもとの航空廠付近が大火災だ。見まわすと、零戦一機がグラマンF6F一機と、夏島の上空高度一〇〇〇メートルぐらいで格闘戦をはじめるのが目に入った。

零戦が食い込んでゆき、射撃までもう少しになった。しかしグラマンは夏島の頂上すれすれまでダイブしながら逃げ出した。零戦は追ったが、距離はひらくばかりだ。

空戦は終わりかと思ったら、ヘルキャット（F6Fのこと）は二〇〇〇馬力の強力なエンジン（零戦は一一〇〇馬力）による高速力を利して急上昇、急旋回し、また零戦と格闘戦に入った。零戦はぐいぐい食い込んでゆく。もう少しのところで、またグラマンは高速で逃げ、反転し、ふたたび格闘戦をはじめた。

こんな格闘戦を数回くり返し、ついにグラマンは逃走した。

手に汗にぎって見ていたわしは、残念でたまらなかった。これがスポーツなら、まちがいなく零戦の判定勝ちだ」

柴田はこう語る。

米飛行機隊は夜になっても来襲し、新型レーダーを使って爆撃した。

日本側は、軽巡二隻、駆逐艦四隻、輸送船三〇隻、その他沈没、水上機母艦一隻、駆逐艦三隻、工作艦一隻、その他損傷、飛行機三〇〇機喪失、約六〇〇人死傷という、真珠湾の米海軍を思わせる大損害をうけた。「武蔵」「大和」や、第三艦隊、第二艦隊の連合艦隊主力が、この日不在であったのが、不幸中の幸いであった。

米飛行機隊のトラック大空襲は、南雲艦隊の一過性の真珠湾攻撃とちがい、二四時間にわたり、執拗にくり返されたことが特徴だった。

トラックの大惨事を知った古賀峯一連合艦隊司令長官は、ラバウルの全海軍航空兵力にトラックへの移動を命じた。同地にいた第三艦隊の第二航空戦隊残存機四六機と陸上機一〇〇機以上は、二月二十日までに残らずラバウルを去り、トラック島に移った。

トラックは日本本土にとって母屋の門のような位置にある。ここを占領されれば、つぎは玄関のマリアナ（サイパン、テニアン、ロタ、グアムなど）に踏み込まれる。

千早正隆元海軍中佐は、

「その一年間（昭和十八年）に南東方面（ラバウルを中心として、ソロモン諸島、ニューギニア方面）だけで、実に六千二百余機、搭乗員四千八百二十四名を失ったのであった（飛行機数が搭乗員数より多いのは、地上で破壊されたものがふくまれるため）。

その損耗の総機数は、その年の生産機の約七割にも達していた。

……戦争が始まったときには優位を誇った艦攻、艦爆は敵の新鋭機種に優位を奪われ、絶対の優位を示した零戦でさえ、敵の新鋭機（グラマンF6F、F4Uコルセアなど）に挑戦を受けつつあった。

日本の技術をもってしては製作することのできなかったB17やB24のような大型爆撃機は、その機数が飛躍的に増加するにつれて、大きな脅威となっていた」

と述べている（『連合艦隊始末記』）。

ラバウルを基地としたニューギニア、ソロモン方面作戦は、地理的に不利で、はじめからいっさいやらないほうがよかった。主として山本五十六作戦の失敗である。


古賀司令長官の連合艦隊司令部指揮所がある西カロリン諸島のパラオ島が、昭和十九年三月三十日、三十一日の二日間、米機動部隊の大空襲をうけた。港内の艦船がほとんど撃沈され、飛行機約九〇機が撃破され、二百数十人が死傷し、軍事施設、工作施設が壊滅した。

参謀長福留繁中将が三十日夜の作戦会議で提案したとおり、連合艦隊司令部は、フィリピンのミンダナオ島南岸ダバオに移動することになった。

情報参謀の中島親孝中佐（前年六月昇進、十一月就任）は、会議の席で、

「ダバオは通信施設が貧弱で、とうてい司令部の機能を発揮できない。空襲はおそらく明日だけで終わるから、パラオに留まるほうがよろしい」

と、福留の提案に反対した。しかし、それを支持する発言がなかったのである。

三月三十一日午後十時、通信担当の中島ひとりを残し、長官の古賀以下司令部全員は、二

機の二式大艇（飛行艇）に分乗して、パラオを飛び立った。

二機はミンダナオ島に近づくうちに異常な低気圧にぶつかり、古賀一行の一番機は行方不明となり、福留一行の二番機はフィリピン中部のセブ島沖の海上に不時着し、福留以下九名はフィリピン・ゲリラの捕虜となった。

ゲリラと日本陸軍部隊のあいだで、四月十日、捕虜を引き渡すかわりに、日本軍がゲリラにたいする攻撃を中止するという条件で話し合いがつき、福留らは、四月十一日、日本陸軍部隊に引き取られた。

ところが、誰も気づかなかったが、不時着時に福留の手下げカバンがフィリピン漁民に拾い上げられ、ゲリラの手に渡っていた。その中には、「Z作戦」の詳細な機密図書と暗号書が入っていた。その機密図書は、「あ号作戦」（マリアナ沖海戦）や「捷《しょう》一号作戦」（フィリピン沖海戦）の原案となる「Z作戦計画」文書で、これが敵手に落ちれば、連合艦隊の戦備と作戦企図はすべて明らかとなり、敵はそれを打ち破る手段を講ずることができる。

戦後、明らかにされた連合国情報局のアリソン・インド米陸軍大佐の証言記録によると、この『Z作戦計画』図書は、オーストラリア（豪州）の米豪陸軍情報部に運ばれ、複写され、英文に翻訳されて、実物と翻訳書は真珠湾の米海軍情報部に送りとどけられた。

古賀峯一司令長官一行の消息はついに判明せず、殉職と認定され、昭和十九年五月三日、横須賀鎮守府司令長官の豊田副武大将（古賀の一期上の兵学校第三十三機）が連合艦隊司令長官に就任した。

この日、大本営海軍部（軍令部）は「あ号作戦」を発令した。軍令部総長は海相兼任の嶋田繁太郎大将で、作戦は、司令長官小沢治三郎中将の第一機動艦隊と、司令長官角田覚治中将の第一航空艦隊をいっきょに米主力機動部隊にたたきつけ、これを撃滅しようというものであった。

二ヵ月ほどまえの三月一日に編成された第一機動艦隊は、小沢が直率する「大鳳」「瑞鶴」「翔鶴」など空母九隻その他の第三艦隊と、栗田健男中将がひきいる「大和」「武蔵」など戦艦五隻、重巡一〇隻その他の第二艦隊から成る、航空、戦艦、重巡、水雷戦隊合同の大部隊である。

軍令部第一課部員の源田実中佐が発案し、昭和十八年七月一日に発足して、昭和十九年二月十五日に連合艦隊に編入された第一航空艦隊は、開戦時の第一航空艦隊ではなく、基地を移動しながら作戦をおこなう、予定総機数一〇〇〇機以上という基地航空部隊である。サイパン、テニアン、グアム、トラック、パラオ、ヤップ、ダバオ、豪州北方、セレベスの各方面に配備される。

軍令部が予想する決戦海面は西カロリン諸島南方、連合艦隊が予想する決戦海面の第一がパラオ島付近、第二が西カロリン諸島付近であった。

このころのことらしい。

海軍省赤レンガビル三階の軍令部作戦室で、嶋田総長を前にして、敵がマリアナにくるか、カロリンにくるか、部員たちが討論することになった。

大井篤大佐は海上護衛総司令部参謀だが、伊藤整一軍令部次長から、海上護衛は戦況と密接な関係があるから、戦況報告を聞きにくるようにと言われ、毎朝聞きにきて、この会議にも出席していた。

ある幹部が問いかけた。

「マリアナに来やせんかね」

源田中佐が、きわめて強い口調で断定した。

「いや、ぜったいカロリンです」

総長以下誰もが黙った。

「マリアナにきたらどうなるんだ」

作戦関係の部員が、質《ただ》した。

「いや、そんなことは航空のわからん人が言うことです」

源田はきめつけるように言った。

こうして軍令部の予想が、西カロリン諸島付近となった。

大井は源田の自信の強さに驚いた。

一方、米国統合参謀本部は、三月十二日に戦略計画を関係各部隊に発令していた。

「ホランジア（ニューギニア中央北部海岸）攻撃は四月十五日に実施する線で承認する。

トラックは徹底的にたたいたうえで放置する。

ニミッツの部隊は、六月十五日にマリアナ諸島に侵入し、九月十五日にパラオに向かう。

マッカーサーのミンダナオ侵攻は十一月十五日とし、ニミッツの部隊はマッカーサーの作戦を支援する。

その後、ルソンと台湾のいずれに向かうかは未決のままとするが、目標は一九四五年二月十五日とする」（E・B・ポッター著『提督ニミッツ』）

海軍のニミッツ大将が主張するマリアナ進攻による中部太平洋進攻作戦、いわゆるニミッツ・ラインと、陸軍のマッカーサー大将が主張する南西太平洋進攻作戦、いわゆるマッカーサー・ラインとの妥協案であった。この戦略計画にもとづき、マッカーサー指揮の米軍は、四月二十二日、ホランジアに上陸し、作戦を進めていた。

日本側は、マーシャル諸島から近づくニミッツ・ラインと、ニューギニア方面から近づくマッカーサー・ラインに眩惑され、両面に備えなければならなかった。

マッカーサーが指揮する米軍は、昭和十九年五月二十七日、ニューギニア北西のビアク島上陸作戦を開始した。マッカーサーは、はじめ同島攻略を八月に予定していたが、入手した「Z作戦計画」から見て、日本連合艦隊の戦力がととのわない早い機会のほうが得策だし、六月十五日にニミッツのサイパン上陸作戦が開始されれば、日本連合艦隊は嫌でもサイパン方面に移動せざるを得ないと判断したようである。

ニミッツは、日本連合艦隊がビアク島にひっかかっているあいだに、サイパン上陸作戦を開始しようと考えていた。

豊田連合艦隊司令長官は、この五月二十七日夜、角田一航艦司令長官に、パラオ方面の戦闘機七〇機、艦爆一六機、偵察機四機をニューギニア北西のハルマヘラ島方面に転進させるよう命令した。その後も豊田は、一航艦の飛行機隊をビアク島方面に増派し、その機数は延べ約四八〇機となった。

しかし、五月二十九日に発令されたビアク島奪回の「渾作戦」は、六月八日、暗号を解読して待ちかまえる米有力艦隊に反撃されて失敗した。

ビアク作戦のため西カロリン、豪北方面に転進した航空部隊は、飛行場の不良、戦闘などによって約半数の飛行機を失い、さらに搭乗員の大部分がマラリアに冒され、潰滅状態に陥った。

かつて源田が、「敵はぜったいカロリンにくる」と言ったことが、この結果に関係しているようである。

六月九日、トラックの第一二一航空隊飛行隊長千早猛彦《たけひこ》少佐（兵学校第六十二期）は、新鋭偵察機「彩雲」に乗り、マーシャル諸島のメジュロ上空に飛んだ。すると、五月三十日と六月五日に写真撮影によって確認された大型空母六隻、軽空母八隻、戦艦六隻などの米大機動部隊が消えていた。

千早の報告をうけた連合艦隊は、六月十日、「あ号作戦決戦準備」を発令した。

メジュロを出港した米大機動部隊は、六月十一日、マリアナ各島の空襲を開始した。

中島連合艦隊情報参謀は、米海軍の通信状況から、「敵のマリアナ攻略作戦」を断言した。「軍令部第三部（情報）第五課（米大陸担当）から聞いて、米海軍の軍隊区分が、マッカーサー軍と一緒のものと、海軍独自のものと二つあることを知った。

マッカーサーは南を進むから、海軍独自のものは中央をまっすぐくるにちがいないと判断した。通信も、五月はじめごろから動き出していた。そのころから私は、『真中警戒、真中警戒』と言っていた。マリアナが空襲をうけた六月十一日ごろの米海軍の通信状況からすれば、これは海軍独自の部隊で、マリアナ攻略作戦にとりかかってきたと思った」

という理由である。

軍令部はまだ米海軍のマリアナ攻略作戦とは見ず、米艦隊が六月十三日にサイパン、テニアンへの艦砲射撃と掃海を開始してからやっと悟り、「あ号作戦決戦用意」を発令した。

源田実は、このころを、

「マリアナ各基地に連日空襲をかけている敵は、十三日ごろにはほとんど完全に制空権を獲得し、戦艦八隻、巡洋艦二隻、駆逐艦二二隻が、サイパン、テニアンのわが防御陣地を砲撃しはじめた。

敵のこの不敵な行動は、テニアンにある第一航空艦隊司令部から逐一報告されたが、私たちは航空戦に敗れたものの悲哀をつくづくと感じた次第である。

……所在を曝露した海岸砲台は、もはや潜在戦力とはならなかった。蝟集する飛行機群と強力な艦砲射撃のために沈黙を余儀なくされた」

と、残念そうに語る。ついで、

「マリアナ失陥後、参謀本部作戦課長服部（卓四郎）陸軍大佐は、

『マリアナの防備は、敵を寄せつけるものではなかった。これが破れたのは、予期しなかったほど、猛烈な敵の艦砲射撃である』

と語ったほどである」

と述べている。

米海軍は「戦艦無用論」ではなく、制空権を握り、戦艦も有効に使う戦法を採用していたのである。

米上陸軍約二個師団は、猛烈な艦砲射撃に支援され、六月十五日朝から、サイパン島に上陸を開始した。

豊田連合艦隊司令長官は「あ号作戦決戦発動」を発令した。

六月十六日、米軍は猛烈な砲爆撃を続行し、後続軍をぞくぞく上陸させ、十七日夕刻には、早くもアスリート飛行場を占領した。しかも飛行場はたちまち修復され、翌十八日には米軍機が発着し、日本軍攻撃をはじめた。

米空母機隊がマリアナ各地に空襲を開始した六月十一日、この方面に展開する第一航空艦隊の兵力は、四三六機と伝えられた。

その後、打ちつづく空襲によって、六月十八日には、決戦策応兵力は一五六機に激減していた（『戦史叢書　マリアナ沖海戦』）。

第一航空艦隊は、小沢機動艦隊にとって、頼りにならない弱小部隊になり下がってしまったのだ。

「南洋諸島のように、各基地が数百カイリ以上も離れて孤立し、相互支援が十分に利かないところでは、たとえ不沈の陸上基地といえども、母艦群の圧倒的な兵力には抗し得ないことが多い」

と、源田ははじめてわかったように言う。

つぎのようなこともあった。

「Z作戦計画」図書を奪った米軍は、一航艦の兵力配備、移動集中、攻撃法などのほとんどすべてを知っていた。ジョーゼフ・D・ハリントン著、妹尾作太男訳の『ヤンキー・サムライ』には、こんなことが書かれている。

「オーストラリアでは、一九四四年五月二十三日付の連合軍翻訳作業隊レポートの中に、Z作戦計画の訳文が収録された。

……レイモンド・スプルーアンス提督はマリアナ攻略に出動するとき、麾下の空母一五隻に搭載された九五六機に対して、日本軍は空母九隻で四六〇機であることを知っていた。スプルーアンスはまた、日本軍がどのような陸上機を保有し、それをどこで、いかに制圧するかもわかっていた。

……マリアナ諸島に接近するにつれて、スプルーアンスは、日本本土を遠く離れた地域に点在する日本軍の航空基地の一ないし二個所に麾下機動部隊航空兵力のほとんど全力を投入し、日本軍を圧倒した。

彼はそれから攻撃をサイパン、テニアン、グアムに集中した。

スプルーアンスがとったこれらの作戦は、古賀提督（峯一前連合艦隊司令長官）がスプルーアンスを罠《わな》にかけるため、慎重に計画していた防御網を破壊したばかりでなく、その防御網の中心にも大きな打撃を与えた」

また暗号書を奪った米海軍は、日本海軍の暗号電報を解読していた。さらに日本海軍は米軍の戦略にたいする判断を誤り、四百数十機の飛行機を豪北、西カロリン方面に派遣して潰滅させた。いずれにしても、源田の南洋諸島基地航空部隊作戦も失敗に終わった。


小沢治三郎中将がひきいる第一機動艦隊は、スプルーアンス大将（再昇進）が総指揮する米大艦隊と、六月十九、二十日、マリアナ諸島西方海面で戦った。しかし、ここでも戦果が僅少で損害が大きく、完敗に終わった。

米側の艦船の損害はカスリ傷ていどであった。飛行機喪失は一三〇機だが、うち八〇機は夜間海上に不時着したもので、搭乗員二〇九名中の一六〇名は救助されていた。

日本側の艦船の損害は、空母「大鳳」「翔鶴」「飛鷹」沈没、空母三隻、戦艦一隻、重巡一隻損傷、給油船二隻沈没であった。飛行機は、出動四二〇機中二四七機を喪失していた。

「大鳳」と「翔鶴」は、軽視していた米潜水艦に襲撃されたのである。

ほかの敗因には、米艦隊の兵力が日本艦隊の約二倍であったこと、米艦隊の科学技術力、戦法、戦技が格段に上であったことが挙げられる。

昭和十九年七月五日、

「我等玉砕　以テ太平洋ノ防波堤タラントス」

と訣別電を発したサイパン防衛の中部太平洋艦隊司令長官南雲忠一中将、第四十三師団長斎藤義次中将などは翌六日に自決し、残存兵力約三〇〇〇人は七日未明、最後の突撃を敢行して全滅した。

連合軍は七月二十一日グアム島に、二十三日テニアン島に上陸した。テニアンの第一航空艦隊司令長官角田覚治中将は八月二日に戦死し、同島の日本軍は翌三日に玉砕した。グアムの日本軍は八月十一日に玉砕した。

これでマリアナ諸島は米軍の支配下に入り、やがて超重爆撃機B29がサイパン、テニアン、グアムを発進し、大編隊を組んで日本本土に爆弾の雨を降らすようになる。

最後の奇策「T攻撃部隊」

マリアナ沖海戦に敗れた日本海軍は、米機動部隊にたいして、何か意表を衝《つ》く戦法を見出すほかなくなった。

そこへ、軍令部第一（作戦）課航空主務部員の源田実中佐から、台風時または夜間に米機動部隊を奇襲する「T攻撃部隊」作戦案が提出された。

Tは、源田によると、

「台風部隊の頭文字をとってTと名づけたもので、夏の終わりから秋の初めにかけて通過する台風のために、敵の空母部隊が活動を制限される時期に、精鋭な夜間雷撃隊をもって痛撃しようとしたものである。この部隊には陸軍重爆隊も雷撃隊として、二個戦隊が編入されていた」

というものであった。

昭和十九年（一九四四）七月二十三日、源田中佐は、大本営海軍部主催の図上演習に参加

する豊田連合艦隊司令長官以下各艦隊首脳たちにたいして、T部隊の計画を説明した。

「T部隊は日本本土、台湾、フィリピン間を作戦場面とし、エセックス級空母（正規空母）一〇隻の撃沈破を目標とする。

台風を利用して攻撃することを第一とし、その機会が得られなければ、夜間攻撃をおこなう。したがってT部隊は、飛行機隊と専属気象班をもって編成する。

飛行機隊は、戦闘機紫電、艦攻天山、一式陸攻、陸上爆撃機銀河、四式重爆（陸軍）、偵察機瑞雲など約一五〇機の攻撃隊と、艦爆彗星、二式飛行艇、偵察機彩雲、司偵（陸軍）、陸上爆撃機銀河、一式陸攻など約四五機の偵察隊とする。

T部隊は九月末までに作戦可能のように錬成することを目標とし、集中訓練基地には鹿屋を当てる。飛行機用電波探信儀（通称電探、レーダー）、新型魚雷、爆弾を至急準備する」

夢みたいな話だが、ほかに策はなく、ワラをもつかみたい気持でいた豊田司令長官以下各司令長官、幕僚たちは、源田に任せることに異議を挟まなかった。

豊田連合艦隊司令長官は、八月二十一日、T攻撃部隊の編制、作戦に関する機密連合艦隊命令を発令し、同日、久野修三大佐（兵学校第四十九期）がT攻撃部隊指揮官兼第七六三空司令に任命され、九月上旬から同部隊の総合教練が開始された。

ところが、通信連絡、偵察、電探、台風対策などの不備が露呈して、前途多難となった。

T攻撃部隊最高指揮官の第二航空艦隊（基地航空部隊）司令長官福留繁中将は、九月八日、豊田司令長官と伊藤軍令部次長に、

「T攻撃部隊は決戦の第一撃として夜間攻撃に使う。悪天候に乗ずる攻撃は最後の切札として決行したい」

と表明した。豊田、伊藤も、

「用法は第二艦隊司令長官に一任する。不能のときは無理をすることはない」

と、同意した。

米大統領ルーズベルトが、ハワイのホノルルで、マッカーサー陸軍元帥、ニミッツ海軍大将と会合して、つぎの上陸作戦はフィリピン中部のレイテ島、上陸予定日は十二月二十日と取り決めたのは、七月二十七日であった。総指揮官はマッカーサーで、ニミッツが全面的に支援し、とくに日本軍の航空兵力を無力化するのは、海軍の任務とされた。

九月十五日、日本軍の反撃力が少ないと見た米統合参謀本部は、レイテ上陸日を二ヵ月早め、十月二十日と決定した。

昭和十九年十月十日、司令長官ウィリアム・F・ハルゼー大将の第三艦隊（第三十八機動部隊が基幹）は、延べ約九〇〇機で沖縄方面を空襲し、日本側は飛行機一一一機、米側は二一機を喪失した。

翌十一日、ハルゼー艦隊はルソン島北部を襲い、日本側は飛行機一八機、米側は七機を失った。

同艦隊は、十月十二、十三、十四日の三日間、台湾の日本軍航空基地と陸上施設を空襲した。十二日は延べ一三七八機、十三日は延べ九七四機、十四日は延べ二六四機と中国大陸からのB29一〇四機という驚くべき大攻勢であった。

ここでもセブ島で入手した日本海軍の「Z作戦計画」が利用されていた。

ハルゼー艦隊にたいして、日本陸海軍航空部隊は、十月十二日から十六日にかけ、総力をあげて反撃した。南九州、台湾に展開した福留中将指揮の第六基地航空部隊（第二航空艦隊主力）と、同部隊に連合艦隊命令で派遣された小沢治三郎中将指揮の第三艦隊三航戦・四航戦空母機二〇五機、九州鹿屋基地の「T攻撃部隊」一五〇機、陸軍航空部隊などであった。

なかでも頼みの綱はT攻撃部隊と六五三空（空母「瑞鶴」「瑞鳳」「千歳」「千代田」の第三航空戦隊）空母機隊であった。

十月十二日から五日間にわたる日本航空部隊とハルゼー艦隊の戦闘は、「台湾沖航空戦」と称される。

十月十二日、鹿屋から出撃して、薄暮から夜にかけて台湾東方海面の米機動部隊を攻撃し、台湾各基地に着陸したT攻撃部隊の戦果が、十三日朝、台湾高雄基地の福留第六基地航空部隊指揮官から、大本営海軍部に報告された。

撃沈三　艦種不詳　うち一隻空母の算大なり

中破二　艦種不詳　うち一隻空母の算大なり

であった。
T攻撃部隊は十三日夜も、台湾東方海面の米機動部隊を攻撃した。
九州鹿屋基地の久野T攻撃部隊指揮官は、十月十四日夕刻、十二、十三両日の戦果判断をつぎのように報告した。
十二日　空母六ないし八隻轟撃沈（うち正規空母三―四をふくむ）
十三日　空母三―五隻轟撃沈（うち正規空母二―三をふくむ）
その他両日とも相当多数艦艇を撃沈破せるものと認む。
連合艦隊司令部は、そのままを麾下各部隊に通報した。
同司令部が、旗艦の軽巡「大淀」から横浜市日吉の慶応義塾大学に移り、連合艦隊第一戦闘司令所と称したのは、九月二十九日であった。
台湾沖の米機動部隊にたいするT攻撃部隊の攻撃は十月十四日も続行され、翌十五日午前十時、
大型空母一、小型空母一、甲巡一、撃沈確実
小型空母一、戦艦一、乙巡二、大火災、沈没ほぼ確実
と報告された。
しかし、同部隊の損害も甚大で、十月十五日現在、飛行機一二六機、搭乗員一〇九組を失っていた。

連合艦隊情報参謀だった中島親孝元中佐は、このころのことを、

「日本の母艦でもなかなか沈まない。もっと頑丈にできている米空母が、そんなにたやすく沈むわけがない。T部隊は何機攻撃、何隻轟沈と言うが、もっと理づめに考えなければいかんと思った。

連合艦隊司令部では、淵田美津雄航空参謀が私の意見をうけ入れてくれた。ところがそう言いながら、報告は大戦果にしてしまう。

『GF（連合艦隊）でそれを絞らなければいかんじゃないですか』

と私が言うと、

『そんな、下から報告してくるのを、現場を見ていないで値切れるか』

参謀長の草鹿龍之介さんは、

『下からの報告はいちおうそのまま通したけれども、自分としては作戦計画上は、戦果を半減して計画していた』

と自分の本に書いているが、半減でも大きすぎる。

『ゼロに近い』

と私は何べんも言った。

しかし、関係者はどうしてもつごうのいいほうにひっぱられるようだった」

と語っている。

海上護衛総司令部参謀の大井篤元大佐の回想は、つぎのようになる。

「昭和十九年八月ごろ、電探を使える偵察部隊を持っていたのは、海上護衛部隊だけだった。敵は少ないが、敵潜の潜望鏡を発見できる程度の能力を持っていた九〇一空だ。

台湾沖航空戦の前に、九〇一空の電探部隊はGFの指揮をうけることになった。

私は、そのかわりすべての作戦の情報を私のほうにもくれと要求した。

日比谷の一角に衆議院議長官舎があって、私はそこに寝泊りしていた。東京通信隊のすぐ近くだ。

戦《いくさ》がはじまったので、枕許《まくらもと》に電話を置き、持ってきた電報を、寝ずにいちいちチェックしていた。

『命中確実』『撃沈確実ト認ム』という電報がくる。うしろを見ると、『大きな赤い水柱が出たから』となっている。

こんなことで撃沈とは認められないと思い、ぜんぶにいちいち疑問符をつけた。

やがて電探機が一機も帰っていないことがわかった。丸山という一番の電探名手がいたが、彼の飛行機も帰らない。私は暗然として、くやしくてくやしくて仕方がない。

朝、山本親雄《ちかお》さん（軍令部第一課長、当時大佐、飛行将校、兵学校第四十六期）のところへ抗議に行った。

『なんですか、あなた方、電探をぜんぶつぶしたじゃないですか。あなたの知っている丸山君も死んだんですよ』

『いや、こんなにやっているじゃないか』

と、山本さんは電報を見せた。

『これでやっていると言えますか』

議論しているうちに、

『しかし、現地部隊がやったと言うことを軍令部でウソだと言えますか』

『現地が言うことと、あなたの頭で考えたのと両方合わせて考えたらどうですか。現地の言うとおりなら、上級司令部はいらんじゃないですか』

それから私は、日吉のＧＦへ行った。

米空母の模型が並べてある部屋に入ると、中島親孝と渋谷龍穉（大井の一期下の兵学校第五十二期）がいた。渋谷君は海軍大学校で私と一緒（源田の一期上の第三十四期）で、よく知っていた。

『また輪をかけたのがきたわい』

と渋谷が言った。

中島君が、

『空母の甲板、こんなに厚いんですよ。こんなものにあんな爆弾落として、沈みますか』

とやっていたんだと言う。

そこへ行く途中だったが、藤原工大（現・慶応義塾大学工学部）にある軍令部第五課（情報課、米国大陸担当）に寄った。兵学校、海大同期の実松譲と、課長の竹内馨さん（当時大佐、山本親雄とおなじく兵学校第四十六期）がいた。実松に、

『おい、どうだ』

と聞いたら、

『いや、ぜったいだめ。大負け、大失敗だ』

そこへ電話がかかった。竹内さんが出て、終わると、言った。

『軍令部で祝盃を上げるからこいと言ってるが、俺はボイコットだ』

『俺も行かん、ことわる』

実松も異口同音だった。

客観的に見れば、勝てるわけがないんだ」


実松譲にはこんな話がある。

前年末ごろから、彼はすでに、米海軍はマリアナにくると言っていた。ところが、作戦課の山本親雄や源田実などは相手にしない。連合艦隊の中島親孝だけが、熱心に実松の情報を聞きにきた。

源田はのちにこう言っている。

「軍令部第三部（情報部）の実松中佐は、断乎として、中部太平洋進攻論を主張し、一歩も譲らなかった。その根拠は、

『米軍はいま厖大な艦艇建造を推進していて、その主力はエセックス型の空母。米軍がこの有力な空母部隊を遊ばせておくはずがない。しかし、大機動部隊を全幅利用しようとすれば、

天象地象と作戦海面の広狭などから考えてみると、中部太平洋以外に場所はない。したがって、米軍は機動部隊の整備完了次第、内南洋諸島（マリアナ）にたいして、攻勢を開始するだろう』

というのであった。実松中佐はワシントンに駐在していて、米軍事情や米国人の気質もよく呑みこんでいた。その判断はさすがに的確で、半歳を出ないうちに事実となって現われてきた」

中島については、

「以上の飛行偵察（千早猛彦大尉などのメジュロ方面偵察）によって、敵の機動部隊主力が、わが国防圏のどこかを攻撃しようとしていることは明瞭だが、それがどこかを判断することがまた容易ではなかった。軍令部と連合艦隊司令部の幕僚共同研究の席上、連合艦隊の中島情報参謀の判断は断定的であった。

『敵の攻撃はカロリン列島線より北に寄った方向に向けられる』

と言うのである。彼は明敏な頭脳の持主だが、その根拠はどういうものかわからなかった。しかし彼の主張は正しかった。卓見であった」

と言っている。

大井が軍令部の山本や、第五課の竹内、実松、GFの渋谷、中島などのところに行ったのが何日かは明らかではない。しかし、話の内容からすると、十月十五日らしい。

大本営は、十月十五日午後三時、つぎのような驚くべき発表をおこなった。

「台湾東方海面の敵機動部隊は、昨十四日来東方に向け敗走中にして、わが部隊はこの敵に対し反復猛攻を加え、戦果拡充中なり。現在までに判明せる戦果(既発表のものも含む)左のごとし。

轟撃沈――航空母艦七隻、駆逐艦一隻
(註・既発表の艦種不詳三隻は航空母艦なりしこと判明せり)

撃破――航空母艦二隻、戦艦一隻、巡洋艦一隻、艦型不詳一一隻」

このころの源田実はどんな様子だったか。おなじ軍令部第一課部員であった土肥一夫元中佐(中島親孝とおなじく兵学校第五十四期、海大第三十七期)は、かつて私に、

「鼻高々だった」

と語っていた。

源田は、この十五日に、定期的なものだが、大佐に昇進した。

翌十月十六日午後三時、さらにつぎのような大本営発表があった。

「わが部隊は潰走中の敵機動部隊をひきつづき追撃中にして、現在までに判明せる戦果(既発表分をふくむ)左のごとし。

轟撃沈――航空母艦一〇隻、戦艦二隻、巡洋艦三隻、駆逐艦一隻
撃破――航空母艦三隻、戦艦一隻、巡洋艦四隻、艦種不詳一一隻」

ひきつづき、同日午後四時三十分には、また新しい、

「撃沈――航空母艦一隻
撃破――航空母艦三隻、戦艦もしくは巡洋艦一隻
撃墜――三〇機以上
本戦闘においてわが方若干の未帰還機あり」

という戦果が、大本営から発表された。

大本営発表は、連合艦隊からの戦果、被害報告にもとづいたものである。またＴ攻撃部隊だけの戦果ではない。しかし、十月十四日までのＴ攻撃部隊の戦果報告によるものが大部分であった。

淵田にしても源田にしても、自分の専門分野だけに、この戦果の真偽はわかるはずだが、そのままを通し、源田は鼻高々にさえなっていたという。航空部隊の手柄、自分の手柄を誇りたかったようだ。

あるいは、珊瑚海海戦における二十五航戦の針小棒大な戦果報告にはじまった航空部隊の誇大報告を、ほとんどそのとおり信じていたからか。

だが、十月十六日には、早くもつぎのようなことが起こった。

台湾から発進した索敵機が、午前九時十五分、台湾南端東南東の海面に、

「空母二隻、戦艦二隻、その他二隻の一群、その東方に戦艦二隻、巡洋艦二隻、駆逐艦数隻の他の一群」

を発見して報告し、鹿屋から発進した索敵機が、午前十時三十分、台湾南端東北東の海面

に、

「西航中の空母七隻、戦艦七隻、巡洋艦十数隻から成る敵機動部隊」

を発見と報告したのである。

ついで十月十七日午前八時には、レイテ湾入口にあるスルアン島に、軽巡二隻、駆逐艦四隻などの米艦隊に護衛された攻略部隊が上陸し、同島をたちまち占領した。レイテ島上陸作戦の前触れであった。翌十月十八日には、ルソン島北部、マニラ湾周辺の飛行場が、米空母機群の猛爆をうけた。

ここにいたり、ついに連合艦隊司令部も、従来の大戦果をバッサリ切り下げ、戦果を「空母四隻撃破程度」と大訂正し、「なお健在なる空母一〇隻あり」と、各部隊に通報した。

それでも判断はまだ甘く、米軍の実際の損害は、つぎのようなものだった。

魚雷命中大破——重巡キャンベラ、軽巡ヒューストン。

損傷——空母フランクリン（日本機衝突、爆弾命中）、軽巡レノ（日本機衝突）、空母ハンコック（爆弾命中）。

撃沈されたものは一隻もなく、一七隻の空母はすべて健在であった。

大本営の戦果が針小棒大になったのは、夜間のためもあるが、練度不十分な搭乗員たちが、撃墜された味方機の炎上や水柱、敵の砲火などを撃沈破と見誤ったためのようである。

歴史家サミュエル・E・モリソン博士は、その著『第二次世界大戦米国海軍史』（通称『モリソン戦史』）の中で、十月十二日夜のT攻撃部隊と米機動部隊の交戦状況を、

「午後七時、魚雷を搭載したベッティ攻撃機（一式陸攻）が一連の攻撃と擾乱《じょうらん》行動をはじめ、それが夜半までつづいた。攻撃は何の成果もなかった。日本機の大部分は、そのうち若干が空母キャボットとインデペンデンスから出ていたC・A・P（戦闘空中哨戒機、レーダー装備）により、残りは第三任務軍（ハルゼーの旗艦をふくむ機動部隊）の対空砲火（VT信管付砲弾使用）により撃墜された」

と書いていて、米側の損害は駆逐艦一隻が味方撃ちで損傷しただけだったという。

T攻撃部隊作戦は、アイデアは奇抜であっても、合理性がなく、むしろ大敗を招く作戦であった。

この状況にもかかわらず、大本営は、十月十九日午後六時、つぎのような総合戦果を発表した。

「わが方の収めたる戦果総合つぎのごとし。

轟撃沈――航空母艦一一隻、戦艦二隻、巡洋艦三隻、巡洋艦もしくは駆逐艦一隻

撃破――航空母艦八隻、戦艦二隻、巡洋艦四隻、巡洋艦もしくは駆逐艦一隻、艦種不詳一三隻

その他火焔火柱を認めたるもの一二を下らず

撃墜――一一二機

損害――飛行機未帰還三一二機」

知らされた日本陸海軍将兵と国民は、陸海軍航空部隊の精強さに驚嘆し、マリアナ諸島を奪われての絶望から、いっきょに明るい希望をとりもどした。

連合艦隊と軍令部は、全国民をペテンにかけたと言っていい。

台湾沖航空戦での海軍航空部隊の損失は、あまりにも大きかった。

当初軍令部は、「捷一号作戦」(フィリピン沖海戦)に使用できる兵力を七四七機と見つもっていた。それがこの航空戦のために、三〇〇機以下に激減してしまった。

栗田健男中将がひきいる「大和」「武蔵」以下三九隻の第二艦隊は、護衛戦闘機一機もなく、十月二十五日にレイテ沖に突入し、米艦隊と米攻略部隊を撃滅しようという決死的作戦で、十月二十二日、ボルネオのブルネイを出撃した。

しかし結局、米潜水艦と空母機による損害が甚大となり、突入の自信を失い、反転して、作戦は大失敗に終わった。

制空権を米軍に奪われていたことが、最大の敗因であった。台湾沖航空戦での航空兵力激減が、それに相当影響していた。

一方、軍令部の敵情判断から、情勢有利と見た大本営陸軍部(参謀本部)は、フィリピン地上決戦をルソン島に限定していた方針を、十月十八日に急遽変更し、レイテ島において地上決戦をおこなうことを決定した。

後日、惨憺たる結果に終わったレイテ地上決戦は、台湾沖航空戦においての戦果誤断に発したものである。

軍令部と連合艦隊が、作戦計画作成・指導・戦果判断において犯した罪は深い。源田実と淵田美津雄が、その中心にいたことも失敗だったであろう。

T部隊について、源田はきわめて言葉少なに、こう語っている。

「私が軍令部第一課に勤務した二年間に、わが軍の頽勢を挽回《ばんかい》しようと色々のことを企画した。実施に移した『あ』号作戦は前述のごとく失敗し、T部隊は、実施に入った時、『大成功だ、これで敵の進撃を食い止めることができた』とも考えたほどだったが、台湾沖航空戦後も敵の進撃に弛《ゆる》みは見えなかった」

あのような作戦計画でエセックス級正規空母を一〇隻も轟撃沈できると考え、「大成功だ」と思ったということは、ブーゲンビル航空戦以後の米空母部隊を、少しも研究していなかったことを意味しよう。

T部隊大敗の反省をしないのは、国家のために不利益だからではなく、源田個人の利益のためではなかろうか。

第一航空艦隊司令長官兼第五基地航空部隊指揮官の大西瀧治郎中将は、昭和十九年十月二十日朝、マニラ北方のマバラカット基地において、関行男《ゆきお》大尉（兵学校第七十期）以下二五名の神風《しんぷう》特別攻撃隊を編成した。

二五〇キロ爆弾を抱いた零戦に乗り、米空母に体当たりせよというのが、特攻隊にたいする命令である。

指揮官とすれば、大西自身が言うとおり、「統率の外道《げどう》」の戦法だ。指揮官や参謀もかならず特攻に出撃するならばまだしも、前途有為の若者たちだけを殺すのでは、よいわけがない。

参考までに言えば、左官以上で特攻出撃して戦死したのは、神雷《じんらい》部隊隊長の野中五郎少佐（兵学校第六十一期）ただ一人であり、戦死した特攻隊員に済まないと言って自決した指揮官は、大西瀧治郎中将ただ一人で、参謀は一人もいなかった。

関行男大尉を指揮官とする神風特別攻撃隊敷島隊、大和隊、朝日隊、山桜隊の四隊は、十月二十一日から二十五日にかけて出撃し、十月二十五日、レイテ島東方で、米護衛空母群に体当たり攻撃をおこない、護衛空母一隻撃沈、一隻大破、二隻中破、二隻小破という戦果を挙げた。一四機中七機が命中したのである。

特攻攻撃の始まりであった。

昭和三十年代後半か四十年代のはじめごろのようである。零戦乗りであった吉松正博元海軍大尉（兵学校第七十一期）は、あるテレビ局の「ティーチ・イン」という番組の放映を見ていた。学生たちが時の人をよび、討論するものだ。

時の人は、元海軍大佐、航空自衛隊の元航空幕僚長、現役参議院議員の源田実であった。学生の一人が質問した。

「源田さんは特攻隊とどういう関係がありましたか」

「特攻隊ができたのは、私が軍令部員を辞めたあとですから、私は特攻隊とは関係がありません」

吉松は唖然として、「よくもぬけぬけとああいうことが言えるなあ。学生たちが源田さんの経歴を調べていれば、ウソだとわかったろうに」と思った。

源田実大佐が軍令部員から紫電改戦闘機隊の第三四三空司令に転任したのは、昭和二十年（一九四五）一月十五日である。源田は、そういうことまで学生たちは知るまいと考え、軍令部員を辞めていたと言ったらしい。

軍令部第一課航空主務部員の源田実中佐は、昭和十九年十月十三日、台湾沖航空戦の二日目、つぎの電報を起案した。

「神風攻撃隊ノ発表ハ全軍ノ士気昂揚並ニ国民戦意ノ振作《シンサク》ニ至《シ》大《ダイ》ノ関係アル処《トコロ》　各隊攻撃実施ノ都度　純忠ノ至誠ニ報ヒ攻撃隊名（敷島隊、朝日隊等）ヲモ併セ適当ノ時期ニ発表ノコトニ取計ヒ度処　貴見至急承知致度」

この電報は、神風特別攻撃隊が初戦果を挙げた翌日の十月二十六日、大本営海軍部（軍令部）の中沢佑《たすく》第一部長（少将）から、大西瀧治郎一航艦司令長官あてに発信された。

大西がフィリピンに向かうために東京を出発したのは十月九日だが、その後、何かが起こり、それによってこのような電文を起案したらしい。

また源田は大西に、零戦一五〇機の準備を約束したという（『戦史叢書　海軍捷号作戦⑵』

によると、零戦一五〇機準備約束の件は、源田自身の戦後の回想）。

源田が特攻に関係なかったことはあり得ないわけだ。

それより、源田は大西を特攻の責任者に祭り上げて特攻をやらせ、自分は特攻を讃美するが、特攻にたいする責任は取らない道をえらんだようである。

ついでだが、特攻戦法を最初に考え、特攻兵器の開発をはじめたのは、これも奇想天外の策によって山本五十六に寵愛された黒島亀人であった。黒島は山本戦死後の昭和十八年（一九四三）七月、軍令部第二部（軍備、艦船・航空機整備など）部長となり、部員の浅野卯一郎機関中佐に命じて、特攻兵器を考案させた。二人乗りの豆潜水艦（のちの海竜）、装甲爆破艇（のちの震洋）、全長一〇メートルの小型潜水艇、人間魚雷（のちの回天）などである。

黒島少将（昭和十八年十一月昇進）は、昭和十九年四月、これら「特殊兵器」のリストを、中沢佑第一部長に提出した。

この黒島も、若者たちを兵器に乗せて殺す戦法は立案して推進するが、それにたいする責任は取らない道をえらんだのである。


台湾沖航空戦と捷一号作戦（栗田艦隊をレイテに突入させる作戦）に大敗して、軍令部における源田の役割もなくなった。

「十九年の末期になって、私は考えた。戦争に負けているのは、海軍が主役の海上戦に負けているからだ。海上戦に負けるのは航空戦で圧倒されているからだ。航空戦で圧倒されるのは、わが戦闘機隊が制空権を獲得できないからだ。要するに戦闘機が負けるから戦争に負けるのだ。

私は戦闘機隊の出身で、いまは航空作戦の主務参謀となっている。これからは精鋭無比な戦闘機隊をつくり、見つけた敵を片っ端から撃ち落とすような部隊を持ち、敵の進撃を食い止めなければならない」

こんな考えから源田は、第三四三海軍航空隊司令に就任することにした。

「戦闘機無用論」を唱え、戦闘機兵力削減に協力し、攻撃隊優先で戦いを進めてきた張本人が、ここまで追い込まれてようやくまちがいに気づき、「戦闘機主兵論」に主旨変えするというのであった。

「われわれは昨日右と言ったことを今日は左と言うかもしれない。人は無定見とか無節操とか言って罵るであろうが、そんなことは問題ではない。

われわれは国の為という一事を踏みはずさなければよいので、個人や部隊、機関などの面目にこだわるべきではない」

この源田の主義からすれば、矛盾はないし、悪い考えではない。しかし、国の為もなくはないが、自分の為のほうが強かった感が強い。

なんと言っても遅すぎた。いまごろ戦闘機隊の司令になったところで、恰好は悪くないだろうが、どれほどの貢献もできないであろう。それなら、特攻隊の指揮官となり、自ら先頭に立って米機動部隊に体当たりしたほうが、よほど偉大で、山口多聞とも並び称される武人となったであろう。

源田大佐は、フィリピン方面にあった三四三空を、愛媛県松山基地で編成し直し、その司令に自分自身が就任し、昭和二十年一月二十日、松山基地に着任した。

所属飛行隊は隊長菅野《かんの》直大尉（兵学校第七十期）の戦闘三〇一、隊長鴛淵《おしぶち》孝大尉（同第六十八期）の戦闘七〇一、隊長林喜重大尉（同第六十九期）の戦闘四〇七で、いずれも最新鋭紫電改の戦闘機隊である。

「各飛行機の隊長は、それまでの戦闘経験において、闘魂、識量抜群であると認められる人々であり、その下の搭乗員には相当未経験者もいたが、各編隊の核心となるような者は、これまた、歴戦の古強者が相当数入っていた」

と源田が言う精鋭部隊であった。

これにたいしては、

「いい搭乗員と、いい飛行機を自分のところに集めるのは自分勝手だ」

という批判もあった。

二月に入り、橋本敏男大尉（同第六十六期）が指揮する偵察第四飛行隊がこの隊に加わった。偵察機は高速の彩雲である。

昭和二十年三月十九日、三四三空は、呉方面空襲に飛来した米空母機の大群と戦い、つぎのような戦果を報告した。

「グラマンＦ６Ｆ、Ｆ４Ｕコルセア合わせて四八機、ＳＢ２Ｃヘルダイバー四機撃墜。

地上火器によってF4U五機撃墜。

わが方の損害は未帰還一六機、地上炎上または大破五機」

三四三空は、終戦の七日まえの八月八日まで、激闘をつづけた。

その間、林喜重戦闘四〇七隊長が四月二十一日、鴛淵孝戦闘七〇一隊長が七月二十四日、菅野直戦闘三〇一隊長が八月一日に戦死した。

この三四三空は数ある日本海軍戦闘機隊の中でも抜群に強く、その戦果は赫々《かくかく》たるものであったと語り伝えられている。源田自身は、五ヵ月の期間に約一七〇機を撃墜し、わが方は七四名のパイロットを失ったと言っている。だが、戦果の証拠というものはなく、米側の資料にもそのような大損害はないようだ。

昭和二十年に第三航空艦隊参謀であった角田求士《つのだひとし》中佐（兵学校第五十五期）は、あるとき松山基地にゆき、戦果を確かめるために、搭乗員たちに質問した。しかし明らかな証拠を説明する者は少なく、「撃墜機数は信用できない」と思ったと言う。

八月十五日の終戦を長崎県の大村基地で迎えたときの心境を、源田実は、つぎのように語っている。

「降伏などということは夢にも考えていなかった。日本民族のある限り、十年でも二十年でも、たとえそれが五十年となっても百年となっても、日本の土に根を下して徹底的な抵抗をつづけることあるのみ、という考えであった。

……終戦の大詔が下ったときの驚きは、まったく譬《たと》えようもなかった。信ずることさえできなかったほどである」

しかし、これもまた本音ではなく、スタンド・プレーのようである。

それからちょうど四四年目の平成元年（一九八九）八月十五日、三四三空があった松山市の南高井病院で、戦後も花やかな航空幕僚長、タカ派の参議院議員として目立っていた源田実は、波瀾の生涯を閉じた。八月十六日が誕生日なので、あと一日で八十五歳になるところであった。心不全という。

一つのきわめて特異な帝国海軍が、ここに消えた。

あとがき

海軍の太平洋戦争は、山本五十六を抜いては語れないが、源田実を抜いても語れない。

山本五十六連合艦隊司令長官と、源田実第一航空艦隊航空甲参謀が主導する真珠湾攻撃から戦争は花々しく始まり、波瀾の経過を辿《たど》り、三年八ヵ月後に迎えた広島、長崎への原爆投下とソ連参戦に打ちのめされて、ついに無残に終わった。

源田はその間、国運を賭《と》す幾多の大作戦に際し、勝敗を左右する中核の航空参謀として、目立って特異な奇才を揮っていた。

昭和十六年（一九四一）十二月の真珠湾奇襲、十七年四月のセイロン島攻撃、同年六月のミッドウェー海戦、昭和十九年六月のマリアナ沖海戦、同年十月の台湾沖航空戦、同月の神風特別攻撃隊出撃などの作戦で、三十七歳から四十歳にかけてである。

山本五十六と源田実は、徹底した「航空主兵・戦艦無用」の用兵と、思い切った奇襲作戦の断行によって、米海軍に勝つ望みはあると判断していた。

開戦が迫ってきた昭和十六年秋、山本司令長官は、

「海軍も空軍が大事で、大艦巨砲は要らなくなる。戦艦などは床の間の飾りみたいなもので、旗艦用に二隻あればいい」

と、佐々木彰《あきら》連合艦隊航空参謀に断言し、自分の言葉を実証してみせるように、十二月八日の真珠湾攻撃を強行した。

その後も、昭和十八年四月十八日、ソロモン諸島北部のブーゲンビル島上空で戦死するまで、「比叡」など高速戦艦四隻をのぞき、新鋭大戦艦「大和」「武蔵」以下戦艦八隻は、無用の長物の見本のようにして置き、いっさい実戦に使わなかった。連合艦隊旗艦にされた「大和」「武蔵」は、戦わないオフィス兼豪華ホテルになっていた。

第一航空艦隊航空参謀の源田中佐は、開戦四ヵ月後の昭和十七年四月末、連合艦隊旗艦「大和」でおこなわれた第一段作戦（開戦からセイロン島攻撃まで）戦訓研究会の席で、い並ぶ各艦隊司令長官、司令官、幕僚などを前にして、山本の意向に合わせ、

「秦の始皇帝は阿房宮《あぼうきゆう》をつくり、日本海軍は大戦艦『大和』をつくり、共に笑いを後世に残した」

と、いかにも源田らしい表現と態度で、「大艦巨砲主義」を痛罵した。

昭和十七年十二月、大本営海軍部（軍令部）航空主務参謀に転じた源田中佐は、翌昭和十八年四月ごろ、大艦巨砲の殿堂横須賀海軍砲術学校において、大尉級の高等科学生たちにた

いし、

「かの万里の長城、ピラミッド、『大和』『武蔵』、こんなデカいものをつくり、世界中の物笑いになった。あんなものは一日も早くスクラップにして、航空母艦にしたほうがいい」

と、爆弾を落とした。余りのことに、教頭の篤治夫大佐（兵学校第四十七期）が、

「君がいま話していたことは日本海軍の定説ではない。源田ひとりの考えを定説のごとく断定して教えるのはよくない。取り消せ」

と命じた。しかし、ガンとして、

「取り消しません」

と応じなかった。

山本と源田は、劇的な奇襲をことのほか好むところも、よく似ていた。

山本は源義経の鵯越《ひよどりご》え、上杉謙信の川中島、織田信長の桶狭間などの奇襲を激賞し、自分はその三つを合わせたようなハワイ大奇襲をやろうと、執念を燃やした。

源田も完全に同調した。

加えて、自分がこうと思い込むと、他人の意見は愚ときめつけ、何ひとつ聞き入れない独尊排他の性格も、二人はおなじように持っていた。

戦後十数年以上過ぎてから、源田実はつぎのようなことを述べている。

「戦艦大和、武蔵の四十六センチ砲は、敵の戦艦や巡洋艦などに対しては一撃必殺の威力を持つが、飛行機や潜水艦に対して使用し得るであろうか。

……日本がもし、飛行機と潜水艦だけで海軍戦力を構成したばあい、日本海軍の頭痛の種である米海軍の主力艦十五隻は何を目標に行動するであろうか。攻撃目標はなくなるのではないか。目標がないということは、これらの戦艦が太平洋を自由自在に動きまわり、必要な制海権を行使できることではない。そこには日本海軍の飛行機や潜水艦が待ち構えているのである。これらの戦艦は、日本海軍の飛行機や潜水艦に攻撃されるために存在するということにならないだろうか。飛行機や潜水艦の戦艦に対する威力は、毎年おこなわれる戦技や演習で立証済みである」

「太平洋戦争開始以来、海軍航空部隊の活躍はめざましく、敵航空兵力の撃滅はもちろん、敵水上艦艇の索敵、攻撃、撃沈の点でも、在来の水上艦艇をひき離していた。とくに劈頭《へきとう》のハワイ、マレー沖海戦の戦果は、数年来論争の的となっていた戦艦か航空機かの兵術論に終止符を打つものであった」

「戦争の結果から見るならば、明らかに航空主兵論が正しく、戦艦は無用の長物であった。にもかかわらず、日本海軍は誤った決定をしていた。

日本海軍だけではない。世界各国の海軍がすべて誤っていた。他国も誤っていたのだから、日本海軍が誤っても仕方がないとは言えない。他人が誤っても自分は正しくなければならない。

既述のように、平時における戦技成績や演習の結果は、明らかに航空優勢を物語っていたが、それを無視し、大きな戦艦が小さな飛行機に負けるとは、感情的にうけとりにくかっただけでなく、都合の悪い方向に考えることを避けた傾向がある」

山本五十六と源田実のこのような用兵作戦思想は、果たして対米英の実戦に適切であったか、また源田の主張は言葉どおりうけ取ってまちがいないものか。

源田は、幾多の重要作戦において、どのように鬼才を揮い、働いたか。

本書は、主としてこの二点を、事実と照合して、真相を確かめようと試みたものである。

海軍の太平洋戦争についての結論は、「航空主兵主義」であれ、「大艦巨砲主義」であれ、どうやろうと、日本海軍が米海軍に勝つ力はなく、どうしてもやらねばならない大義名分もなかったから、やってはならなかったということである。

戦争の経過では、山本五十六が粗雑な作戦計画で航空偏重の戦いを続行したために、搭乗員、飛行機の損耗が厖大となり、山本の戦死後は、いちじるしく苦戦悪戦を余儀なくされるにいたっていた。

源田実はきわだって目立つ日本海軍中核の花形航空参謀であった。しかし、太平洋戦争での実績から見て果たして名参謀であったかどうかは、読者のご判断にお任せしたい。

取材に際しては、とくにつぎの方々から、きわめて懇切で貴重な談話をいただいた。厚く御礼を申し上げます。

黛治夫氏（元海軍大佐、横須賀海軍砲術学校教頭・重巡「利根」艦長）
大井篤氏（元海軍大佐、海上護衛総司令部参謀兼連合艦隊参謀）
末国正雄氏（元海軍大佐、第三艦隊砲術兼戦務参謀）
柴田武雄氏（元海軍大佐、海軍航空廠兵器部部員・第三航空隊飛行長・第二〇四空司令）
中島親孝氏（元海軍中佐、第二艦隊通信参謀・第三艦隊通信兼情報参謀・連合艦隊情報参謀）
角田求士氏（元海軍中佐、第三航空艦隊参謀）
真木成一氏（元海軍中佐、零戦テストパイロット・神ノ池空飛行長）
吉岡忠一氏（元海軍中佐、第一航空艦隊航空乙《おつ》参謀）
千早正隆氏（元海軍中佐、連合艦隊作戦参謀・GHQ戦史室調査員）
志賀淑雄氏（元海軍少佐、第三四三空飛行長）
吉松正博氏（元海軍大尉、零戦搭乗員・防衛庁防衛研究所戦史部員）
妹尾作太男氏（元海軍少尉、戦史研究家）
土肥一夫氏（元海軍中佐、連合艦隊参謀・軍令部第一課部員　故人）

平成二年十一月

参考文献＊『海軍航空隊始末記　発進篇　戦闘篇』（源田実　文藝春秋　昭和三十六年、三十七年刊）＊『真珠湾作戦回顧録』（源田実　読売新聞社　昭和四十七年刊）＊『風鳴り止まず』（源田実　サンケイ出版　昭和五十七年刊）＊『海鷲の航跡』（海空会編）＊『源田実論』（柴田武雄　思兼書房　昭和四十六年刊）＊『トラ　トラ　トラ』（ゴードン・W・プランゲ著　千早正隆訳　日本リーダーズダイジェスト社　昭和四十一年刊）＊『戦史叢書　ハワイ作戦』（防衛庁防衛研修所戦史室著　朝雲新聞社）＊『山本五十六』（阿川弘之　新潮社　昭和四十年刊）＊『山本元帥の想出』（三和義勇　昭和十八年記述）＊『日本海軍の驕り症候群』（千早正隆　プレジデント社　平成二年刊）＊『太平洋暗号作戦』（エドウィン・T・レイトン著）＊『聯合艦隊作戦室から見た太平洋戦争』（中島親孝　光人社　昭和六十三年刊）＊『藤田隊長と太平洋戦争』（阿部三郎　霞出版社　平成二年刊）＊『連合艦隊』（草鹿龍之介　毎日新聞社　昭和二十七年刊）＊『ニミッツの太平洋海戦史』（チェスター・W・ニミッツ、E・Bポッター共著　実松譲、冨永謙吾共訳　恒文社　昭和三十七年刊）＊『提督ニミッツ』（E・B・ポッター著　南郷洋一郎訳　フジ出版）＊『戦藻録』（宇垣纒　原書房　昭和四十三年刊）＊『写真集　日本の軍艦』（福井静夫　KKベストセラーズ）＊『海軍の翼』（国書刊行会編）＊『戦史叢書　海軍航空概史』（防衛庁防衛研修所戦史室著　朝雲新聞社）＊『海軍戦闘機隊史』（零戦搭乗員会編　原書房）＊『ああ零戦一代』（横山保　光人社　昭和四十四年刊）＊『日本海軍航空史　第一巻　用兵篇』（山本親雄編纂委代表　時事通信社）＊『零戦』（堀越二郎、奥宮正武共著　日本出版協同　昭和二十八年刊）＊『海軍空技廠』（碇義朗　光人社　平成元年刊）＊『戦史叢書　比島・マレー方面　海軍進攻作戦』（防衛庁防衛研修所戦史室著　朝雲新聞社）＊『同前　蘭印・ベンガル方面　海軍進攻作戦』（同前）＊『同前　南東方面海軍作戦(1)　ガ島奪回作戦開始まで』（同前）＊『海軍生活四十年』（福留繁　時事通信社）＊『三和日記』（三和義勇　昭和十七年）＊『ミッドウェーの奇跡　上・下』（ゴードン・W・プランゲ著　千早正隆訳　原書房　昭和五十九年刊）＊『空母飛竜の追憶』（飛竜会　非売品）＊『ミッドウェー』（淵田美津雄、奥宮正武共著　日本出版協同　昭和二十六年刊）＊『戦史叢書　ミッドウェー海戦』（防衛庁防衛研修所戦史室著　朝雲新聞社）＊『海軍中将中沢佑』（中沢佑刊行委員会編　原書房）＊『プレジデント版〝ザ・マン〟シリーズ　山本五十六』（昭和五十五年二月十日刊　プレジデント社）＊『戦史叢書　南東方面海軍作戦(2)　ガ島撤収まで』（防衛庁防衛研修所戦史室著　朝雲新聞社）＊『同前　同(3)　ガ島撤収後』（同前）＊『仮称海軍戦闘機隊史資料（論争関係）』

（柴田武雄）＊『戦史叢書　マリアナ沖海戦』（防衛庁防衛研修所戦史室著　朝雲新聞社）＊『連合艦隊始末記』（千早正隆　日本出版協同　昭和五十五年刊）＊『ヤンキー・サムライ』（ジョーゼフ・D・ハリントン著　妹尾作太男訳　早川書房）＊『ラバウル空戦記』（第二〇四航空隊編　朝日ソノラマ　昭和六十二年刊）＊『連合艦隊サイパン・レイテ海戦記』（福田幸弘　時事通信社　昭和五十六年刊）＊『戦史叢書　海軍捷号作戦(1)　台湾沖航空戦まで』（防衛庁防衛研修所戦史部著　朝雲新聞社）＊『同前　同(2)　フィリピン沖海戦』（同前戦史室著　朝雲新聞社）＊『凡将山本五十六』（生出寿　徳間書店）＊『反戦大将　井上成美』（同前）＊『捨身提督　小沢治三郎』（同前）＊『特攻長官　大西瀧治郎』（同前）＊『勇断提督　山口多聞』（同前）＊『ライオン艦長黛治夫』（生出寿　光人社）＊『第二次世界大戦米国海軍史』（サミュエル・E・モリソン）

文庫本　平成七年八月　徳間書店刊

NF文庫

航空作戦参謀 源田実

二〇一八年五月二十二日 第一刷発行

著 者 生出 寿

発行者 皆川豪志

発行所 株式会社 潮書房光人新社

〒100-8077 東京都千代田区大手町一-七-二

電話／〇三-六二八一-九八九一㈹

印刷・製本 凸版印刷株式会社

定価はカバーに表示してあります

乱丁・落丁のものはお取りかえ致します。本文は中性紙を使用

ISBN978-4-7698-3067-2 C0195

http://www.kojinsha.co.jp

NF文庫

刊行のことば

第二次世界大戦の戦火が熄《や》んで五〇年——その間、小社は夥しい数の戦争の記録を渉猟し、発掘し、常に公正なる立場を貫いて書誌とし、大方の絶讃を博して今日に及ぶが、その源は、散華された世代への熱き思い入れであり、同時に、その記録を誌して平和の礎とし、後世に伝えんとするにある。

小社の出版物は、戦記、伝記、文学、エッセイ、写真集、その他、すでに一、〇〇〇点を越え、加えて戦後五〇年になんなんとするを契機として、「光人社NF（ノンフィクション）文庫」を創刊して、読者諸賢の熱烈要望におこたえする次第である。人生のバイブルとして、心弱きときの活性の糧《かて》として、散華の世代からの感動の肉声に、あなたもぜひ、耳を傾けて下さい。

＊潮書房光人新社が贈る勇気と感動を伝える人生のバイブル＊

NF文庫

海の紋章
豊田　穣
海軍青年士官の本懐
時代の奔流に身を投じた若き魂の叫びを描いた『海兵四号生徒』に続く、武田中尉の苦難に満ちた戦いの日々を綴る自伝的作品。

凡将山本五十六
生出　寿
その劇的な生涯を客観的にとらえる
名将の誉れ高い山本五十六。その真実の人となりを戦略、戦術論的にとらえた異色の評伝。侵してはならない聖域に挑んだ一冊。

ニューギニア兵隊戦記
佐藤弘正
陸軍高射砲隊兵士の生還記
飢餓とマラリア、そして連合軍の猛攻。東部ニューギニアで無念の涙をのんだ日本軍兵士たちの凄絶な戦いの足跡を綴る感動作。

私だけが知っている昭和秘史
小山健一
連合国軍総司令部GHQ異聞
マッカーサー極秘調査官の証言——みずからの体験と直話を初めて赤裸々に吐露する異色の戦前・戦後秘録。驚愕、衝撃の一冊。

海は語らない
青山淳平
ビハール号事件と戦犯裁判
国家の犯罪と人間同士の軋轢という視点を通して、英国商船乗員乗客「処分」事件の深い闇を解明する異色のノンフィクション。

五人の海軍大臣
吉田俊雄
太平洋戦争に至った日本海軍の指導者の蹉跌
永野修身、米内光政、吉田善吾、及川古志郎、嶋田繁太郎。昭和の運命を決した時期に要職にあった提督たちの思考と行動とは。